Karlheinz Breidenbach KURS NEW YORK

KARLHEINZ BREIDENBACH

KURS NEW YORK

Mit dem Motorboot über den Atlantik

Pietsch Verlag Stuttgart

Einbandgestaltung: Heinz Holzgräbe, unter Verwendung eines Fotos des Autors.
Bildnachweis: Sämtliche Karten und Fotos stammen vom Autor.

Meiner Frau Annemarie, deren unerschrockene Tatkraft diese Traumreise ermöglichte.

ISBN 3-613-50178-3

1. Auflage 1993.

Ein Unternehmen der Paul Pietsch-Verlage GmbH & Co.

Druck: Bosch-Druck, 8300 Landshut/Ergolding.
Bindung: Verlagsbuchbinderei Karl Dieringer, 7016 Gerlingen.
Reproduktion: Offsetproduktion Gerold Schmid, 7000 Stuttgart 30.
Printed in Germany.

Inhalt

"Trans-Ocean"

Verein zur Förderung des Hochseesegelns e.V.

\- Vorsitzender -

G E L E I T W O R T

Immer wieder machen sich "Trans-Ocean"-Segler auf, um die Route der Wikinger nachzuvollziehen. Nicht allen glückt es, unbeschadet die faszinierende Fahrt durch das Nordmeer zu beenden. Noch nie hat eines der wenigen bei "Trans-Ocean" registrierten Motorboote diese nicht ungefährliche Route befahren. Mit der Beratung durch die Beiräte von "Trans-Ocean" hat das Motorboot "Manta" unter Führung von Karlheinz Breidenbach die Reise in Angriff genommen. Sowohl von der Vorbereitung als auch von der Ausrüstung und der Nutzung der Beratungen und Kommunikationsmöglichkeiten gelang diese ungewöhnliche Reise über Island und Grönland zum amerikanischen Kontinent und zurück.
Die "Trans-Ocean"-Stützpunkte, die auf der Fahrt der "Manta" angelaufen wurden, haben die Motorbootfahrer freundlich betreut.

"Trans-Ocean", Verein zur Förderung des Hochseesegelns e.V. hat dem Schiffer Karlheinz Breidenbach und seiner Besatzung für diese internationale Erstleistung eines Motorbootes über die Wikingerroute, die volle Anerkennung seiner Hochseesegler-Mitglieder ausgesprochen.

Helmut Bellmer
(Commodore)

Kapitel 1
Ein fast mißglückter Start

Der bleiche Strahl meines Leuchtstiftes zeigt auf die Borduhr. Jetzt kriechen alle drei Zeiger über die Zwölf. Mitternacht, 20. Mai 1987. Unser zweiter Fahrtag ist angebrochen. Die MANTA stampft und schlingert durch die rauhe See. Ich hangle mich zum Kartentisch und mache meinen Logbucheintrag. Wir stehen südlich der Doggerbank mit Kurs auf die Mündung des Firth of Forth. Unser Fahrtziel ist Edinburgh, unser Reiseziel New York, das wir über über Island, Grönland und Neufundland erreichen wollen.

Wir, das sind unsere Freunde Helmut (61) und Irene – mit 59 unser Nesthäkchen – sowie Annemarie (61), meine andere Hälfte, der ich seit über 40 Jahren in allen wichtigen Dingen widerwillig gehorche und ich, Karlheinz, der Skipper, im Februar 65 geworden, aber immer noch nicht weise.

Und natürlich unsere Motoryacht MANTA, 18 m lang, 4,5 m breit, 1,40 m Tiefgang. Sie wurde vor 17 Jahren für uns gebaut. Ihre beiden Dieselmotoren haben fast 8000 Betriebsstunden auf dem Buckel. Sie hat schon ein gesetztes Alter, unsere MANTA, doch sie ist jung geblieben. Der Schiffsbauch ist so vollgepackt mit Ersatzteilen, daß wir Mühe haben, die notwendigen Lebensmittel unterzubringen. Kein Wunder. Noch nie soll eine Motoryacht in diese arktischen Gewässer vorgestoßen sein. Auf der ganzen Reise sind wir außerdem technisch »Selbstversorger«. Das gilt vor allem für Amerika, denn dort hat alles zöllige Maße, andere Spannungen und Hertz-Zahlen.

Die stürmische Nacht ist stockdunkel, nur der schwache Widerschein des Radarbildes irrlichtert über die Frontscheiben, an die bei jedem Eintauchen des Bugs das Salzwasser klatscht. Es ist bitter kalt, meine Gedanken wandern zurück.

Ja, wir waren schon immer Wasserratten mit einem erheblichen Schuß Fernweh. Seit 30 Jahren haben wir fast jeden freien Tag auf dem Wasser verbracht. Von der Ostsee bis zum Nordmeer, rund England, die Biskaya, die Ägäis, das Mittelmeer mit Zypern und Israel, die Atlantikküste Nordafrikas, die Kanarischen Inseln und Madeira. Alle Plätze, die uns lohnend erschienen, hatten wir besucht. Die Denkmäler der Geschichte und Kultur des Abendlandes hatten uns bewegt, fremde Kulturen faszinierten uns.

Dann gab es nichts mehr Neues. Bei einer Fahrt durch die Kanarischen Inseln mußten wir im November schweren Herzens zusehen, wie unter dem heulenden Abschiedsgruß der Schiffssirenen immer mehr Segler zu den Karibischen Inseln ausliefen. Eine Reise von 3–4 Wochen, in denen meist nichts zu tun war, als Passatsegel auszubaumen und zu segeln, zu segeln und zu segeln. Der ideale Weg in die Neue Welt mit einem kleinen Boot. Mit der Reichweite unserer Tanks von 1000 Seemeilen (sm) plus 20% Reserve war für uns hier die Welt zuende.

Aber da gab es noch eine Idee, wie sich vielleicht dieses Ziel auf einem ungewöhnlichen Weg erreichen ließe. Sie kam mir vor mehr als einem Jahrzehnt. Immer wenn ein neues amtliches Seekartenverzeichnis veröffentlicht wurde, maß ich als erstes die Seestrecken nach Grönland mit dem Zirkel. 1000 sm = 1852 km war der größte Abstand auf dem kürzesten Weg nach Amerika. Und immer, wenn ich diese Tatsache laut und voller Aufregung verkündete, strafte mich Annemarie mit einem kalten Blick und der

Bemerkung »Du bist total verrückt!« Und immer wieder klappte ich das Buch still zu.

Ende letzten Jahres war das Ritual wieder fällig. Doch dieses Mal – o Wunder – kam von Annemarie keine Antwort. Am nächsten Clubabend trafen wir Helmut. Seine Pensionierung stand bevor, und er und seine Frau machten mit.

Nun liefen die Vorbereitungen auf Hochtouren. Wir kauften die für die Region notwendigen Seekarten und -Handbücher und studierten sie. Von den Fremdenverkehrsämtern forderten wir die jeweiligen Zollbestimungen an und Listen der ports of entry, der Häfen, die als erste zur Einklarierung angelaufen werden müssen.

Wir unternahmen Reisen. Zum Chefmeteorologen des Frankfurter Flughafens, der uns in die Symbole der Eiskarten einwies. Zu einem Kapitän, der mit einem Fischkutter viele Jahre auf der Grönlandschwelle fischte. Nach Hamburg zum Seewetteramt wegen Eis- und Routenberatung. Zur Küstenfunkstelle Norddeich-Radio in Norden/Ostfriesland und zu Herrn Bellmer, Vorstand von Trans-Ocean (TO), dem Verband der Hochseesegler mit seinem weltweiten Stützpunktnetz, bei dem wir auch seit Jahren Mitglied sind. Dort erhielten wir, neben vielen anderen Informationen, einen Schnellkurs im Fernverkehr auf Kurzwelle. Der Lehrstoff für das allgemeine Sprechfunkzeugnis reichte da bei weitem nicht mehr aus. Leider war die Liste unserer nautischen Fragen danach immer noch lang. »Fragt in Island, die sind vor Ort und wissen alles«, war der allgemeine Rat.

Am 9. Mai sind wir in Mannheim gestartet. Ja, und so reiten wir jetzt mitten in der Nordsee ein bockendes Wildpferd. Denn mit des Geschickes Mächten... Helmut dagegen meint, das sei die Schuld der Meteorolügen (sein Ärger hat das o in der vorletzten Silbe in ein ü verwandelt – ü wie übel). Sie hatten umlaufende Winde um 4 Beaufort (bft) angesagt. Ja, es wird immer bunter. Ich habe den Kugelschreiber noch nicht aus der Hand gelegt, da meldet sich eine Küstenfunkstelle nach der anderen – »Securité, Securité« – mit der Ankündigung einer Sturmwarnung sowie den Frequenzen, auf denen sie verbreitet wird. Ich drehe den Lautsprecher ab und setze den Kopfhörer auf; warum soll ich die Crew aus ihrem unruhigen Schlaf aufschrecken? Aber was verkündet wird, gefällt mir gar nicht. Sturm mit 9–10 Windstärken in der Deutschen Bucht, 7 Windstärken für unser Seegebiet und Sturm am Osteingang des Englischen Kanals. Vielleicht können wir noch den kleinen Hafen Blyth erreichen, bevor es richtig losgeht. Solange der Wind aus NW weht, ist die Einfahrt zu machen. Haben wir erst einmal Nordwind, steht dort schwere Brandung. Dann müssen wir durch bis Edinburgh. Ich drehe den Autopiloten auf rechtweisend 306°. Wir laufen auf Blyth zu.

Alle zwei Stunden ist Wachwechsel. Länger kann ohnehin keiner schlafen. In der Achterkajüte packe ich die Bettdecken auf den Boden, so kann ich im Schlaf nicht herunterfallen.

Der Morgen dämmert. Immer noch bolzen wir gegen See und Wind. Immer mehr Drehzahl müssen wir wegnehmen – nur schleichend kommen wir voran. Es ist eine Höllenfahrt, und nicht die geringste Aussicht auf Besserung. Das Sturmtief mit Kern über den schottischen Inseln bewegt sich langsam in Richtung Skagerrak, das Barometer fällt stetig.

Der Tag will kein Ende nehmen. Eine Mahlzeit in dem immer stärker stampfenden Boot zu kochen wäre nicht ungefährlich. Es gibt nur heißen Kaffee und Tee, dazu belegte Brote. Nachts wird es für kurze Zeit etwas ruhiger, doch dann nimmt der Wind wieder zu, dreht langsam auf NNW. Der Kern des Sturmtiefs ist zum Eingang des Skagerrak gezogen, es tendiert dazu, ein Orkantief zu werden. Aus der Deutschen Bucht und vom Eingang des Englischen Kanals sind bereits 10 Windstärken gemeldet. Auch hier haben die Böen jetzt Sturmstärke. Ihr Orgeln in den Aufbauten hört man trotz des Motorenlärms, und das Boot neigt sich unter ihrem Aufprall zur Seite.

Gegen 5 Uhr, wir stehen 14 sm östlich Tynemouth, kommt der Wind eindeutig aus Nord, die See beginnt sich zu türmen. Kein Zweck mehr, auf Blyth zuzulaufen, und näher an die Küste heran wäre jetzt gefährlich. So drehen wir gegen den Wind und laufen mit Leerlaufdrehzahl weiter.

Gegen Mittag wird die See hoch und so steil, daß sich der Rumpf mehrmals aus einem Wellenberg heraushebt und dann ins Tal hinunterkracht. In Böen kommt der Wind jetzt aus NE, das verspricht böse Kreuzseen. Irgend etwas muß geschehen, aber was? Südlich und westlich liegen die Bänke vor dem Wash und der Doggerbank, da kocht es jetzt. Ich muß mir die Karte ansehen, um zu entscheiden, was nun zu tun ist.

Aber soweit kommt es gar nicht mehr. Ich beuge mich gerade über den Kartentisch, da habe ich das Gefühl, daß das Boot einen Senkrechtstart versuchen will, und es folgt ein dumpfer Schlag mit einem heftigen Stoß. Das Boot zittert. Eine Kreuzsee ist von Steuerbord voraus auf uns heruntergebrochen! Ich reiße die Kajüttür auf, um zu sehen, ob alles heil geblieben ist, und da sehe ich die Bescherung: Das Kajütdach ist vorne aus der Wegerung herausgerissen, der schwere Deckslautsprecher abgerissen und wie ein Geschoß durch die Salonfrontscheibe geschlagen; alles schwimmt und tropft. Griff in die Ruderspeichen. Abdrehen. Fahrt weg. Maschinen aus. Es ist 11 Uhr 45, wir stehen auf 55°25′N – 01°18′E.

Jetzt zeigt sich, was in der Crew steckt. Annemarie steht bis über die Knie im eiskalten, hochschwappenden Bilgenwasser, angelt Dosen, Flaschen und andere herumschwimmende Teile und bedient die Pumpen. Helmut und Irene wuchten die schweren Sperrholzplatten, die wir mitführen, um Lecks, weggerissene Luks, eingeschlagene Fenster und ähnliches verschalken zu können, an Deck. Ich schneide mir an den überall herumrutschenden Glassplittern die Finger auf und breche auf dem schlingernden Deck die Motor-Stichsäge ab. Und trotz meiner Meisterleistung geht es weiter. Helmut schneidet die Platten mit der Trennscheibe zu; es raucht, stinkt und kokelt, aber es geht. Dann Dichtmasse auf die Nahtstellen und zunageln.

Nach 3¼ Stunden harter Arbeit unter schwierigsten Bedingungen nehmen wir wieder Fahrt auf, gehen bei dichtem Nebel und 750 Upm auf rechtweisenden (rw) Kurs 340°. Nach weiteren 3½ Stunden mit dieser kleinsten Fahrtstufe peilen wir das Funkfeuer des Leuchtturms von Longstone querab, und das Radar zeigt 5 sm Abstand zur Küste. Wir haben Schottland erreicht. Mit Radarhilfe schleichen wir die Küste hinauf nach NW. Um Mitternacht passieren wir St. Abbs Head, und jetzt bleiben wir fast auf der Stelle. Der Tidenstrom steht gegen uns. Die Nacht scheint sich endlos zu dehnen. Nur die weißen Kämme der anrollenden See und Gischtfetzen geistern vor dem Bug. Um 4 Uhr 20 steht der mächtige Bass Rock-Felsen querab. Der Eingang des Firth of Forth ist geschafft. Die Wellen werden rund. Wir sind im Norden durch die Landmasse abgedeckt und können jetzt wieder mit 1000 Umdrehungen laufen, immerhin 6 Knoten (kn) Fahrt durchs Wasser. Endlich, am 3. Fahrtag und nach über 64 Fahrstunden, machen wir in Granton Harbour an der Lotsenpier fest.

13. Juni. Nach drei Wochen Reparatur und Aufräumarbeiten rollt die MANTA am Spätvormittag, gebremst von der alten Schiffswinde, vor die Werkshalle des »Cockenzie Boatyard«. Der über 70jährige Macnamara, Inhaber dieser alten schottischen Bootswerft, und sein Sohn erledigen die Arbeit. Denn es ist Samstag, und der ist auch schottischen Arbeitern heilig. Wir stehen an Deck; der Himmel ist bedeckt, aber es ist fast windstill. Noch hat die Flut den winzigen Schutzhafen nicht erreicht, noch ist er trocken. Die Schutzmole ist einfach auf den felsigen Grund gebaut. Die Schienen in der Mitte zeigen auf die Einfahrt. Wenn das Wasser hoch genug ist – das geht hier, in der Forth-Mündung, sehr schnell – wird der Alte die Bremsen lösen, und wir werden in den Firth of Forth hinunterrollen, bis wir aufschwimmen.

Festmachen im Hafen ist nicht möglich. Deshalb müssen wir sofort auslaufen. Fahrtziel: Die Orkney-Inseln.

Hektische Wochen liegen hinter uns. Eine Woche mit der hohen Tide auf und ab an den eingerammten Dalben der Lotsenpier in Granton. Bis 10 m kletterten wir an verbogenen Eisenstangen zum Lotsenhaus hoch und anschließend wieder hinunter. An Bord sah es grausam aus. Alles klatschnaß vom Salzwasser. Vorhänge, Polster, Teppiche, Kleider und Schuhe. Es tropfte aus der Kassettendecke des Salons. Vorräte und Ersatzteile schwammen in ihren Plastikboxen. Tausende Glassplitter überall. Der farblose Lack auf den Möbeln hatte von Nässe unterwanderte Flecken. Zwischen Frontfenster und Decke sah man den Himmel. Selbst im Achterschiff noch Schäden. Ein seitliches Namensschild war einfach weg. Auch das Beiboot hatte Löcher. Vorne war der 50 Kilo schwere Anker losgekommen und hatte den Kettenkasten total verbeult. Nun kennen wir den Poltergeist, der den Lärm von Wind, See und Motoren fast übertönt hatte.

Wir wissen jetzt: Die Heinzelmännchen sind Schotten! Alle haben eine helfende Hand. Sogar der Zollbeamte wuchtete den schweren, vollgesogenen Teppich mit unseren Leinen auf die Pier. Wenigstens hatten wir gutes Wetter und konnten das Achterdeck zum Trocknen nutzen. Die Werft begann mit ihrer Arbeit im Salon und am Kajütdach – es sah von Tag zu Tag fürchterlicher aus.

Die Lotsen kletterten die schiefen Leitern hinunter, brachten uns Schnaps und Leckerbissen, tranken mit uns, damit unsere Moral nicht zusammenbrach.

Dann war der Slip in Cockenzie frei, und wir liefen unter Führung des Werftbosses in böigem Wind und schüttendem Regen eine Stunde den Firth hinunter zur Werft. Weitere zwei Wochen Arbeit von früh bis spät; Schlafen und Leben auf dem schrägen Slip. Der Sturmwind rüttelte klappernd an den Hallendächern. Prasselnde Regengüsse.

Nur an den zurückliegenden Sonntagen haben wir die Werft verlassen und Ausflüge unternommen. Traumhaft schön ist dieses herbe, geschichtsträchtige Land in seiner Frühlingsblüte.

Endlich ist es soweit. Wasser schwappt am Rumpf, und das wettergegerbte Gesicht des alten Macnamara schaut zum letzten mal zu uns herauf. »Macht's gut, Leute! Ich würde euch ja so gerne begleiten auf dieser Traumreise, aber ich bin zu alt und wäre nur im Weg.« Dann löst er die Bremse. Wir schwimmen frei und nehmen Fahrt auf. Immer kleiner werden die winkenden Gestalten der Macnamaras auf der Pier.

Fast spiegelglatt ist die See. Glatzköpfige Schnauzbärte schauen uns neugierig zu. Seehunde. Tümmler gleiten in rasendem Tempo ganz dicht am Bug vorbei. Sie schwimmen über- und untereinander. Fiepend schnappen sie Luft. Bunte Papageientaucher flattern in schnellem Flug über uns hinweg und platschen in die See. Tölpel segeln am Boot entlang. Möven jagen im Schraubenwasser nach Beute.

Isle of May und Bell Rock bleiben hinter uns. Erst zwei Stunden vor Mitternacht wird es dämmrig. Spiel von Pastellfarben über Himmel und Meer, aber allmählich herrscht Mitternachtsblau vor, ohne daß es ganz dunkel wird. Klar zeigen sich die Leuchtfeuer über der Kimm, und der Feuertakt nennt uns ihre Namen. Man möchte nur die Schönheit dieser nordischen Nacht geniessen und nicht schlafen.

Schon um vier Uhr ist es so hell, daß wir die Positionslichter löschen. Mit außen rosa und innen feuerrotem Kranz steigt langsam die weiße Scheibe der

Sonne aus dem Meer und taucht uns in gleißendes Licht. Wir fahren in Strudeln von Silber, als ob wir durch einen Schmelzofen segeln. Doch die Temperatur läßt keinen Zweifel aufkommen, es ist empfindlich kühl.

Schwarz scheint die Gruppe der Orkney-Inseln aus dem Meer zu wachsen. Dann fahren wir durch ihre Fjorde. Fels, rauhe, von See und Wind gebügelte Höhen. Einzelne kleine Höfe, die sich in den Schutz des Landes drücken. Eine alte Burg. Und dann der Hafen von Kirkwall, Hauptort der Inselgruppe. Zwischen kleinen Küstenfrachtern machen wir fest. Das Städtchen scheint ausgestorben, es ist Sonntag.

Schon wieder Sturm- und Starkwindwarnungen von der Küstenfunkstelle Norddeich-Radio. Wir haben die Nase voll von schwerem Wetter. So mieten wir uns erst mal ein Auto und fahren über diese karge, baumlose Inselgruppe am Rande des Nordmeeres. Die Ausgrabung einer Siedlung steinzeitlicher Fischer beweist, daß die Inseln schon in vorgeschichtlicher Zeit besiedelt waren. Um in der rauhen Welt zu überleben, hatten sich die Bewohner eingegraben. Die Grassodendächer lagen auf ebener Erde.

Die Römer, die England im 1. Jahrhundert eroberten, berichten, daß hier keltische Pikten lebten. An ihren wilden, regellosen Angriffen aus dem Hinterhalt der von Mooren durchsetzten Hügellandschaft scheitern die disziplinierten und sieggewohnten römischen Kohorten. Sie bauen einen teils noch heute erhaltenen befestigten Limes. Doch Scharmützel, Kleinkriege, Strafexpeditionen und Feldzüge überziehen immer wieder das unruhige Land. Nach fast 500 Jahren fällt die Macht Roms in sich zusammen, doch das Land kommt nicht zur Ruhe. Die irischen Skoten setzen sich auf den Inseln fest, drängen nach Süden und unterwerfen das Piktenreich. Über 1000 Jahre alte Wehrkirchen zeugen von der Bekehrung des Landes durch irische Mönche. Jetzt fallen die Wikinger ein. Niemand kann zu jener Zeit diesen kampfgewohnten Seefahrern widerstehen. Die gut erhaltenen Keilschriften, die man im Grab eines ihrer Führer sehen kann, konnten unlängst entziffert werden. Bis 1468 bleiben die Inseln norwegisch. Dann erst fallen sie an die Krone Schottlands.

Wir fahren nach *Scapa Flow,* Haupthafen der britischen Home Fleet. Auf dem Grunde, neben dem 1940 in einem U-Boot-Angriff versenkten britischen Schlachtschiff »Royal Oak«, die deutsche Hochseeflotte aus dem 1. Weltkrieg. Deren Besatzungen waren hier durch die Sieger interniert, und sie versenkten ihre Schiffe, als feststand, daß diese an die Briten ausgeliefert werden sollten. Ein Fanal des Widerstands gegen Friedensbedingungen, die als untragbar empfunden wurden. Andenken an schwere Zeiten. Massengräber junger Soldaten. Man hat Stahlnetze über die Wracks geworfen, damit die Totenruhe nicht von Andenkenjägern gestört wird. Dennoch blüht der Handel, das Leben geht weiter.

Wir kommen zu den *Churchill Barriers,* Dämmen aus Schiffswracks, die die schmalen Zufahrten, durch die das U-Boot kam, sperren sollten. Darüber Betonquader und ein einspuriger Fahrweg. Eine kleine Kirche aus Blech und Holz, die sich italienische Kriegsgefangene hier errichteten. Rührendes Sinnbild des Glaubens in einer menschenverachtenden Zeit.

Inzwischen hat sich das Wetter verändert. Ein flaches Hoch liegt über dem Nordmeer, und nach den Vorhersagekarten, die der Funkwetterschreiber (Fax) ausspuckt, ist es stationär. Ruhiges Wetter also. Am 19. Juni, 9 Uhr 26 machen wir die Leinen los, steuern durch die Gruppe der 67 Orkney-Inseln. Der Shepinsay-Sund, der Eday-Sund, Mull Head werden passiert. Dann haben wir die Nordsee verlassen. Hier beginnt das europäische Nordmeer.

Es ist kühl. Mittags 8° C. Der Himmel ist chaotisch, mit hoher Bewölkung verschiedener Strukturen. Immer wieder riesige Wolkendome, Höhenwolken, doch keine schlägt zu. Trotzdem gute Sicht. Wind W-NW 3–4, Dünung 1–2 m, die teilweise durcheinanderläuft. Dennoch können wir volle Marschfahrt laufen.

Da fällt ein Relais der Selbststeueranlage aus. Es sitzt in einem Kasten hinter der Backbordmaschine. Wir treiben eine Dreiviertelstunde, damit der Maschinenraum etwas abkühlt. Trotzdem wird das Auswechseln zu einem Saunabad hinter der heißen Maschine. Dann geht es weiter.

Die Nacht ist so hell wie ein dämmriger Wintertag. Wir laufen auf die Faroer-Inseln zu. Unsere Mitternachtsposition ist 60°29′N – 04°51′W. Ein schwacher Wind weht aus NW, eine lange, 2 m hohe Dünung rollt aus NNW an, die Sicht ist gut. Um 4 Uhr 30 machen wir Backbord voraus die Insel *Suderoy* aus. Die Höhen dieser südlichsten Faroer-Insel sind über die Kimm gewachsen. Es geht gut voran mit voller Marschfahrt, 8,6 kn, dennoch sind es weitere 9 Stunden bis zur Hauptstadt Thorshavn im Südosten der Streymoy-Insel, unserem heutigen Fahrtziel.

So haben wir Zeit und zerbrechen uns die Köpfe, wie wir eine Gastlandflagge der Faroer herstellen können. Zu Hause war sie in keinem Flaggenregister zu finden. Selbst die Fahnenfabrik gab auf. Erst der Hafenmeister von Kirkwall wußte es: Rotes, blau eingefaßtes Georgskreuz auf weißem Grund. Alle einschlägigen Geschäfte haben wir abgesucht. Fehlanzeige. Andererseits, gerade die kleinsten Länder bestehen eifersüchtig auf dem Brauch, daß die *courtesy flag,* die Gastlandflagge, von der Saling weht. Ein paar dieser Länder haben sogar gesetzliche Vorschriften, die eine Mindestgröße im Verhältnis zur Nationalflagge zur Pflicht machen. Mit 45000 Einwohnern sind die Faroer sicher eines der kleinsten Länder. Sie haben sogar eine eigene Landessprache – färingisch. Es muß also etwas geschehen, und die Crew ist pfiffig. Sie wühlt in den vielen Gastlandflaggen, die die MANTA in 17 Jahren gefahren hat. Die finnische Flagge eignet sich besonders gut für eine Verwandlung. Rotes Tesaband, Schere, und schon hat ihr blaues Kreuz auf weißem Feld einen roten Mittelstreifen.

Um 13 Uhr 35 machen wir längsseits des Regierungskutters fest. Maschinen aus. Einklarieren bei Polizei und Zoll, schnell und problemlos. Steif von Salz und Tesa flappt die Faroer-Flagge am Mast.

Thorshavn wirkt wie ein kleines Dorf. Grassoden decken viele bunte Häuser. Doch es gibt ein Hotel mit einem Restaurant, in dem wir begeistert unserer wichtigsten Beschäftigung nachgehen: Essen und Trinken.

Schafzucht, Wollspinnerei und Fischerei sind die Lebensgrundlagen auf den Inseln, denn nur Gras, Moos und ein paar wilde Blumen wachsen in dem kalten, rauhen Klima und der salzhaltigen Luft. Schmale Sunde trennen die *norder-oerne,* die Nordinseln. Es sind tiefe Felsschluchten. Über ihnen eigenartige terassenförmige Berge, die von Plateau zu Plateau (den sogenannten *Hamre* = Hämmer) auf fast 900 m ansteigen.

Diese Inselgruppe ist die letzte auf dem europäischen Schelf. Geologisch ist Europa hier zu Ende.

Kapitel 2
Europa ade

Für eine längere Besichtigungsfahrt bleibt uns leider keine Zeit, denn in diesem Seegebiet wechselt das Wetter ungewöhnlich schnell zwischen Nebel, Regen, Sturm und Sonne. Die Wetterfaxkarten, die wir jetzt von der englischen Station Bracknell empfangen, versprechen für die nächsten beiden Tage ruhiges Hochdruckwetter im Seegebiet zwischen Island und Faroer.

Wir stellen die Uhren auf UTC um, *universal time coordinated,* koordinierte Weltzeit, die um Unregelmäßigkeiten der Erddrehung korrigierte mittlere Sonnenzeit des Null-Meridians, denn alle unsere Navigationsinstrumente und Bücher basieren auf dieser Zeit. Anderenfalls müßten wir jetzt alle 15 Längengrade unsere Uhren neu auf Ortszeit einstellen. Das sind böse Fehlerquellen, wenn man bei Halbschlaf und Routine den Schiffsort berechnet. Eine der beiden Uhren auf dem Kartentisch zeigt die Ortszeit des Fahrtzieles, weil die Beamten am Zielort sich nicht vorstellen können, daß man auf einem Schiff nicht weiß, wieviel Uhr es ist.

Am 21. Juni um 12 Uhr 32 werfen wir die Leinen los. Der Himmel ist bedeckt, tiefhängende Wolkentürme wechseln mit Nebelfeldern. Die Temperatur beträgt 12°C. Die Abfahrtsstunde ist durch den Gezeitenstrom vorgegeben. Er wird in den engen Fjorden zur reißenden Strömung. Wenn wir die richtige Zeit verpassen, haben wir schlechte Karten.

Fast drei Stunden laufen wir NNW, von Fallwinden geschüttelt, durch die tiefe Felsenschlucht des Vestmannarsundes, zwischen den Inseln Streymoy und Eysturoy. Es ist unbeschreiblich schön und beeindruckend. Nur Alke, Eissturmtaucher, Lummen und auch die letzten Silbermöwen begleiten uns hier am Ende ihres Verbreitungsgebietes. Eine Fähre quert den Sund. Die einzige Verbindung zwischen den Inseln. Dann ist vor uns die offene See. Eine mäßige Brise kommt aus NE, und wir laufen mit 7 kn Fahrt auf die Südspitze Islands zu.

Ein Blick zurück. Das Meer brandet an 500 m hohen senkrechten Felswänden aus Porphyr und Tuffstein. Die Naturgewalten haben diese vulkanischen Inseln geschliffen und ausgewaschen. Die Spitzen sind von zerrissenen Wolken bedeckt. Nebelstreifen liegen in allen Richtungen über dem Meer und vor den Wänden. Zeitweise gießt es wie aus Kübeln. Ein lebendes Gemälde von Dantes Tor zur Hölle.

Wir müssen zur Hauptstadt Islands, Reykjavik, die in einer ausgedehnten Bucht der Südwestküste liegt. Sie ist der richtige Startplatz, sowohl für die Überfahrt nach Grönland und Amerika, als auch für Ausflüge ins Landesinnere.

Wir haben die Wahl, dieses subpolare Land aus Feuer, Wasser und Eis im Norden oder im Süden zu umfahren. Beide Küsten sind wild und einsam. Die Südküste ist unzugänglich und praktisch unbewohnt, während in einigen der tiefen Fjorde der Ost- und Nordküste kleine Fischersiedlungen liegen. Aber die Wetterkarten zeigen, daß dichtes Treibeis fast an die Nordküste heranreicht – und das bedeutet Nebel. Zudem stehen die Meeresströmungen auf der Nordroute, die über den nördlichen Wendekreis hinaus und damit ins Polarmeer führt, direkt gegen uns, »Nordgrönländischer Polarstrom« und »Nordislandstrom«. Auch wissen wir nicht, ob uns bei der zeitaufwendigeren

Nordroute zusätzlich die häufigen Nordwinde festnageln. Dann könnte es sein, daß wir den rechten Zeitpunkt für die Überfahrt nach Grönland verpassen. All diese Überlegungen sprechen für die Südroute über die *Westmanneyar,* wie die Westmännerinseln isländisch heißen. Sie sind unser nächstes Fahrtziel. Zwar sind sie wegen ihrer vielen Stürme berüchtigt, aber die Wetterlage ist günstig.

Um 15 Uhr 40 geben wir ein TR an Norddeich Radio, den Travel Report (Reisebericht), woher, Schiffsort, wohin und geschätzte Ankunftszeit. So weiß die Funkstelle, daß wir auf Empfang sind. Uns dient das zur Kontrolle unserer Funkanlage und wir erkennen, auf welcher Frequenz wir den Verkehr abwickeln müssen. Der Funker an der Nordseeküste ist offensichtlich vom Wetter genervt – sofern diese wackeren Männer überhaupt Nerven haben:

»Hier ist dauernd Mistwetter, jetzt wieder Gewitter, ich kann Sie in dem Prasseln kaum aufnehmen. Wie ist das Wetter dort?« Wenig trostreich die Antwort: »Auch beschissen! Aber wenigstens ruhige See.« – »Aber das ist doch viel! Gute Fahrt und gutes Wetter!« – »Danke – und gute Wache.«

Nun arbeitet erstmals unser Loran-Empfänger und erleichtert uns die Positionsbestimmung. Aber schnell zeigt sich – Satelliten-Navigator und Loran sind sich nicht einig. Jeder zeigt eine andere Position. Aber solange wir im freien Meer schippern, sind wir da großzügig.

Jetzt laufen wir mit fast 9 kn Fahrt auf die »Westmänner« zu, bei schwacher achterlicher Brise und 1–2 m achterlicher Dünung. Aber sie ist lang, so hat die Freiwache erholsamen Schlaf.

Mittsommernacht, 22. Juni, 00 Uhr. Unsere Position ist 62°30′ N – 09°44′ W. Es weht ein mäßiger Wind aus NE und wir laufen bei 1300 Upm mit 8,7 kn Fahrt. Die See kommt mit 2 m Wellenhöhe von achtern, der Himmel ist bedeckt, die Sicht gut. Alle drei Stunden ist Wachwechsel. Die Fahrt wird schneller, der Gezeitenstrom schiebt, wir laufen mehr als 10 kn. Sonst keine besonderen Vorkommnisse. Gleichmäßig brummen die Motoren. Die nächsten Wetterkarten zeigen keine wesentliche Änderung. Mittags lacht die Sonne vom strahlend blauen Himmel, und doch ist es kalt. In unseren wattierten Jacken nehmen wir Sonnenbäder. So wird wenigstens die Seele gewärmt.

Da, Wale Steuerbord voraus. Viele! Viele Fontänen! Sie schwimmen, ja sie wälzen sich schräg auf unsere Kurslinie zu. Sie kommen immer näher. Riesige Kolosse. Wir versuchen sie zu zählen; es ist unmöglich. Zu viele! Ich muß an die sich in letzter Zeit häufenden Berichte denken. Segler mit Wal zusammengestoßen. Schiff schwere Schäden oder aufgegeben. Aber jetzt? Diese Kolosse? Uns kann das ja nicht passieren, denn unter Wasser setzt sich unser lautes Schraubengeräusch über Meilen fort. Aber was ist das? Kaum 30 m an Steuerbord voraus bricht eins der Ungetüme an die Oberfläche und speit pfeifend eine hohe Atemsäule in die Luft. Oh Schreck, der rammt uns! Autopilot raus – scharf abdrehen. Ein kleines Hirn in einem urweltlichen Körper, dem kein Feind einprogrammiert ist. Und doch sind wir begeistert. Wer hat schon die Chance, ein solches Bild zu Gesicht zu bekommen?!

Und noch viel mehr sehen wir jetzt: den Vatnajökull, den größten Gletscher Islands, größer als alle Gletscher Europas zusammen. Er gleißt vor dem blauen Himmel. Weit über 100 km ist er entfernt, strahlendes, glitzerndes Licht im endlosen Polartag, Sinnbild des eisigen polaren Zaubers. Man versteht, daß ihm Menschen verfallen. Viele Stunden begleitet uns dieses beeindruckende Bild, wir können uns gar nicht sattsehen.

Gegen Abend bezieht sich der Himmel. Es ist schwachwindig, und mit fast 10 kn Fahrt nähern wir uns um Mitternacht der Südspitze Islands. 0 Uhr 45. Klar und deutlich kommt der Anruf über Kurzwelle: »MANTA-Delta-Lima-Juliet-Lima, Norddeich-Radio – Ich habe ein Gespräch für Sie.« Es ist Sohn Dieter. Die Familie will wissen, wie es uns geht. »Nun, ein bißchen kalt, ein bißchen müde, trotzdem im ganzen sehr gut. Tschüß, macht's gut.« Es ist schön, wenn man mit der Heimat Verbindung hat. Man fühlt sich weniger einsam. Aber wie haben sich wohl die ersten irischen Einsiedler, die vor 1100 Jahren in ihren Fellbooten in dieses rauhe Land kamen, gefühlt? Und wie die norwegischen Wikinger, die unseren Weg vor 1000 Jahren nahmen? Sie hatten keinen Kompaß und keine Seekarten. Wie haben sie in den ständigen Nebel- und Schlechtwetterlagen überlebt und wie haben sie sich orientiert? Die Tafeln mit der inzwischen entzifferten Keilschrift geben keine Auskunft darüber; so wird es wohl immer ein Geheimnis bleiben. Abenteuerlust hat sie sicher nicht getrieben. Das ganze Leben war zu dieser Zeit ein kurzes Abenteuer. Unser Respekt vor diesen frühzeitlichen Entdeckern wächst immer mehr.

Um 1 Uhr 30 sehen wir Land an Steuerbord. Weiter mit gleichmäßiger Fahrt. Nun ist es wieder einmal soweit. Alle 12 Stunden muß ich Öl nachkippen, denn die Maschinen sind halt nicht mehr die allerjüngsten. Dabei lassen sich auf dem schwankenden Boot Ölstände kaum richtig messen. Aufpassen! Einen Ölbrenner oder Kolbenfresser können wir uns nicht leisten. Abschmieren geht parallel. Wasserstand, Öldruck, Temperatur von Abgas und Wasser werden ohnedies in kurzen Abständen kontrolliert.

7 Uhr 10, voraus, deutlich erkennbar, steile Felsklötze. Die Westmänner-Inseln. Rauch steigt aus den aktiven Vulkanen. Der letzte Feuerzauber, der zu dramatischen Evakuierungsaktionen in stürmischen Polarnächten zwang, liegt erst 14 Jahre zurück. Das kleine Fischerdorf ist wieder aufgebaut. Ungutes Gefühl, auf einem rauchenden Vulkan zu wohnen? Nicht für Isländer – ihr ganzes Land ist letztlich ein tätiger Vulkan. Von »Schmieden des Teufels und Höllenfeuer« berichtet schon ein irischer Mönch in seinen alten Schriften.

Bei dem heute einmalig guten Wetter wollen wir uns an dieser Sturmecke nicht lang aufhalten. Wir steuern durch die südlichen Inseln der Gruppe ganz dicht an den steilen Felsklotz Suduroy und stoppen nur für Film und Fotos. Wildes Kreischen und Flattern tausender Seevögel. Ein für Menschen unzugängliches Vogel- ... fast hätte ich Paradies gesagt. Doch hier herrscht erbarmungsloser Kampf. Die Starken setzen sich durch, mit Kraft und spitzem Schnabel.

Wir nehmen wieder Fahrt auf. Der Wind weht mäßig aus West, die Sicht ist gut und bei 17°C herrscht für die Gegend wahrlich eine Hitzewelle! Wir haben Kurs auf Kap Reykjanaes, die Südwestspitze Islands. Die Isländer nennen es die »Westspitze Europas«. Sie fühlen sich als Europäer, aber geologisch ist das im doppelten Sinne falsch. Einmal ist die westliche Länge der NW-Spitze größer, zweitens hat dieses Land im Nordmeer eine Schelfverbindung mit Grönland und nicht mit Europa.

Um 14 Uhr frischt der Wind auf. Wir müssen mit der Drehzahl auf 1000 Upm herunter, weil eine kurze, steile See von 1–2 m gegenan steht. Verursacht durch den Stau des Windes vor den Bergen des Festlandes pfeift es hier, in Kapnähe, auch wenn es auf freier See nur schwachwindig ist.

Vier Stunden später peilen wir mit Radar Kap Reykjanaes 0,8 sm an Steuerbord. Es herrscht dichter Nebel, und es besteht die Gefahr der

Versetzung durch unsichere Mißweisung. So folgen wir der Küste mit Radarhilfe. Die See ist jetzt ruhiger geworden – wir können wieder Marschfahrt laufen.

Genau um Mitternacht laufen wir bei strahlender Sonne in den Hafen von Reykjavik ein! Über Funk weist uns das Hafenamt einen Platz längsseits eines am Kai liegenden Schiffes zu. Es ist ein ehemaliges deutsches Fischereischutzboot, das von den Isländern im »Heringskrieg« um die 200-sm-Zone als Prise genommen wurde. Um weitere Auseinandersetzungen zu vermeiden, hatte es die Bundesregierung Island geschenkt. Seither verrottet das alte Schiff hier langsam. 10 Minuten später lautet unser Logbucheintrag: Leinen fest, nach 523 sm und 60 Fahrstunden.

Dann kommt der Zollbeamte. Nett und freundlich – trotz der Nachtstunde. Große Verwunderung über unsere Minivorräte. Absolute Einfuhrsperre für frische Lebensmittel – so hieß es zu Hause. Er schüttelt sich vor Lachen. »Unsinn. An Bord dürft Ihr alles haben – nur nichts an Land bringen.« Nun sind wir schlauer.

Danach gibt uns das Hafenamt eine Urkunde: MANTA am 24. 6. 87 im Hafen der nördlichsten Hauptstadt der Welt eingelaufen. Island, dieses ferne Traumziel ist nun erreicht! *Snjoland* – Schneeland nannten die Wikinger diese Insel, die im Norden fast den Polarkreis berührt, später Island – Eisland. Rund 12000 qkm Gletscher bedecken sie. WE-Ausdehnung 500 km, NS 300 km. Ihre Küstenlinie ist vielfach gewunden, zum Teil mit tiefen Fjorden. Sie kommt so auf die stolze Zahl von 6000 km Länge.

Eine fast »gespenstische« Insel. Schroff, karg, durchsetzt mit unzähligen Vulkanen und gewaltigen Lavaausschüttungen, in denen alle erdenklichen Metalle bunte Farbspuren hinterlassen haben. Dazwischen brodelt und zischt es, immer wieder blubbert Dampf aus Schlammlöchern, schießen heiße Quellen und Geysire meterhoch aus dem verkarsteten Boden. An vielen Stellen Gestank von Schwefel und anderen »Urdämpfen«. Das Land ist noch nicht zur Ruhe gekommen. Selbst in unserer Zeit brechen neue Vulkane aus, auch aus dem Meer, schaffen neue Inseln, die bleiben oder wieder versinken. Ein Reise- oder Urlaubsland für Individualisten, die die herbe Schönheit der Natur zu schätzen wissen.

Das Klima ist dank der Ausläufer des Golfstromes relativ mild. Da er warmes Wasser aus den Subtropen bis an den Rand des Eismeeres bringt, schwanken die Temperaturen im Mittel um den Gefrierpunkt – im Sommer um 10°C.

Vor der Südküste kreuzen sich die Zugstraßen der Tiefdruckwirbel, die den Atlantik überqueren und zu hohen Niederschlägen führen. Doch das Landesinnere und der Norden erhalten davon nur ein Drittel.

Von dem torf- und lößähnlichen Boden, mit hohem Anteil an vulkanischer Asche, ist vielfach die fruchtbare Decke durch Wind und Regen abgetragen. So ist das Pflanzenkleid arm. Meist Gräser, Moose und Zwergsträucher. Viehzucht, Schafe, Rinder und Pferde sind neben der Fischerei und Fischverarbeitung die Haupterwerbsquellen der Isländer.

Es gibt nur wenige Straßen, und die fast nur in der Küstenregion. Das erschwert die selbständige Erkundung. Die Strecken sind so einsam, daß Busse und Taxen mit weitreichenden Funkgeräten ausgestattet sind, mit denen man bei Pannen oder wenn Unwetter die dürftigen Pisten zerstört haben Hilfe herbeirufen kann.

Seit 1944 ist Island als Republik selbständig, löste sich nach wechselvoller Geschichte von seinen letzten Bindungen an Dänemark. Vieles ist fremd, auch die Gesetze. Bier ist absolut verboten, man bekommt es nicht einmal im Restaurant. Nur vor dem Verlassen des Landes am Flugplatz oder (wir) im Zollfreilager. Sonstige alkoholische Getränke gibt es neben konzessionierten Lokalen nur in einem staatlichen »Shop«. Aber unsagbar teuer.

Die Schulkinder sind in großzügigen Internatsschulen, hotelartigen, über die ganze Insel verstreuten Gebäuden, zentral untergebracht. Im Sommer, der günstigsten Reisezeit, sind Ferien, dann dienen diese Häuser den Touristen als Unterkunft. Modern, sauber und preiswert.

Von Reykjavik kann man wirklich nur die »nähere« Umgebung erkunden. Eine noch arbeitende Walfangstation mit ihrem bestialischen Gestank besuchen oder zum Baden in die »Blaue Lagune« fahren. Sie ist Abfallprodukt eines thermischen Kraftwerkes. Ferner zu Lachsgewässern, in denen man für viele Kronen tageweise in reißenden Wildbächen angeln kann. Dann kann man noch Ausflüge zu unzähligen Vulkanen, Geysiren und brodelnden Schlammlöchern machen. Aber Gletscher sieht man nur an den seltenen klaren Tagen aus weiter Ferne.

So werden ein Flug zur Nordküste, nach der kleinen Hafenstadt Akkureiri, und tags darauf eine Bustour über die Highlands für uns zu einem großen Erlebnis. Wie eine Ziege klettert der Bus über gerade aufgetaute Pisten, über endlose Geröllstrecken, durch reißende Schmelzbäche hindurch, an riesigen Gletschern, unzähligen Seen, Vulkanen, Wasserfällen und Schwefelquellen vorbei. Grandios – überwältigend. Erst jetzt erahnen wir Island!

Drei Wochen verbringen wir in Reykjavik, einer modernen Stadt mit 120 000 Einwohnern, vielen neuen Häusern, Geschäften und Kirchen. Die wenigen noch erhaltenen »Traditionshäuser« sind liebevoll in einem Freiluftmuseum zusammmengefaßt.

Die Menschen sind hilfsbereit, besonders der österreichische Konsul. Er ist unsere Kontaktstation. Bei ihm erhalten wir Post von zu Hause und von Freunden. Er holt auch, ohne Kosten für uns, unseren neuen Fernseher aus dem Zoll-Lager. Der Vorgänger war auf der Nordsee in Trümmer gegangen. Nicht einmal in Schottland konnten wir ein Gerät für unsere Bordspannung erstehen. Und hier landen auch pünktlich die für Kanada benötigten Seekarten. Helmuts Freund Mike besorgte sie in USA und sandte sie hierher. In Deutschland hätten wir sie nicht mehr termingerecht bekommen.

Ein Bunkerboot versorgt die MANTA mit Sprit und Öl. Wasser gibt es in langen Schläuchen, über die Anlieger weg, von der Pier.

Irene kauft Stoff und näht die schwierige grönländische Gastflagge: weiß über rot, mit in der Mitte rot-weiß versetzter Scheibe, Symbol der lebenspendenden Sonne.

Die *Arkona,* das DDR-Kreuzfahrtschiff, läuft für einen Tagesausflug ihrer Gäste ein, und wir treffen unsere langjährigen Freunde Heinz und Lotti, die darauf ihre Goldene Hochzeit feiern.

Wir dienen als »Fender« für zwei Segelboote, deren Crews etwas enttäuscht scheinen, daß auch ein Motorboot diese Strecke geschafft hat.

Ein irischer Segler benutzt unser Boot als Zwischenlager für ganze Stapel von Kleidergeschenken, die hiesige Ordensleute ihren Landsleuten für die Heimat mitgeben. Bei einer feierlichen Andacht durch einen Geistlichen an Bord schließt er in seinen Segen auch uns und unser Boot ein. Nach der Religion hat er nicht gefragt. Ein Christ.

So vergeht die Zeit hier schnell. Immer wieder verfolgen wir die Wetterlage, bereiten uns auf den Absprung in die Neue Welt vor.

Kapitel 3
Auf der Route der Wikinger

Am 11. Juli um 9 Uhr13 werfen wir die Leinen los, Fahrtziel Süd-Grönland, Zielhafen ist Nannortalik. Ob wir es erreichen oder einen anderen Platz ansteuern müssen, hängt von der Eislage ab.

Die Bunker sind bis zur Halskrause voll mit Brennstoff, und wir haben endlich die richtige Antenne für unseren Loran-Empfänger. Jetzt arbeitet er einwandfrei. Alle Systeme sind, soweit möglich, durchgeprüft. Doch die alten Ungewißheiten sind geblieben, denn nichts, aber auch gar nichts war hier über Grönland bekannt. Unsere Informationen über die Eisverhältnisse vor der grönländischen Küste sind weit besser als die des isländischen Wetteramtes. Alle drei Tage bringt unser Fax via Kopenhagen neue Eiskarten, die sich sogar auf die Seekarte übertragen lassen. Aber auch diese Karten erscheinen uns informativer für einen Eisbrecher als für ein Boot.

Der britische Arctic Pilot und das deutsche Seehandbuch sprechen nicht, wie sonst üblich, eine klare Sprache. Sie wimmeln von Konditionalsätzen mit »sollen« und »dürften«. Ursprünglich war geplant, die Insel Utvorsitit am Tingmiarmiut-Fjord in Südostgrönland anzulaufen. Dort »soll« laut Seehandbuch eine Wetterstation liegen, an einem Naturhafen, der eisfrei sein »soll«. Telegramme an die grönländische Eiszentrale mit Bitten um Auskunft zur Eislage und ob die Station besetzt ist, bleiben ohne Antwort. Aber die Eiskarte von gestern zeigte zweierlei: Einen dicken Packeisgürtel vor Südostgrönland und damit vor Utvorsitit, dafür erstmals zwar nicht eisfrei, aber doch »open water« vor Nannortalik in Südwestgrönland. Direkter Weg dorthin weniger als 900 sm. Das war unser Startsignal, denn viel länger können wir uns hier ohnehin nicht aufhalten, in der Labradorsee beginnt schon Ende Juli die Sturmsaison.

Wie es um Kap Farewell weitergehen wird, wissen wir noch nicht. In den Seehandbüchern sind in einem Abschnitt Durchfahrten beschrieben. In einem weiteren steht dagegen, daß sie meist von Eis blockiert sein sollen. Aus einem dritten erfahren wir, daß man dort Gefahr läuft, von Eis eingeschlossen zu werden.

So bleibt uns nur, die Sache mit aller Vorsicht selbst in Augenschein zu nehmen und an Ort und Stelle zu entscheiden. Ja, Vorsicht ist wirklich angebracht, das zeigt ein Blick auf die dänischen Küstenkarten. Andere gibt es nicht. Die ganze Küste ist verklippt, aber überall steht auf den eingezeichneten Klippen »ED – Existenz zweifelhaft« oder »PD-Position zweifelhaft«. Auch die Sichtbarkeit, ja das Vorhandensein der festen Seezeichen, die in der Karte eingetragen sind, ist zweifelhaft.

Eine Grundberührung oder Kollision mit Eis können wir uns natürlich nicht leisten. Unvorbereitet könnte eine Eiskollision selbst einem Eisbrecher gefährlich werden. Hier ist ein Schlechtwetter- und Nebelgebiet. Eisberge kann man im Radar erkennen, obwohl sie aufgrund ihrer Formen oft ein schlechtes Funkecho abgeben. Die größte Gefahr jedoch sind Growler, treibende Eisstücke, die, obwohl tonnenschwer, bei Seegang kaum auszumachen sind, denn weit mehr als die Hälfte ist unter Wasser, und ihre schwerfällige Masse wird von den Wellen überspült. Auch das Radar kann sie kaum erfassen. Der Zusammenstoß mit einem Growler, selbst mit einem ganz kleinen, könnte den Verlust der MANTA bedeuten, und bei Wasser- und Lufttemperaturen von 1–2°C überlebt man auch in einer Rettungsinsel nicht lange. Wir müssen also höllisch aufpassen, wann und wo Eisgefahr besteht. Dann können wir nur noch auf Sicht fahren. Geht das nicht mehr, dann müssen wir uns treiben lassen. Das Eis driftet mit dem Ostgrönlandstrom nach Süden und weiter um Kap Farewell herum nach Nordwesten. Die Eislage verändert sich ständig durch Strom und Wind. Die Eiskarten aber, die wir mit dem Wetterfax empfangen, sind 1–3 Tage alt.

In dieser Lage greift man wohl besser auf alte Bräuche zurück: einen Schluck »vom Besten« ins Meer kippen, um Rasmus zu besänftigen. Das tun wir jetzt, Irene opfert ihren letzten schottischen Whisky. Und, o Gott, da hat doch einer die leere Flasche hinterhergeschmissen. Rasmus direkt aufs Auge!

Das gegenwärtige Islandtief soll stationär sein. Ein neues Labradortief ist im Anmarsch und wird verhindern, daß es auffüllt. Mehr haben wir gestern auf dem *Vedurstofa,* dem Wetteramt, nicht herausbekommen. Es war spät und nur noch die »Stallwache« war da, eine junge Dame. Sie ist etwas schnippisch. Die studierte Fachfrau spricht von oben herab – mit »Deppen«. Keine qualifizierte Beratung anhand der Wetterkarten, wie wir es von den vorangegangenen Besuchen gewohnt waren. Aber was soll's. Über der Wetterküche des Nordens, über Labrador, entsteht alle 2–3 Tage aus dem Nichts ein neues Tief, das dann um Kap Farewell herum nach Island zieht. Das macht längerfristige Vorhersagen ohnedies zur Sterndeuterei.

Bei Temperaturen um 14°C machen wir in den ersten Stunden bei 8,5 kn, schwachem Wind und ruhiger See gute Fahrt. Gegen 14 Uhr kommt starker Wind aus SE, die Wellenhöhe beträgt inzwischen 3 m.

Ich habe Freiwache. Eisig pfeift der Wind von den Westmännern her. Seit Tagen wurden dort 8–9 Windstärken gemeldet. Es ist Zeit für ein TR an Norddeich-Radio, aber der Versuch scheitert, die Antenne läßt sich nicht mehr abstimmen, sie strahlt nicht ab und bleibt stumm. Nun sind wir einsam, nur noch auf uns selbst angewiesen. Ich versuche zu schlafen, aber wie eine Dampframme haut die steile See auf unsere Bordwand. *Rrrummss* und wieder *Rrrummss.*

Ich klammere mich an der Koje fest und warte immer wieder auf den nächsten Hammer. Die Drehzahl wird zurückgenommen. Ein Blick auf die Uhr – noch nicht 17 Uhr 30. Die Ramme bleibt in Betrieb.

20 Uhr. Das ist meine Wache. Ich bin froh, daß ich vom passiven Dulden in eine aktive Rolle flüchten kann; immer nur auf das *Rrrummss* zu warten, ist keine Erholung. Aber ich kann mich nicht entschließen, den Kurs auf das grönländische Packeis zu ändern, nur wegen der Unbequemlichkeit! Die Crew wird dem Härtetest standhalten.

Leider nicht das Beiboot. Es poltert plötzlich achtern, und da sehe ich es hinter dem Heck am Davit hin und her sausen. Maschinen stop. Raus! Die Arretierung der Backbordauflage ist abgebrochen – offenbar ein alter Bruch. Bei jeder Schiffsbewegung kracht das Beiboot an die Reling. Weg mit dem Ding, ehe es Trümmer macht! Ich greife zur Drahtschere, um Drahtseil und Leinen zu kappen, doch schon steht Helmut neben mir und packt zu. »Das fangen wir ein«. Böse Knochenarbeit. Ein Zuber eiskalten Wassers klatscht mir ins Gesicht. Es rinnt unfreundlich durch den Kragen an Bauch und Rücken herunter. Aber schließlich sind Auflager und Beiboot, wenn auch beschädigt, fest verzurrt, und wir machen wieder Fahrt.

Mitternacht, der zweite Fahrtag ist angebrochen. Unsere Position *75 sm WSW Cap Keflavik.* Bei starkem Wind müssen wir die Drehzahl auf 1100 Upm zurücknehmen und machen dennoch 8 kn Fahrt. Die Sicht ist mäßig, die Wellenhöhe liegt bei 3 m.

Die See ist noch kürzer geworden. Nochmal müssen wir mit der Drehzahl zurück. Endlich – gegen morgen läßt der Wind nach. Dafür haben wir dicken Nebel, aber die Freiwache kann wenigstens ein bißchen schlafen.

Das Loran fällt aus. Ursache sind elektrische Felder der Scheibenlüftung. Wir müssen sie abstellen – die Heizung ebenfalls – die Ruderhaustür öffnen – sonst wären wir blind.

Wir werden langsam zu Eskimos, kuscheln uns in unsere wattierten Jacken und liegen mit vollem Anzug dick zugedeckt in den Kojen. Die Freiwache kriecht beim Wachwechsel in die feuchtwarmen Decken. Der Dauerregen nervt.

Mittags stehen wir auf *62°54' N – 29°19' W.* Bei einer mäßigen Brise aus E können wir bei einer 2 m hohen Dünung wieder Marschfahrt, 9 kn, laufen. Regen und Nebel sind unverändert.

Die See ist länger geworden – die Freiwache kann ausschlafen. Um 22 Uhr passieren wir den »Entenschnabel«. Hier haben die Grenzen der 200 sm breiten Fischereischutzzonen von Island und Grönland ein schnabelförmiges Gebiet über der fischreichen unterseeischen Schwelle freigelassen, die sich von Island her nach Südwesten in den Atlantik erstreckt.

Nach 1½ Stunden kommt ein Fischtrawler in Sicht, auf dem Radarschirm weitere Echos. Es ist Helmuts Wache. Er spricht mit den Fischern über UKW. »Gute Fahrt« und »Guten Fang«. Das war die einzige Begegnung auf der ganzen Überfahrt.

Unsere Mitternachtsposition am dritten Fahrtag ist *62°07' N – 32°48' W.* Wir können immer noch Marschfahrt laufen. Der Wind hat auf NE gedreht, und bei Nieselregen und Nebelfeldern geht die Temperatur auf 9°C zurück.

Der Barograf fällt stetig. Ein neues Labradortief passiert Kap Farewell. Das gibt Starkwind oder Sturm. Wegen seiner vielen Sturmlagen nennen die Seeleute Kap Farewell ja auch »Kap Horn des Nordens«. Das ist meine Wache. Ich kann mich immer noch nicht mit der stummen Kurzwellenantenne abfinden und versuche es noch einmal. Die Zeit nach Mitternacht ist günstig; wenig Funkverkehr. Und tatsächlich – schwach höre ich im Prasseln von Störungen »MANTA-Norddeich, was kann ich für Sie tun?« – »Ich habe ein TR für Sie« – »Ein Telex? Richtig?« – »Nein – ein TR!« Aber da bricht die Verbindung zusammen. Jeder weitere Versuch mit anderen Küstenfunkstellen ist für die Katz: Bern. Portishead-, Lingby-, Rogaland-Radio – nichts. Und dabei bleibt es.

Der Wind schwankt bis mittags um NW 4–5, achterliche See. Regen – Nebel. Ruhige Fahrt. Bordroutine.

Nachmittags nimmt der Wind auf NW 7 zu. Die See geht hoch. Die Hebel müssen immer weiter zurück, bis auf Leerlaufdrehzahl, sonst surfen wir. Der »point of no return« ist jetzt überschritten. Es gibt keinen Rückweg mehr; über die Hälfte des Brennstoffs ist verbraucht. Nur das Vorwärts zählt noch.

Am vierten Fahrtag ist die Mitternachtsposition *60°58' N – 38°59' W.* Trotz Leerlaufdrehzahl machen wir bei Windstärke 7 noch 5 kn Fahrt. Die Temperatur geht auf 7°C zurück, die Wellenhöhe liegt bei 4 m.

Meine Wache. Die See geht hoch, ich kann den Kurs nicht mehr halten und muß fast nach Süden ablaufen, in den Atlantik hinein. Es hilft nichts. Jetzt machen wir noch 1 sm pro Stunde gut, weil wir das Ziel nicht mehr anliegen können. Um 4 Uhr wieder Wachwechsel, Helmut ist dran, aber ich wage nicht, mich hinzulegen. Der Wind hat jetzt Sturmstärke. Wir müssen den Autopiloten abschalten und Handruder gehen, mit einer Hand an den Gashebeln – um zu stützen, wenn das Boot querschlagen will. Aber die neue Wetterkarte läßt Hoffnung aufkommen.

Unsere Mittagsposition ist *60°07′N – 40°00′W.* Der Wind hat etwas nachgelassen, aber die See ist immer noch zu hoch, um den Kurs zu ändern. *Hallo Amerika!* Der 40. Breitengrad gilt als die Mitte des Atlantiks. Von jetzt an laufen wir nicht mehr von Europa weg, sondern auf Amerika zu.

Es klart auf. Nur Cirruswolken stehen am Himmel. Das Thermometer fällt auf 2°C. Die Freiwache sitzt eingemummelt an Deck. Um 18 Uhr 38 macht Helmut 45° an Steuerbord im Abstand von 80 sm, das sind fast 150 km, die hohen Berge Grönlands aus. Um 22 Uhr verschwinden sie wieder im Nebel.

Am fünften Fahrtag ist unsere Position um 0 Uhr *59°26′N – 42°14′W.* Der Wind weht kräftig um 5 Bft aus NW. Immerhin können wir bei 1–2 m hohem Seegang unseren Kurs etwas korrigieren. Die See ist kurz und steil, und wir laufen immer noch mit kleiner Fahrt.

Um 6 Uhr morgens klart es vollständig auf. Tiefblauer Himmel. Strahlend geht die Sonne auf – fast im Norden. Dunkel stehen die hohen, felsig schroffen Berge Grönlands vor dem bunten Horizont. Immer schärfer sieht man wie durch einen Blaufilter die zerklüfteten Felsen. Die ankommenden Wetterkarten verheißen Wetterbesserung, dann wieder ein kräftiges Tief, das vor der langen Küste Grönlands stürmische Winde aufstauen wird. Wir erwarten die Eiskarte aus Kopenhagen, die wir bald dringend brauchen werden, aber sie kommt nicht.

Die Eisbarrieren vor Ost- und Südgrönland bestehen aus Meereis unterschiedlicher Arten und Formen, das durch Ausläufer des Golfstroms von der polaren Eiskappe gelöst wird, aus Eisbergen, »Kälbern« des Inlandeises, die der Druck der bis 3000 m dicken Inlandeisdecke unablässig donnernd in die Fjorde und Küstenmeere schleudert, und aus örtlichem Wintereis, das im Sommer abreißt. Diese Eismischung treibt mit dem Ostgrönlandstrom südwärts und driftet dann um Kap Farewell herum an der Küste entlang nach Nordwesten.

Beim Landfall müssen wir durch diese Eisbarieren hindurch. Ob und wo sie passierbar sind, bestimmt der Wind, der das Eis zusammenschiebt und lockert, je nach Windstärke und -richtung. Doch dabei spielen wechselnde Strömungen, die sich gesicherter Vorhersage entziehen, und die unterschiedlichen Formen und Strukturen des Eises eine Rolle. Nur das mit Radar und Infrarotsensoren ausgestattete Flugzeug der grönländischen Eispatrouille kann den Ist-Zustand erkunden. Meteorologen entwickeln aus den Ergebnissen Eiskarten für die drei Küstenregionen – jeden Tag für eine andere Region. Der Sender Kopenhagen gibt keine Information, warum die Karte heute ausgefallen ist, geht einfach in seinem Programm weiter – sendet Wetterkarten der Ostsee. Vielleicht hat schweres Wetter den Flug verhindert. Anfragen sind nicht drin – unser Kurzwellensender funktioniert ja nicht.

Aber das ist kein Grund, nervös zu werden. Seit den Zeiten der Wikinger haben Seefahrer ihren Weg durchs Eis gefunden – trotz Sturm, Nebel und gefährlicher Schiffsvereisung. Warum sollten wir das zur statistisch bestgeeigneten Jahreszeit nicht schaffen, mit Navigationseinrichtungen, von denen die Schiffer früherer Zeiten nicht einmal träumen konnten?

Um 11 Uhr 55 erreichen wir mit Position *59°19′N – 43°58′W* den Treibeisrand. Die ersten Eisstücke, wie kostbare Kunstwerke aus glitzerndem Weiß

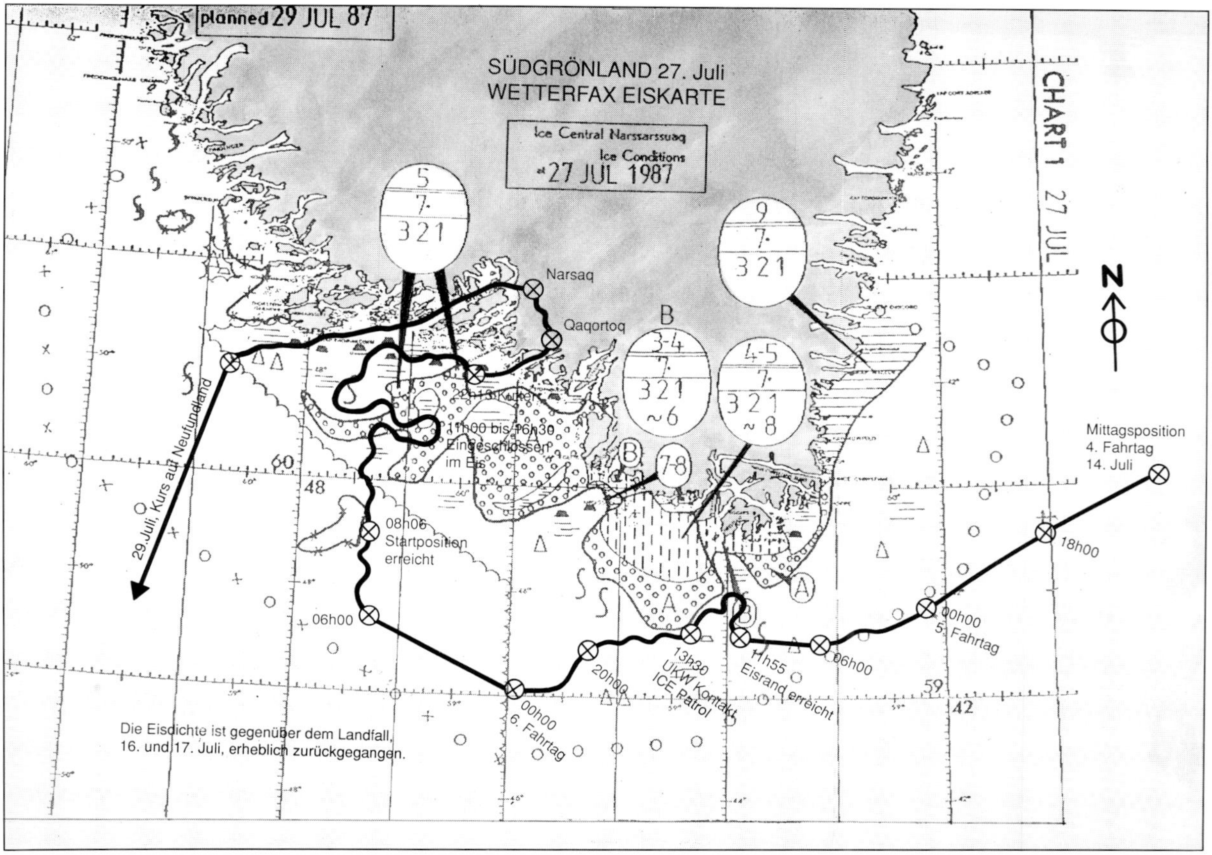

Einige wichtige Eissymbole:

Dichtes Eis	▤	Eisberge	△
Lockeres Eis	ǀ ǀ ǀ ǀ ǀ	Growler und/oder Eisbergstücke	▲
Sehr lockeres Eis	○ ○ ○	Gesamtbedeckungsgrad	C
Offenes Wasser	• • •	Teilbedeckungsgrad	Ca Cb Cc
		Entwicklungszustand	Sa Sb Sc
		Form (Schollengröße)	Fa Fb Fc

und leuchtendem Kristall. Das bizarre Bild eines Schwans mit erhobenen Flügeln und aufgerecktem Hals. Im Kielwasser überschlägt er sich. Ein Walroß aus Eis auf flachem Untersatz. Deutlich sind Kopf und Zähne an dem aufgereckten Körper zu sehen. Ein Kamel. Die sieben Schwaben mit ihrem

Spieß! Skurrile Formen und Farben. Durchsichtig wie Glas, schimmerndes Weiß, helles Blau und Grau. Wir sind begeistert – fasziniert!

Das Eis wird immer dichter. Jetzt müssen wir einzelnen Schollen und Stücken ausweichen. Immer größer werden die Eisbrocken, und immer höher recken sich ihre Formen aus dem Wasser. Auch unter Wasser sind Formen und Farben deutlich zu erkennen. Auch dort sind sie unregelmäßig, aber sie sind massiger, breiter.

Um 13 Uhr 30 haben wir UKW-Verbindung mit dem Flugzeug der grönländischen Ice Patrol. Es sind dänische Meteorologen. Wir geben ihnen unsere Position, und 10 Minuten später überfliegen sie uns. Gespräch über die Veränderung der Eislage anhand der letzten Eiskarte. Nichts stimmt mehr. Nordsturm hat das Eis zusammengeschoben. Teilweise Packeisgürtel. Ca. 100 sm weiter nördlich, in Höhe des Bredefjordes, soll das Eis noch passierbar sein. Das Flugzeug braust ab, will diesen Raum für uns erkunden und in einer halben Stunde wiederkommen.

Kurs halten geht nicht mehr. Wir müssen den Eisrinnen folgen. Soweit möglich in Richtung unseres Generalkurses – jetzt 290°. Robben sitzen auf großen Schollen und drehen die Köpfe nach dem sonderbaren Besuch.

Nach 35 Minuten braust die Maschine wieder über uns weg. Die Meteorologen haben weit im Norden Eisrinnen zum Bredfjord und dann vor der Küste offenes Eis bis zum Hafen Qaqortoq gefunden. Wir bekommen eine Startposition vor dem Eisrand und einen Generalkurs durchs Eis. Jetzt haben wir also ein neues Fahrtziel – fast am Rande unserer Reichweite. Dann bleibt nur noch die Brennstoffreserve.

Die Rinnen werden enger. So geht das nicht mehr. Wir drehen ab und laufen Slalom durch Schollen und Eisbarrieren, bis wir wieder am Eisrand stehen. Wir können in dichtem Eis nicht fahren. Unsere Doppelschrauben liegen weit außen und gehen tiefer als der Rumpf. Wenn sie auf die Eismassen aufschlagen, die unter Wasser weit auskragen, dann sind wir möglicherweise ohne Antrieb, und dann könnten wir vom Eis zerquetscht werden. So steuern wir am Eisrand entlang.

Der Wind nimmt auf WNW 7 zu. Wir boxen mit kleinster Fahrt gegen 2 m Wellen. Eisiges Seewasser sprüht und klatscht auf uns herunter. Auch an den Eisschollen brandet die See hoch und sprüht über sie hinweg. Und plötzlich stehen wir wieder vor einer Eisbarriere. Die reicht bis zur Kimm. Wir versuchen, sie zu passieren. Wieder verfangen wir uns in engen Rinnen. Es geht im Slalom durch Löcher im Packeis, um große Schollen, um breite Barrieren und wieder durch Rinnen. Schließlich sind wir wieder frei. Auf Steuerbordseite Packeis, soweit das Auge reicht. Neuen Barrieren gehen wir nun weiträumig aus dem Weg.

Die Mitternachtsposition des sechsten Tages ist *59°01'N – 45°54'W*. Das Eis hat die grobe See gedämpft. Es steht eine runde, 2 m hohe Dünung. Wir können wieder Marschfahrt laufen. Es ist jetzt bedeckt und dadurch nur schwaches Licht. Im rechten Winkel drehen wir vom Eisrand weg. Eine Stunde, das sind 8,5 sm, wollen wir in offenes Wasser halten, damit wir in der Dunkelheit nicht gefährdet sind. Um 1 Uhr steuern wir 304°, ab 4 Uhr 314° und ab 6 Uhr Nordkurs mit 0°.

Kurz nach 8 Uhr stoppen wir unsere Maschinen bei ruhiger See. Wir haben die uns genannte Startposition zur Ansteuerung der Mündung des Bredefjordes erreicht. Erstmals heizen wir das Ruderhaus und genießen ein deftiges warmes Frühstück mit Spiegelei und Schinken. Weiß der Teufel, wann wir in dieser Eiswüste wieder etwas Warmes zwischen die Zähne bekommen!

Um 9 Uhr 38 nehmen wir wieder Fahrt auf, Generalkurs 27°. Schon nach 1½ Stunden sind wir wieder im Eis und steuern Slalom. Die Anweisungen an den Rudergänger sind gespickt mit Namen von Tierarten, Gegenständen und Bildern, so bezeichnen wir die Eisbrocken. Hohe Eisberge tauchen auf und Growler, große, von diesen Bergen abgesprengte Stücke. Wir rätseln über das Alter der Eisriesen. Man soll es an der Farbe abschätzen können. Tausend Jahre und mehr können sie alt sein. Schnee aus den Zeiten der Wikinger. Lange Rinnen sind schräg in ihre Flanken gewaschen, alte Wasserlinien. Sie haben ihre Lage geändert, sind gekentert. Mein Gott – wenn so ein Ding umfällt! Immer wieder freie Wasserflächen. Dann wieder Eisfelder, dichte und weniger dichte. Jetzt passieren wir einen riesigen Berg. Er hat ein großes und tiefes Loch über der Wasserlinie. Auf einem See fahren wir an Eisbarrieren entlang und suchen einen Durchlaß. Keine Durchfahrt zu sehen. Dann laufen wir durch verschiedene Rinnen, stoßen erneut auf einen Eisriesen und sehen wieder das Loch. Es ist der alte Eisberg, aber nun gibt es keine Durchfahrt mehr. Wir sind gefangen – im Eis!

Weitersuchen. Graupel und Schneeschauer. Klatschender Regen. Dunst- und Nebelfelder. Der Scheibenwischer am Steuerstand fällt aus. Einer muß draußen von Hand wischen. Wir nehmen über UKW Verbindung mit der Eiszentrale auf, aber sie ist auch nicht schlauer. Der starke Wind hat das Eis inzwischen zusammengeschoben. »Warten Sie, bis der Wind dreht. Haben Sie genügend Brennstoff?« Ja, noch ist genug da. Auch das Radar ist jetzt ausgefallen. Auf den Loran-Empfänger ist kein Verlaß mehr, er springt von Position zu Position. Wir sind hinter dem nördlichsten Sender der Gruppe. Das System arbeitet hier nicht mehr. Hinter Narsarsuaq liegt ein Flughafen. Wir nehmen Peilungen zum Flug- und zu einem Seefunkfeuer am Eingang des Julianehabfjords. Der Winkel ist viel zu spitz für eine Positionsbestimmung, aber wir haben einen Anhalt für den zu steuernden Generalkurs.

Lange suchen wir vergeblich weiter, doch schließlich finden wie einen schmalen Durchlaß in einen großen See, aber dahinter Packeis, soweit das Auge reicht. Wir fahren daran entlang – suchen eine Rinne. Nichts.

17 Uhr 35 sichten wir eine 60 m breite, lange Rinne. Es ist jetzt fast windstill. Das Eis wird sich wohl nicht verschieben. Also durch und sehen – eventuell zurück. Voller Spannung erwarten wir das Ende der Rinne. Und da ist es! Offenes Wasser!! Übersät mit großen Eisbergen, aber sonst offen! Uff, das ist noch mal gutgegangen! Doch noch ist kein Grund zum Ausspannen! Immer wieder müssen wir mächtigen Eisbergen ausweichen, aber das macht uns nichts mehr. Unsere Koppelposition ist ohnehin unsicher. Mit 60° Generalkurs versuchen wir Zielfahrt auf das Flugfunkfeuer.

Kurz vor 23 Uhr stehen wir wieder vor einem Treibeisfeld. Scholle drängt sich an Scholle, soweit das Auge reicht. Hier ist die Einfahrt zum Narsarsuaq-Fjord – da müßte sie jedenfalls sein. Was tun? – Nochmals ablaufen und eine weitere Nacht warten?

Da sieht Irene mitten im Eis einen Kutter. Die Besatzung schießt Seehunde. Das kann eine Lösung sein! Aber alle Versuche, uns bemerkbar zu machen, scheitern zunächst. UKW – keine Antwort. Hat keins. Horn-Scheinwerfersignale – nichts hilft. So nehmen wir halt unseren restlichen Mut zusammen und schleichen uns vorsichtig ins Eis, an ihn heran.

Es sind Eskimos. Zunächst großes Palaver, wir verstehen uns nicht. Dann kapieren sie. 5 kg frische Krabben und zwei Kästen bayerisches Bier wechseln die Besitzer. Dann fährt er vor uns her, nach Qaqortoq, was sind wir erleichtert! Noch müssen wir höllisch aufpassen und dicht aufbleiben, denn das massive, mit Metallplatten am Rumpf zusätzlich verstärkte Boot drischt mit hohem Tempo durch das zunächst sehr dichte Schollenfeld, das sich hinter uns sofort wieder schließt. Aber nach einiger Zeit werden die Wasserlöcher größer. Riesige, turmhohe Eisberge ziehen in fahlem Dämmerlicht gespenstisch vorbei. Dann Felsklippen, steiles felsiges Land. Lichtschwache Befeuerung. Keine erkennbaren Feuerträger. Nur gut für Ortskundige. Wir setzen die Gastflagge.

Nach zwei Stunden laufen wir in Qaqortoq (Julianehab) ein. Um 1 Uhr 10 machen wir längsseits der Pier fest, nach 990 sm und 136 Fahrstunden.

Kalaallit Nunaat = Grönland ist die größte Insel der Erde. Hier herrscht das lebensfeindliche Klima des Polarmeeres. 85% des Landes sind vom ewigem, bis zu 3000 m dickem Eis bedeckt. Kein anderer Teil der Erde ist dem Nordpol näher als Grönlands Nordspitze, dabei liegt seine Südspitze, Kap Farewell, auf der Breite Südnorwegens. Doch hier fehlt die Warmwasserheizung des Golfstromes, dessen letzte Ausläufer nur noch dazu reichen, die Eismassen des Polarmeeres der Ostküste entlang nach Süden in Bewegung zu setzen. So ist der Seeverkehr in grönländischen Gewässern die meiste Zeit des Jahres blockiert. Nur im Südwesten gibt es um die Hauptstadt Nuuk herum einen etwa 20 km tiefen eisfreien Landstreifen, vor dem sich im kurzen arktischen Sommer auch das Meereis weitgehend auflöst.

Die erste Besiedlung des Landes erfolgte nach den heute herrschenden Theorien schon in grauer Vorzeit von Sibirien her über eine Landbrücke, die über Alaska bis Grönland reichte. Die Wanderung erfolgte in den Zeiten der Erderwärmung in Wellen. Die darauf folgenden Vereisungen löschten menschliches Leben wieder aus. Erst gegen Ende des ersten Jahrtausends unserer Zeitrechnung verbreitete sich ein kriegerisches Volk über die gesamte Arktis, von Alaska über Labrador bis nach Grönland. Es besaß die vollkommensten Jagdwerkzeuge der Arktis, das Kajak und den Umiak, das große Boot aus Fell, den Schlitten und die Zughunde. Erst seine Kleidung und Ausrüstung machte Überleben in dieser Region möglich. Es sind die Eskimos, die sich selbst »Innuit«, das heißt ganz einfach »Menschen« nennen.

Im Jahre 986 landen die Wikinger. Sie gründen Siedlungen unweit unseres Landeplatzes und bilden hier einen eigenen Freistaat. Dieser unterstellte sich 1261 dem Königreich Norwegen. Es ist die Zeit, in der die Wikinger die Normandie erobern, die Seinemündung, viele Küstenplätze Spaniens, Neapel und Korinth; in der sie durch Rußland hindurch zum Schwarzen Meer vorstoßen, ja sogar den Rhein hinauf bis nach Mainz. Überall verbreiten sie Angst und Schrecken, aber in Grönland gingen sie nach den Sagen der Eskimos bei ihrem Zusammenstoß mit ihnen in einem Inferno von Blut und Feuer unter, während die Verbindung nach Europa durch Kriege und Pest fast 200 Jahre unterbrochen war. Nichts als die steinernen Ruinen ihrer Gebäude an den Fjorden zeugen von ihrer Existenz – von den einstigen Bewohnern fehlt jede Spur. Erst 1721 wieder landet eine dänische Expedition mit dem Auftrag der Missionierung und der Wiederinbesitznahme und erklärt Grönland zur dänischen Kolonie.

Inzwischen ist Grönland ein selbständiger Staat mit eigener Flagge und mit einer von Dänen beratenen Regierung. Etwa 50 000 Einwohner zählt das riesige Land, etwa 5000 dänische Verwaltungsbeamte eingeschlossen.

Qaqortoq, zu dänischer Zeit Julianehab, ist eine der wenigen »Städte« des Landes. Dänische Entwicklungshilfe hat daraus eine Siedlung bunter Holzhäuser gemacht, die verstreute Familien und Gruppen mit Sozialhilfe und

Schulprämien für Jugendliche anlockt. Aber der Versuch, dieses asiatisch geprägte archaische Jägervolk zu europäisieren, hat offensichtlich kein Glück verbreitet. Dafür herrscht an den »Zahltagen« der Suff. Das junge Volk strömt erst in die »Disko« und wird dann rabiat. Alte gehen lieber gleich sabbernd zu Boden.

Es ist noch nicht lange her, da jagten diese Menschen wie ihre steinzeitlichen Vorväter im Familienverband. Nur sich selbst versorgend. Persönliches Eigentum war unbekannt. Auch heute geht ohne Reue mit, was gefällt.

Natürlich gilt das nicht für alle. Immer noch verdienen viele mühselig ihr Brot mit Robbenjagd, Krabben- und Fischfang in diesen gefährlichen eisigen Gewässern, auf denen der Wind nie einschläft.

Die meisten Entwicklungsprojekte, die auf dem Rohstoffreichtum der Insel aufbauen, sind inzwischen eingegangen, an Transportproblemen gescheitert. Nur einige hoch defizitäre Anlagen hauptsächlich in der Fischverarbeitung und der Verarbeitung von Seehundfellen, die niemand mehr kaufen will, bestehen noch.

Deutschland kennt keiner hier. Nur Dänen und einige »andere« Europäer. Das ist das eine Ergebnis unseres vergeblichen Versuches, einzuklarieren. Das andere, nach zeitraubenden Verhandlungen, ein Polizeistempel in die Pässe. Irgendwer muß uns doch zur Kenntnis nehmen!?

Nach einem Tag mit Wartungsarbeiten und Einkaufen flattert in der Nacht ein Geist in langem weißem Hemd über das frostige Deck. Helmut wehrt junge Eskimos ab, die ins Decksluk einsteigen wollten, nachdem die Ruderhaustür auch mit Gewalt nicht zu öffnen war.

Nach zwei Tagen Arbeit am Boot und ununterbrochenem Regen scheint endlich wieder die Sonne und lädt zur Ortsbesichtigung. Die Siedlung ist locker an den felsigen Hang gebaut. Ihre nagelneuen Holzhäuser leuchten in bunten Farben. Sie sind durch lange Treppen und hölzerne Gehsteige miteinander verbunden, damit sie auch bei Schnee erreichbar sind. Überall gibt es elektrischen Strom. Selbst die Abwasserrohre müssen ja beheizt werden. Die Handschrift der dänischen Architekten ist beherrschend. Zwischen den Häusern und Felsen blüht auf dem spärlichen Mutterboden eine Vielzahl von Pflanzen, die man sonst nur im Hochgebirge findet. Überall plätschert Schmelzwasser. Kleinkinder spielen in der Sonne, mit dichten Schleiern um den Kopf. Sie sollen gegen die Sommerinvasion der Stechmücken schützen.

Eine Hubschrauberstation ist neben dem Postschiff die einzige Verbindung zur Außenwelt. Die 10 km staubiger Straße dienen nur den etwa 15 Taxen zum innerörtlichen Verkehr. Privatfahrzeuge gibt es nicht.

In dem kleinen halbrunden Hafen sind viele kleine Boote verankert oder am Ufer festgemacht. Ein hereingetriebener Growler hat sie gefährdet. Da hat man eine langen Eisenstab hineingeschlagen und ihn ebenfalls am Ufer festgebunden. So kann er kein Unheil mehr anrichten. So einfach ist das. Vor der Einfahrt zum Hafen ist ein mächtiger Eisberg gestrandet – andere ziehen mit der Tide vorbei. Hinauf und hinunter.

Am Wasser ist auch eine winzige Halle, in der der Fang der wenigen noch tätigen Jäger und Fischer angeboten wird. Es liegen nur ein paar Seewölfe da und blutiges Robbenfleisch. Außen führt ein Weg mit Stufen zum Wasser. Dort werden Robben enthäutet und die Felle gewaschen. Gegenüber an der Regierungspier liegt der Regierungskutter längsseits, und dort ist auch die Polizeistation. Auch ein dänisches Motorschiff, das Versorgungsgüter aus Dänemark mitgebracht hat, liegt hier. An Bord eine »auf den Mann«

dressierte riesige Dogge. Es gibt eine Poststelle, ein kleines Hotel, eine Schule, eine Bank und sogar einen Mini-Markt. Er hat natürlich keine frischen Waren, ist aber gut sortiert mit Konserven. Alles aus Dänemark. Was uns belustigt, sind Krabben in Büchsen aus Europa, zehn Minuten weg von der Fischfabrik, von der sie stammen. »Sankt Bürokratius«?

Der Beitrag zur Volksgesundheit: Erst ab 14 Uhr gibt es Schnaps, Bier und Wein. Das soll offenbar verhindern, daß man sich schon morgens besäuft, aber es hilft wohl wenig. So müssen wir unseren Einkauf erst mal stehenlassen.

Wir liegen am Ende des Hafens, an einer schmalen Betonpier vor dem kleinen Werftbetrieb. Hier müssen alle Kutter landen, es gibt sonst keinen Landeplatz. Es wird ein gefährlicher Liegeplatz, weil meistens was nicht klappt, z. B. die Steuerung oder das Umsteuern der Schraube. Unser Beiboot und Auflager müssen repariert werden, der dänische Vormann hat uns persönliche Hilfe zugesagt. So müssen wir erstmal bleiben und hoffen. Mit dem einzigen, uralten mechanischen Kran werden das Beiboot und das abgerissene Auflager an Land gehievt. Der Vormann nimmt es selbst in die Kur. Er hat eine eigene, geschlossene Abteilung, in der er mit Sträflingen Rümpfe für Fischerboote aus Glasfiber baut. Auch der Strafvollzug ist europäisiert und an Personalnachschub herrscht kein Mangel. Kaum einer hat eine geregelte Arbeit. Man lebt von dänischer Entwicklungshilfe, und es gibt viele Versuchungen, denen keine anerzogenen Hemmungen entgegenstehen.

Abends ist ein Isländer bei uns an Bord, der hier unter Vertrag steht. Einen Großteil seines Lebens hat er in der Arktis verbracht. Er ist von ihren Herausforderungen fasziniert und berichtet spannend von seiner Arbeit in der langen arktischen Winternacht. Von den dänischen Entwicklungshelfern, die hier, hochbezahlt, ohne Kenntnis der Landessprache ihren Vierjahresvertrag absitzen, ist er dagegen enttäuscht: »Zwei Jahre dauert es, bis sich ein Lehrer mühsam mit seinen Schülern verständigen kann. Ehe er die Probleme des Landes wirklich begriffen hat, geht er bereits wieder mit Freuden und ohne Wiederkehr! Den meisten Schaden aber haben selbsternannte, dafür völlig ahnungslose Umweltschützer diesen ums Überleben kämpfenden Menschen zugefügt, indem sie den Verkauf von Robbenfellen nahezu blokkierten. Das Polarmeer wimmelt von Robben. Sie sind das Hauptnahrungsmittel und werden bis auf den letzten Knochen verarbeitet. Nach wie vor sind sie die Lebensgrundlage. Den größten Ertrag hatten bisher die Felle gebracht. Jetzt läßt man sie achtlos treiben. Jetzt ist das Leben derjenigen, die sich, statt Bettler zu werden, für ihren Lebensunterhalt auf ihren morschen Kuttern abrackern, oft ohne Wiederkehr, noch schwerer geworden.«

Was er über den Einfluß der Europäer auf die Menschen, die im Gleichgewicht mit der Natur in diesen eisigen Regionen lebten, erzählt, macht nachdenklich. Ist es denn wirklich so, daß man sie zu unzufriedenen Bettlern erzieht? Der Augenschein spricht leider dafür.

Am 27. Juni laufen wir um die Mittagszeit aus. Wir haben dem Vormann zu danken. Er hat die Arbeit mit eigenen Händen getan, sonst wäre ganz sicher nichts daraus geworden. Er hat uns empfohlen, durch die Fjorde zu dem weiter nördlich liegenden »Städtchen« Narsaq zu laufen. Dort gäbe es einen geschützten Ankerplatz, frei von unerwünschtem Landbesuch.

Die Landschaft ist grandios. Breite Fjorde von hohen, steilen Felswänden eingefaßt. Das zum Landesinneren immer höher werdende Gebirge trägt mächtige Kappen von Eis und Schnee. Wolkenschleier treiben davor. Auf dem Wasser, das die wechselnden Farben des Himmels widerspiegelt, treiben unzählige kantige, zerklüftete Eisberge. Diffuses polares Licht macht daraus ein Bühnenbild der »Götterdämmerung«!

Wir wollen irgendwo ankern, um dieses arktische Kleinod näher zu betrachten, aber auf allen vom Seehandbuch beschriebenen Ankerplätzen treiben in Wirklichkeit gewaltige Eisberge, die selbst große Schiffe gefährden würden.

Endlich finden wir eine flache Bucht zwischen ein paar grünen Matten und ankern. Hier stehen wetterschiefe Holzhütten. Sie wurden von armen Schafzüchtern wie in panischer Eile verlassen. In den Räumen noch Säcke mit Futtermitteln, gebrauchtes Geschirr auf dem Tisch und eine Schüssel mit Brei auf dem Herd. Es gibt jetzt Arbeitslosen- und Schülergeld. In der »Stadt« wird ihnen Unterkunft in neuen Häusern zugewiesen. So haben sie alles stehen und liegen lassen, denn wer will schon Geld ohne Arbeit und Sorgen, will bequeme geheizte Wohnungen in der Siedlung zurückweisen?

Es gibt niemanden, der einen Schimmer davon hat, wovon die Menschen später, wenn die Hilfe weniger wird, leben sollen. Industrielle Tätigkeit ist nicht lohnend. Selbst der Abbau der reichen Erzvorkommen ist zu teuer, und es gibt auch keine realen Möglichkeiten für eine Verkehrsanbindung. Eis schließt das Land in der meisten Zeit des Jahres von der Welt ab. Erst mal helfen, dann weitersehen! Aber das ist keine Hilfe zur Selbsthilfe, sie zerstört die alten Strukturen dieses kleinen archaischen Jägervolks.

Am folgenden Tag geht es weiter, im Slalom um die Eisberge, durch die grandiose Fjordlandschaft. Um 17 Uhr ankern wir im Westhafen Narsaq. Ein Glück, daß wir unser Beiboot wieder zu Wasser lassen können, denn als erstes müssen wir einen großen Eisklotz wegschieben, der eine Gefahr für uns ist. Gar nicht so einfach, trotz 20 PS-Motor! Wir brauchen lange Zeit, bis wir ihn zum Stranden gebracht haben, und das gelingt nur, weil gerade Springhochwasser ist. Wir schlagen ein paar Eisstücke ab und setzen uns an Deck, um »Whisky on the Iceberg« zu trinken. Dabei beobachten wir mißtrauisch, wie die Eisberge draußen vor unserer kleinen Bucht vorbeiziehen. Ob sie uns in Ruhe lassen?

Am nächsten Tag sind wir auf Warteposition, studieren jetzt die Eis- und Wetterkarten der kanadischen Station *Halifax*. In der Labradorsee sieht es nicht gut aus. Noch treiben dort Eisfelder bis 50 sm Nord-Süd-Ausdehnung, und sie driften mit dem Labradorstrom nach Süden. Dagegen scheint die Ausfahrt des Bredefjordes, die uns jetzt am nächsten ist, nach der Eiskarte aus Kopenhagen passierbar. Der nette dänische Postmann bekommt die Fax-Karten über Kabel und hat auch die alten gesammelt. Das ist günstig für uns, sie haben ein größeres Format als unsere, und im Vergleich können wir die Tendenz der Eisdrift erkennen. So haben wir eine bessere Übersicht über die Entwicklung. Jedenfalls ist die Ausfahrt aus dem Bredefjord möglich – wenigstens solange nicht wieder Südwind kommt.

Dann studieren wir die Handbücher und Seekarten, um uns auf die Fahrt nach Kanada vorzubereiten.

Kapitel 4

Amerika voraus!

29. Juli. Wir sind fahrbereit. Heute früh haben wir die neue Eiskarte über Halifax-Radio empfangen. Das Wetter wechselt schnell. Ständig folgt ein Tief dem anderen. Sie entstehen über Labrador und dem St.-Lorenz-Golf durch den Zusammenprall von warmen und kalten Luftmassen und ziehen schnell auf Grönland zu, um dann den Eismassen nach Süden um Kap Farewell herum auszuweichen. Das hohe Druckgefälle zwischen dem Kältehoch über dem grönländischen Inlandeis und den »wärmeren« Luftmassen über See verursacht die ständig aufeinander folgenden Sturmlagen am Kap Farewell.

Wir brauchen für die Überfahrt vier Tage. So lange hält ruhiges Wetter gewöhnlich nicht an. Wir müssen also versuchen, mit der Rückseite eines Tiefs auszulaufen, um vor der Küste des Fahrtzieles Neufundland möglichst ruhiges Wetter zu haben.

Gerade steht ein solches Tief vor der Küste, und wir rufen deshalb über Kurzwelle beim Seewetteramt Hamburg an. Diese Wetterberatung hatten wir schon vor unserer Abreise vereinbart. Der für das Fahrtgebiet zuständige Meteorologe ist Kapitän Gerdes. Beim Gespräch wird erkennbar, daß er das Gebiet sehr gut kennt.

»Wenn Sie jetzt auslaufen, haben Sie für 1½ Tage mit Starkwind gegenan zu rechnen. Dann Wetterberuhigung. Dabei entsteht über dem St.-Lorenz-Golf ein neues Tief, und beim Landfall bei *Belle Isle* müssen Sie dann wieder mit 7 Windstärken rechnen.«

In meinem Kopf wirbeln die Bilder: Nebel – Eis – *und* grobe See! So kommt meine Frage: »Sollten wir nicht lieber eine ruhigere Lage abwarten?« Antwort: »Wollen Sie in Grönland überwintern – oder wollen Sie nach Amerika? Dann fahren Sie, machen Sie, daß Sie rauskommen, sonst kommen Sie nie rüber! Und gute Reise.«

Mit diesem moralischen Rippenstoß versehen, gehen wir Anker auf zum Nachbunkern an den Kai. Um 13 Uhr 55 machen wir die Leinen los, bei blauem Himmel und einem opalisierenden arktischen Licht.

Wir haben Südwind, und das, was man hier bei 15°C als »Hitzewelle« bezeichnet. Die Eskimos laufen in kurzärmeligen, aufgeknöpften Hemden herum. Es ist ihnen sichtlich zu heiß. Wir kommen uns ulkig vor in unseren wattierten Jacken. Hier im inneren Bredefjord sind wir noch unter dem Schirm des Inlandhochs. Durch hohe Eisberge steuern wir den Fjord hinunter. Auf der Steuerbordseite ein Nebenfjord. Das Inlandeis reicht steil bis an den Meeresspiegel. Es zeigt eine wilde Bruchstelle an der anderen und »kalbt« ins Meer. Gewaltige Eisberge werden hier mit wildem Getöse ins hoch aufschießende Wasser entlassen. Der Arm ist mit Eis vollgepackt und nicht vermessen; so verzichten wir lieber darauf, dieses Naturschauspiel aus größerer Nähe zu betrachten.

Starker Ebbstrom hat eingesetzt, wir laufen mit hoher Fahrt bei mäßigem Wind den Fjord hinunter. Niedrige, zerfetzte Wolken ziehen über das schneegekrönte Gebirge. Dann prasselt dichter Regen nieder und schränkt die Sicht ein. Nebel! Radar an. Überall flimmert es auf dem Bildschirm. Land und Eis in unterschiedslosem Weiß auf der dunklen Fläche. Nur genaues Verfolgen der Karte kann uns helfen, Eis und Land auseinander zu halten. Es wird immer schwieriger, denn der Ebbstrom schießt immer stärker den Fjord hinunter, und niemand kennt seine wahre Geschwindigkeit, die sich zu unserer Fahrt addiert. Nach zwei Stunden Nebelfahrt peilen wir die letzte Felseninsel an Backbord. Geschafft! Wir sind auf freier See!

Auf freier See? Ein großes Wort. Noch immer flimmern auf dem Radarschirm die Eisechos, denen wir aus dem Weg gehen müssen, überall. Die ganze Crew guckt aus, damit wir nicht noch Schollen rammen, die im Radar nicht mehr zu sehen sind. Ein Blick nach oben läßt fast das Blut gefrieren: ein Eisriese ragt nahe bei uns hoch über den dichten Seenebel hinaus. Seine weißen Flanken dampfen bei nur 2°C in der Südbrise. Die Spitze läßt sich im Dunst nur noch erahnen. Ein schaurig-schönes Bild.

Der eisige Wind bläst uns jetzt stärker entgegen. Bisher war der Seegang vom Eis gedämpft. Jetzt wird die See zunehmend höher, und wir sehen die Gischtköpfe aus dem Nebel heraus anrollen. Was wir aber kaum noch sehen, sind die vielen Eisschollen, die zwischen den Bergen herumtreiben. Alle, bis auf die Radarwache, starren voraus in den Nebel. Kollisionen mit Eis können wir uns nicht leisten.

Zwei Stunden später scheint es so, als seien die Eisfelder passiert. Das Radar zeigt nur noch Seegangechos. Jetzt haben wir Kurs auf die Insel Belle Isle, an der Nordeinfahrt des St.-Lorenz-Golfes. Sie liegt dicht vor der Nordspitze Neufundlands, am Eingang der Belle Isle-Straße.

21 Uhr, die See ist jetzt kurz und steil. Für uns ein gutes Zeichen, es sind keine Eismassen mehr voraus, die den Seegang dämpfen. Wir müssen die Fahrt zurücknehmen, kommen aber trotzdem gut voran. Um Mitternacht kommt starker Wind auf, wir boxen mit kleiner Fahrt gegen eine 3 m hohe See an.

Seit Stunden haben wir kein Eis mehr gesehen, wir sind erleichtert. Jetzt sind wir wirklich auf freier See! Endlich kann sich die Freiwache aufs Ohr legen. Doch bald müssen wir auf kleinste Fahrt zurück. Es bolzt und haut, aber wir können den Kurs halten.

Es wird hell. Bedeckt, mittlere Sicht. Hohe, schaumgekrönte Wellen wälzen sich uns entgegen. Ein unfreundliches Bild.

Es gibt neue Arbeit. An der Südostküste von Labrador und der Nordküste Neufundlands bezeichne ich die für uns laut Seehandbuch und Seekarten brauchbaren Ankerplätze mit gelben Markierstiften auf den kanadischen Küstenkarten. Mit Kürzeln schreibe ich Informationen daneben. Aber die Angaben über die zerrissenen, verklippten Küsten ohne Landmarken und Seezeichen schmecken mir wie eine Portion frischer Maikäfer zum Nachtisch!

Nur notfalls dorthin, aber nicht freiwillig. So bleibt als Ziel nur der kleine Naturhafen St. Anthony, im äußersten Nordosten Neufundlands!

Unsere Mittagsposition am zweiten Fahrtag ist 59°00'N – 49°17'W. Trotz kleiner Fahrt laufen wir 8,5 kn, da Strom und steile See uns schieben. Schichtwolken, Haufenwolken und zerrissene Cumulusbewölkung bedecken fast den ganzen Himmel.

Die Wetterkarte zeigt den Kern des abziehenden Tiefs bereits östlich Kap Farewell. So kommen jetzt Wind und Seegang aus verschiedenen Richtungen und erzeugen Kreuzseen. Eine scheußliche Fahrerei, bei der uns der Hunger vergeht. So bleibt die Kombüse kalt. Es bolzt und rumst. Wir müssen nochmals Drehzahl wegnehmen, und am Spätnachmittag sind wir wieder einmal bei Leerlaufdrehzahl angekommen.

Weit an Steuerbord liegt die Halbinsel Labrador mit ihrem arktischen Klima. Gut 1000 km lang ist die uns gegenüberliegende Küste, und sie ist nur in den Sommermonaten, der eisfreien Zeit – die gerade begonnen hat – von wenigen kanadischen Fischern besiedelt. Das Landesinnere besteht im Norden aus steilen Felsgebirgen bis 1700 m Höhe. Nach Süden wird es flacher. Steine, Geröll, Busch und niedere Baumwildnis. Viele Seen, Schmelzwasserrinnen und Moore, aber keinerlei Straßen.

Vor der Küste läuft der kalte Labradorstrom von Nord nach Süd und trägt Meer- und Festlandeis aus der Baffin-Bay bis südlich von Neufundland und weit in den Atlantik, wo es zur Gefahr für die Schiffahrt wird. Prominentestes Opfer war der vermeintlich unsinkbare Passagierdampfer »Titanic«. Er kollidierte auf seiner Jungfernreise bei der Jagd nach dem »Blauen Band« – Auszeichnung für das schnellste Linienschiff im Transatlantikverkehr – mit Eis. Über 1500 Passagiere und Seeleute erfroren und ertranken in der Nacht vom 14. auf den 15. April 1912 im eisigen Meer.

Noch driften mächtige Eisfelder fast parallel zu uns vor der Küste. Anhaltender Nordwind könnte unseren Weg nach Neufundland mit Eis so blockieren, daß wir große Umwege fahren müßten. Die Durchsteuerung könnte dann schwieriger werden als die Eispassage vor Grönland, denn um Neufundland mischt sich warmes und kaltes Meerwasser, führt zu starkem, anhaltendem Seenebel, im Juni 60% aller Schiffsbeobachtungen – dem schlimmsten Feind der Seefahrt. Wir müssen also mit Nebel beim Landfall rechnen; es wäre schön, wenn wenigstens das Eis ausbliebe!

Bei Tage wechselt die Wache alle vier Stunden. Bordroutine und immer kräftiger werdender Wind. Jetzt um West. Die See läuft durcheinander, Kreuzseen schütteln uns. Abends klart es auf. Die Sichel des Mondes ist sichtbar. Mit violettem Licht geht die Sonne vor einem schwarzblauen Himmel unter. Es wird kälter, 5°C.

Der dritte Fahrtag bricht an, unsere Mitternachtsposition ist 57°49′N – 50°23′W, wir laufen nur mit 5 kn Fahrt. Der Sternenhimmel ist jetzt so klar, daß man einzelne Sternbilder in der Unmenge glitzernder Sterne nur mit Anstrengung ausmachen kann. Der Barograf zieht jetzt eine gerade Linie. Ruhiges Wetter wie vorausgesagt. Keine Radarechos – keine Eisberge.

Um 3 Uhr könen wir die Drehzahl wieder auf Marschfahrt erhöhen. Wachwechsel. Ich übergebe meine Wache an Helmut und sehe mich draußen nochmal um. Der von dünnem Mondlicht beleuchtete Horizont wird heller. Schemenhaft sind die Wolken von unten beleuchtet. Wird es denn früher hell als gestern? Gerade will ich darauf aufmerksam machen, da schießen plötzlich überall helle Lichtsäulen in den Himmel. Locker gewebte Lichtschleier wabern über uns von Horizont zu Horizont. Dann wächst allmählich eine Krone von Licht rundum über die Kimm. Sie wächst in die Höhe und steht jetzt über uns. Ein Dom wie aus dichten Scheinwerferstrahlen – Nordlicht! Wir halten uns auf dem Achterdeck fest und staunen hinauf.

Immer neue Bilder in grünlich phosphoreszierenden Farben. Riesenspiralen drehen sich über den ganzen Himmel, Lichtspeere schießen unter ihnen durch, und dann bricht der Spuk in sich zusammen. Nur noch die Mondsichel beleuchtet schwach den Horizont.

Fantastisch. Diese »Sternstunde« macht den ganzen Ärger und die Plage der Fahrt wieder wett!

Bei Hellwerden ist es schwachwindig, der Seegang nur noch 1 m. Nur geringe Bewölkung von Stratocumulus. Die Kimm ist jetzt scharf zu sehen – also gute Sicht.

oben: Start in Mannheim am 9. Mai 1987. Die Crew: Karlheinz Breidenbach, seine Frau Annemarie, die Freunde Helmut und Irene (Bildmitte).
unten: Mit der 18-m-Yacht MANTA auf Großer Fahrt.

Über die Orkneys und die Färöer-Inseln führt uns die Route nach Reykjavik – die nördlichste Hauptstadt der Welt.

Gullfoss, der »Goldene Wasserfall«; hier stürzt Gletscher-Schmelzwasser. In den letzten 20 Jahren entstand auf Island ein Gleichgewicht zwischen Gletscherrückzug und -neubildung – das Klima wurde hier, entgegen der weltweiten Entwicklung, kälter.

Kochende Unterwelt. Die Solfataren sind nach dem Vulkan Solfatara bei Neapel benannt. Anders als die Geysire stoßen sie nur Wasserdampf und Schwefel aus.

Da! Wieder der Eisriese mit dem offenen Schlund. Wir sind im Kreis gefahren.

oben: Das Farbenfrohe Qaqortoq, zu dänischer Zeit Julianehåb, in Südwest-Grönland. Dänische Entwicklungshilfe hat diese Siedlung bunter Holzhäuser erst möglich gemacht.
unten: Fahrt durch die grönländische Fjordwelt.

oben: Im undurchdringlichen Nebel der Labrador-See hilft nur moderne Elektronik.
unten: Zerrissene und verklippte Küsten ohne Landmarken und Seezeichen vor Labrador; da bleibt zum Landfall nur St. Anthony, ein kleiner Naturhafen im äußersten Nordosten Neufundlands.

oben: Offene Boote und Hütten auf Stelzen prägen das Bild der Fischersiedlungen in Neufundland.
unten: Solide, seetüchtige Schiffe brachten die ersten Wikinger nach Nordamerika. Viele Hinweise lassen vermuten, daß die Expedition Leif Ericsons hier bei L'Anse-aux-Meadows gelandet ist.

Die Sonne heizt unseren Eiskeller durch die Scheiben ein wenig auf.

Gegen 9 Uhr haben wir die 200 sm breite Fischereischutzzone passiert. Trotzdem gibt es nirgends ein Fischereifahrzeug. Auch die Funkgeräte bleiben stumm. Da hatte man uns doch in Norddeutschland erzählt, hier wimmle es nur so von Hochseefischern – auch viele deutsche darunter. Wir sollten uns nur melden. Angefangen von Wetterberatung bis zu nautischen Auskünften oder notfalls Hilfe könnten wir da alles haben.

Nichts! Die See ist und bleibt leer!

Es gibt ein paar Seevögel. Ich mache routinemäßig einen Rundblick und stutze. Da guckt doch nicht weit weg ein dicker, schnauzbärtiger Glatzkopf aus dem Wasser. Die runden Kulleraugen folgen uns lange verwundert. Dann taucht er weg. Eine Bartrobbe.

Um 10 Uhr verschwindet die Kimm. Radar ein. Nebelbänke. Schließlich fahren wir in dicker Watte. Und das bleibt so, bis die Sicht sich um 15 Uhr etwas bessert.

Die Mißweisung liegt hier immer noch über 30°. Sie war sogar bis 35° angestiegen, der Winkel zwischen geografischem und magnetischem Pol ist hier enorm. Jetzt nimmt sie langsam wieder ab. Irrtümer bei der Beschickung des Kartenkurses wären hier fatal. Abends herrscht wieder dichter Nebel.

Unsere Mittagsposition am vierten Fahrtag ist 54°38′N – 53°12′W. Bei schwachem Wind und minimalem Seegang machen wir 10 kn Fahrt.

Seit Stunden werfen die Positionslichter wieder diffuses Streulicht. Dichter Nebel. Der Radarschirm zeigt auf dunklem Grund das schwache Flimmern einer leeren Wasserfläche. Nur im Mittelpunkt leuchten viele Lichtpunkte, die erscheinen und wieder verschwinden. Seegangsstörungen. Growler und Eisschollen geben sich bestenfalls dadurch zu erkennen, daß Lichtpunkte in unmittelbarer Schiffsnähe zu Beständigkeit neigen.

Um 4 Uhr übernehme ich die Wache, betrachte die Position auf der Seekarte. Da muß doch gegen 6 Uhr eine Schnapszahl rauskommen 53°N – 53°W? Also wenigstens ein Sonderschluck, Tee – ohne! An das Radar gehe ich zuletzt. Seit Beginn der Reise ist schließlich kein Verkehr und laut Eiskarte auch kein Eis. Aber ich sehe ein deutliches Echo mit unscharfen Rändern 3 sm recht voraus – und weiter an Steuerbord noch zwei andere.

Kleine Fahrt! UKW-Meldung mit Positionsangabe, falls das Schiffe sind. Keine Antwort. Die Echos kommen mit unserer Fahrgeschwindigkeit langsam näher. Also doch Eis! Eisberge haben Growler und Eisstücke um sich. Und wirklich, da bumpern auch schon einigen Eisbrocken an unsere Bordwand.

Scharf abdrehen und mit kleinster Fahrt weg. Mit 3 sm Abstand drehe ich zu einem Kreisbogen ein. Es bumpert nicht mehr – das Wasser ist hier eisfrei. Nach einer guten halben Stunde sind die Lichtpunkte soweit weg, daß ich wieder auf Kurs gehe.

Unsere Mittagsposition ist 53°12′N – 54°25′W. Wir laufen mit südwestlichem Kurs vor achterlichem Wind und mäßiger See. Die Temperatur liegt noch immer bei 5°C. Dabei Nebel, nichts als Nebel. In Neufundland sagt man: Der Nebel ist wie die Liebe des Herrn (Unendlich!).

Wir müssen uns auf einen Landfall im Nebel gefaßt machen. Suchen der versteckten Einfahrt des kleinen Naturhafens und eines Liege- oder gar Ankerplatzes ohne Sicht. Obwohl uns das vorher klar war, nimmt die Spannung zu. Nach Koppelrechnung erreichen wir die Küste bei Beginn der

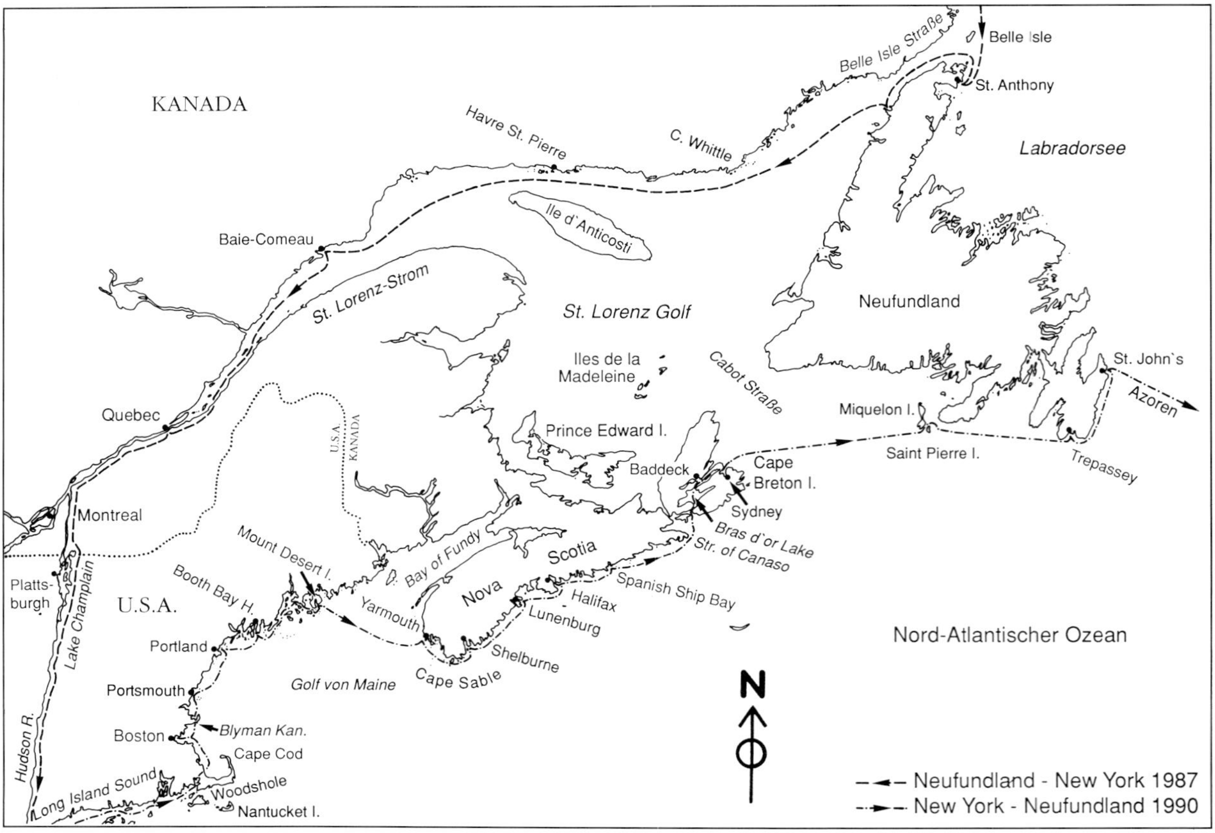

Dunkelheit. Also jetzt Konzentration auf das Studium der Küsten im Nordosten Neufundlands. Sie sind steil und zerrissen. Da müßten sie gute Radarechos abgeben. Andererseits muß man die Seekarte im Kopf haben, wenn man die vielen kleinen Einschnitte – teils mit großen Wasserflächen im Hintergrund – richtig identifizieren will. Wenn wir das nicht schaffen, müssen wir wieder hinaus auf See, sonst laufen wir ins falsche Loch hinein. Die Wasserflächen dahinter sind dann verklippt und untief.

Um 14 Uhr 35 kommen klar Signal und Kennung des Kreisfunkfeuers Belle Isle. Der Kurs stimmt. Die Nebeldichte schwankt. Manchmal wird es heller, fast als wolle die Sonne durchkommen.

Gegen Abend endlich Sichtbesserung, aber um uns sind Growler und Schollen. Da muß auch die Freiwache aus den Kojen, die ganze Crew starrt voraus. Um 21 Uhr setzen wir Positionslichter.

Da – um 22 Uhr 35 – zeigt Annemarie aufgeregt nach vorn: »*AMERIKA* voraus«! Über dem Seenebel erhebt sich die runde Felskuppe von Belle Isle, und bald darauf haben wir die Nordküste im Radar.

Tatsächlich! *AMERIKA!* Wir sind jetzt in kanadischen Hoheitsgewässern. Die kanadische Gastflagge wird am Mast gehißt. Dabei haben wir dann doch einen Kloß im Hals.

Wir haben es geschafft.

Die eigentliche Anspannung geht aber jetzt erst los. Um 23 Uhr 40 können wir im Radar die NE-Spitze Neufundlands klar erkennen. Ab Mitternacht steuern wir mit Radarhilfe in 2,5 sm Küstenabstand nach SSW.

Der Nebel ist weg, aber dunkle Nacht. Schwierig, die Echos der kleinen Fjorde zu identifizieren. Oft überdecken Echos des Hinterlandes das Bild. Aber es geht. Jetzt kommt ein Loch, da bin ich ganz sicher, das ist die Einfahrt nach St. Anthony. Zweimal Kursänderungen um fast 90°. Hochspannung. Ein grünes Blinklicht taucht aus der Nacht auf. Eine befeuerte Felsklippe im Hafen.

Am 2. August um 2 Uhr 15 fällt unser Anker in St. Anthony Harbour, nach 697 sm und 86 Fahrstunden.

Geschafft!!! Wir fassen es kaum, umarmen uns, trinken eine Pulle Sekt. Toll! Toll! Toll!

Kapitel 5
»Willkommen in Kanada«

Hügeliges Land aus Felsen und niederem Wald. Reihen weißer Häuser rund um eine große Bai. So zeigt sich St. Anthony im Morgenlicht. Wir gehen Anker auf und machen an der schmalen, vorspringenden *public wharf,* dem öffentlichen Steiger fest und stellen unsere Uhren um 3½ Stunden zurück, von Welt- auf Atlantik-Sommerzeit.

Es ist Sonntag 10 Uhr Ortszeit. Menschen laufen zusammmen. »Woher kommt Ihr?« – »Aus Grönland??« – »Seid Ihr Deutsch?« Ein Ereignis offensichtlich zum Staunen. Einer fährt uns zur Polizeistation. Das *office* ist zu. Also zum Polizisten, der hier *policeman* heißt, nach Hause. Alles geht in diesem abgeschiedenen, 2500 Einwohner zählenden Ort leger und familiär zu. Die Frau öffnet: »Er schläft. Heute nacht ist er Streife gefahren. Aber ich werd's ihm sagen. Dann kommt er nach dem Essen.«

Inzwischen hat ein anderer den Zöllner aus der Kirche geholt. Er kommt im schwarzen Anzug, Gesangbuch unter dem Arm. Für unseren Wein und unsere Vorräte interessiert er sich nicht. Nur für unsere Fahrt, für Grönland, für Europa. Keine besonderen Formalitäten. Den *policeman* brauchen wir nicht – der Zöllner erteilt die Aufenthaltsgenehmigung.

Kurz nach Mittag steht ein großer, kräftiger Mann neben uns auf der Pier, hält uns mit einem »Herzlich Willkommen« seine Dienstmarke entgegen. Es ist der policeman von der *Royal Canadian Mounted Police.* Meine Jugendbücher aus diesem Land schießen mir durch den Kopf, mit ihren »Helden«. Sie trugen Schlapphüte. Die Reiter der Royal Mounted waren die Beschützer in der Wildnis. Freunde, stark und souverän. Kämpfer gegen alles Böse.

»Was kann ich für Sie tun?« unterbricht er meine Gedanken. »Eigentlich ist alles schon erledigt, aber vielleicht wissen Sie, wo wir Auskunft bekommen können, ob vom St.-Lorenz-Strom eine Binnenwasserstraße in den Hudson-River und nach New York führt?« Davon hatten wir gehört, doch wir wissen nichts genaues. »Ich werde mich mal umhören!«

Immer mehr Neugierige umlagern uns, wollen mit uns sprechen. Fragen über Fragen.

Auch wir erfahren vieles. Juni bis September ist hier die Saison für Fischfang und -verarbeitung. Dann versinkt das Land im hohen Schnee. Die Fjorde haben dickes Eis und sind von außen blockiert.

Abends schenkt man uns einen ganzen Beutel frischer Dorsch-Filets. Ein deutscher Fachmann in der ansässigen Fischfabrik hat sie gebracht. Seine Frau wäscht unsere Wäsche. Wir freuen uns über diese Hilfen.

Am Montag starker Wind, Nebel, Regen. Das neue Tief. Macht nichts, wir haben eine Menge zu tun. Bunkern, Ölwechsel, kleinere Reparaturen, Großputz, einkaufen und telefonieren.

Dazwischen Besuch von den Funkern des Coast Guard-Senders. Sie schicken einen Techniker der Fernsehstation. Er findet einen Fehler am Kurzwellengerät – einen viel zu schwachen, durchgeschmorten Antennenanschluß. Dann Testgespräche mit der *Coast Guard.* Jetzt arbeitet der Sender wenigstens auf kleiner Leistung. In Quebec sollen wir uns an den ICOM-Service wenden. Eine Tasse Kaffee – ein wenig plaudern. Geld will er nicht annehmen. Und dann kommen wir aus dem Staunen nicht mehr heraus.

Da steht er wieder, der policeman. Jetzt in schmucker Uniform. Den Schlapphut tragen sie noch, die Enkel meiner Jugendhelden, aber sie tragen keine Reithosen mehr, sondern lange, blaue Hosen mit breitem rotem Streifen. Die Jacke ist ein moderner Parka mit dem alten Emblem der *Royal Mounted.*

In der Hand hat er Briefpapier. Am Kopf prangt wieder das Emblem und darunter der Schriftzug. Sorgfältig hat er in dem Brief den genauen Weg nach New York bezeichnet. Jeden Fluß, jeden See, jeden Kanal, jede Schleuse und Brücke. Dazu die größten Tauchtiefen und die lichten Höhen.

»Ja, wo haben Sie denn das her?« – »Ich habe einfach die Schleusen angerufen, und die haben mir immer die Telefonnummer der nächsten gegeben!« – »Ja, vielen herzlichen Dank, was sind wir Ihnen für Ihre Auslagen schuldig?« – »Nichts. Doch, warten Sie mal. Wenn Sie die vielen bösen Witze über uns Neufundländer hören – sie nicht zu glauben!«

Und dann kommt er doch noch auf eine Tasse Kaffee. »Kriminelle« oder »Drogenprobleme«, meint er, gibt es hier nicht. Ja, einen Streit muß er schon mal schlichten. Sein Problem ist die Natur. Hier zerstört nicht der Mensch die Natur. Aber die Umwelt zerstört allzuleicht den Menschen. Wenn Not am Mann ist, ruft man »Royal Canadian Mounted«. Es hat hier jeder Funk.

Endlich wird das Wetter besser. Sogar die Sonne kommt hervor, und wir können mit dem Taxi eine Landbesichtigung vornehmen. Die Straßen sind mit Splitt belegt, so sind sie nach Frostaufbrüchen leicht auszuflicken. Das Land ist hügelig, mit vielen kleinen Seen und Bächen durchzogen. Der Bewuchs ist niedrig, es sind Krüppelwälder aus Nadelholz. Buschwildnis. Tief schneiden kleine Fjorde ins Land und bilden Salzwasserseen. Winzige Fischerorte liegen vereinzelt an ihren Ufern. Meist sind es nur einige Handvoll niedriger weißer Holzhäuser, die zum Schutz vor Schnee und Hochwasser auf Stelzen stehen. Auf alten hölzernen Anlegebrücken werden die Fische, die die offenen Boote anlanden, von Hand verarbeitet. So war es wohl schon vor 100 Jahren. Die Zeit ist rastlos an der weltfernen Insel vorbeigeeilt.

Und wir staunen über die Fischer. Sie sind schwer zu verstehen, weil sie einen Dialekt sprechen, dessen Ursprung in vielen Ländern der Erde zu suchen ist. Aber sie sind offen und freundlich. Was uns imponiert: Wenn einer denkt, daß er was besonderes geleistet hat, dann posaunt er strahlend hinaus, wie viele Dollars er heute »gemacht« hat. Wie reich kann doch sein, wer wenig hat!

Genau an der NE-Spitze der Insel liegen an einem der Fjorde, mit Blick auf Belle-Isle-Insel und -Straße, die Reste einer Wikingersiedlung. Zwei Gebäuderekonstruktionen, Wände und Dächer aus Torfziegeln auf Unterkonstruktionen aus Holz, die Dächer mit Grassoden gedeckt. Die Wohnhäuser sind erstaunlich geräumig, haben wohl ganze Familien beherbergt. Sogar eine Schmiede und eine Zimmerei waren da. Recht modern? Nein – über 800 Jahre alt.

Im Ausstellungspavillion Abbildungen der Schiffe. Nicht die Langboote, die uns bekannt sind, sondern kräftige Fahrzeuge, ähnlich den Jahrhunderte jüngeren Hansekoggen, mit einem Rahsegel. Es muß sie befähigt haben, am Wind den Rückweg gegen den Strom zu schaffen. Über 30 Menschen und Last hatten darauf Platz. Die »Leif Ericson-Saga« aus dem 13. Jahrhundert beschreibt die Entdeckerfahrt von Grönland nach *Vinland.* Viele Details lassen vermuten, daß die Expedition hier an diesem Platz gelandet ist.

Die ersten Entdecker Amerikas müssen über Navigationsmittel und -kenntnisse verfügt haben, die auch heute noch rätselhaft bleiben. Hat die Christianisierung mit der alten Kultur auch eine Zivilisation ausgelöscht? Waren es die »Geißeln Gottes«, die fürchterlichen Epidemien, die in den mittelalterlichen Städtegründungen durch den Mangel an Hygiene ausgelöst wurden und zu fanatischer, unduldsamer Hinwendung zum Glauben führten?

Am Freitag den 7. August verlassen wir bei ruhiger Wetterlage Neufundland. Noch sind es über 800 sm durch die berüchtigte Belle-Isle-Straße, durch den St.-Lorenz-Golf, entlang der fast unbesiedelten Labradorküste, in die gigantische Mündung des St.-Lorenz-River hinein, bis zur Stadt Quebec, »Nordtor Amerikas«, wie sie sich nennt.

Wir drehen um die alte Siedlung der Wikinger herum in die Belle-Isle-Straße hinein, aber diese Düse kümmert sich nicht darum, was die Wetterkarten als ruhige Wetterlage ausweisen, sondern bläst uns starken Wind ins Gesicht, stemmt sich mit steiler See und Strom gegen uns. Wir schaffen sie nur mit kleinster Fahrt unter der Labradorküste, die ein wenig Lee bietet.

Noch weit in der Straße treibt ein riesiger Eisberg, und am Eingang des Golfes stehen gigantische Stromkabbelungen. Steil, meterhoch, erschrekkend. Doch spät am Abend haben wir die Straße geschafft und ankern in der »Forteau Bay« unter der hier windstillen Labradorküste.

Die nächste Nacht sind wir in *Port Saunders,* dem Hummerfangzentrum im Nordwesten Neufundlands. Doch jetzt ist Schonzeit. Bergehoch liegen die Fangkästen am Ufer.

Am folgenden Morgen laufen wir bei herrlichem Wetter und 15°C in den St.- Lorenz-Golf hinein. Kurs auf die 300 sm entfernte Ostspitze der Insel Anticosti, die über 200 km lang vor der Einfahrt in den St.-Lorenz-Strom liegt.

Den ganzen Tag hält das ruhige Wetter an. Wir fühlen uns wie Glückspilze. Sogar ein TR bei Norddeich schaffen wir mit unserem notdürftig geflickten Funkgerät. Der Funker wundert sich, daß wir so schwach sind. Wir wundern uns nicht.

Nach Mitternacht zunächst leichter Nieselregen, dann dichter Nebel. Da fällt das Radar aus, gerade als wir den ersten Schiffen, die wir jetzt seit Island sehen, ausweichen. Etwas mußte ja kommen. Es war wohl zu gemütlich geworden. Betrachten und Betatschen der Radar-Eingeweide führt zu nichts, doch ein ärgerlicher Fausthieb läßt wieder Echos auftauchen. Schwach zwar, aber wichtig, denn das Loran gibt ohne Korrekturwerte für die Land- und Küsteneffekte, die wir nicht kennen, keine genaue Position.

Es wird hell. Fünf Fahrzeugen sind wir in dieser Nacht begegnet. Toller Verkehr. Weiter bei ruhiger See. Nebel, Nebel, Nebel. Dann wird es noch ruppig, und wir gehen mit Funkzielfahrt in die Mündung des St.-Lorenz-River hinein. Dort machen wir im ersten Hafen, Baie Comeau, dem ersten Vorposten der Provinz Quebec, an einer Industriepier fest. 5 m Tide machen uns an diesem Kai mit weit auseinander eingerammten Holzpfosten das Festmachen schwer. Mit dem Schreckensruf »das Brot ist alle« und jugendlichem Schwung klettern die Frauen über schiefe Stahlsprossen, an schiefen Dalben 10 m hinauf. Mein Einwand, daß man in der Not auch Wurst ohne Brot essen kann, stößt auf schweigende Verachtung.

Nach langer Zeit kommen sie zurück, belehrt über Entfernungen hierzulande. Pudelnaß, aber stolz mit irgendwo ergattertem knatschigem Brot. Aber auch ein paar gute Sachen haben sie aufgetrieben. So gibt es ein Diner mit *Vin rouge*. Sicher war das alles nicht einfach, denn hier ist Französisch-Kanada und ein Frankokanadier spricht aus Prinzip nicht englisch. Der Vorrat an französischen Vokabeln war bei den Einkäufern dagegen knapp und ungeübt.

Ausgeruht geht es tags drauf weiter. Ruhiges Wetter. Lachende Sonne. 18°C. Überall in der Bai und in dem Fluß verursachen die Gezeiten reißende Strömungen. Auslaufend erheblich länger als einlaufend. So herrscht für uns Gegenstrom überall vor. Er wird nun im Fluß immer stärker, und wir müssen unsere Fahrt so einrichten, daß wir den Flutstrom ausnutzen. In der Springzeit ist der Ebbstrom an einigen Stellen fast so stark wie unsere Marschfahrt, so daß wir Stunden auf der Stelle treten, wenn unsere Gezeitenberechnung nicht stimmt. Bei Flut rauschen wir jetzt mit hoher Fahrt den gigantischen Strom hinauf. Am Ufer ziehen die ersten Siedlungen vorbei. Weiß und silber gedeckt die kleinen Kirchen zwischen bunten Dächern.

Eine Schule von Schwert- und Belugawalen begleitet uns. Die Tiere springen hoch aus dem Wasser, zeigen ihre weißen Leiber und blasen prustend mächtige Fontänen in die Luft.

In der Nacht ankern wir in Lee der langgestreckten Insel *Isle de Bic*. Es ist wieder kalt. Noch wallt Nebel über dem Wasser, aber wir sehen in den Spitzen der Tannen ein Paar Weißkopf-Seeadler, das äußerst seltene Wappentier der USA. Dann wird auch die Bodensicht besser, und wir gehen Anker auf. Strahlende Sonne, doch über dem Wasser liegt eine bleierne Dunstschicht. Die Seezeichen scheinen auf dem Dunst zu schwimmen. Wir sind jetzt im Bereich des Betonnungssystems B. Alles ist umgedreht. Einlaufend sind die Tonnen rot an Steuerbord, grün an Backbord, aber sie unterscheiden sich nicht in der Form. Das macht Schwierigkeiten bei diesem Licht.

Endlos zieht sich der St.-Lorenz. Er sprengt alle europäischen Vorstellungen, ist breiter als der Bodensee, und er ist eingerahmt von niedrigen, steilen Hügelketten, die von Nadelholzwildnis überzogen sind. Die bisher sparsamen Ansiedlungen auf schmalen, grünen Ufermatten werden zahlreicher, die Orte größer. Einige Segler, ab und zu ein Schiff.

Bei einbrechender Dunkelheit gehen wir bei immer noch 4 kn Flutstrom mit 60 m Kette bei 8 m Lot vor der *Isle aux Coudre* am Rande des Fahrwassers vor Anker. Die Wellen drehen sich bei reißendem Ebbstrom quietschend in den Gummilagern weiter. Erst gegen Stillwasser gibt es Ruhe.

Heute haben uns die schnelldrehenden Wellen schon in der Morgendämmerung geweckt. Sogar der gegen die Flußströmung laufende Flutstrom ist reißend. Wir machen 13 kn Fahrt, und die Ufer scheinen an uns vorbeizufliegen. Die Steilhänge werden höher. Im Hintergrund Berge mit breiten Schneisen und Skiliften. Kanadas Ski-Zentrum für die World-Cup-Rennen.

Der Strom ist immer noch über 10 km breit, doch das Fahrwasser wird durch Felsbarren und Sandbänke eingeengt. Wir passieren die 10 km lange *Isle d'Orleans*. »Auf dieser Sommerresidenz Quebecs ist das Klima so mild, daß man Obst und Gemüse anbauen kann«, erfahren wir aus unserem Reiseführer. Ja! Reiseführer! Hier ist wieder Zivilisation. Gegen Mittag liegt wuchtig der Mount Royal vor uns, mit dem Wahrzeichen Quebecs, dem *Hotel Chateau Frontenac*, und der Festung. Gerade rechtzeitig bei Hochwasser können wir durch die offene Schleuse in die Marina von Quebec einlaufen.

Quebec. 170 000 Einwohner. Hauptstadt der gleichnamigen Provinz, der größten Kanadas, die von der US-Grenze bis zur Hudsonstraße reicht.

1534 wurde die Stadt von dem französischen Entdecker Jacques Cartier gegründet. Im 18. Jahrhundert von den nach Norden vordringenden Engländern mehrfach genommen und von den Franzosen zurückerobert. Schließlich 1763 im »Frieden von Paris« an die Engländer abgetreten. Dennoch ist Quebec eine französische Stadt geblieben. Unzählige Lokale. Französisch das Interieur, französisch die Küche. Davor auf dem Gehweg Tische unter Markisen. Ein fast südländisches Treiben mit Musik und Tanz auf den Straßen. Die alten, jahrzehntelang meist leerstehenden Wohn-, Geschäfts- und Lagerhäuser am Fluß, die sich bis in die Oberstadt hinziehen, sind gekonnt zu Läden und Restaurants umgebaut. Häuser und Parks sind gepflegt. Französisch ist die Amtssprache. Die Lebensader der Stadt ist der St.-Lorenz-Seeweg, der die Großen Seen mit dem Atlantik verbindet.

Heute herrscht eine »umwerfend« schwüle Hitze, 35°C! Luft aus der Karibik. Es will einem gar nicht in den Kopf, daß die Schiffahrt im November schon wieder wegen Eis gesperrt wird und dann bis zum Mai geschlossen bleibt. Da kommt dann einfach kein Schiff mehr durch. Die Feuer werden gelöscht, die Seezeichen eingezogen.

Wir liegen in einem großen Dock in der modernen und gepflegten städtischen Marina, zusammen mit Hunderten von Segel- und Motorbooten.

Das Marina-Office weiß einen Fachmann für unser Funkgerät, und bald steht ein schwarzer Mann vor uns: »Haben Sie ein Problem mit Ihrer Elektronik?« Erst sind wir mißtrauisch und dann begeistert. Fehler, an denen zum Teil seit Jahren herumgebastelt wurde, findet und behebt er im Handumdrehen. Aufgewachsen ist er in der ehemals deutschen Kolonie Togo. Er spricht deshalb neben akzentfreiem Französisch und Englisch auch ein wenig Deutsch. Er beschafft uns alles, was wir so brauchen, einschließlich eines Tankwagens mit steuerfreiem Diesel. Seine Preise sind bescheiden.

Ein Anruf bei der Seekartenvertriebsstelle in Greenwich (New York) – und die Seekarten für die weitere Route sind an uns unterwegs. Bis sie eintreffen, unternehmen wir einen Autoausflug nach Norden. Er führt in platschendem Regen über kerzengerade Straßen, durch endlose Wälder und an Seenplatten vorbei. Bald sind wir am Rande der umwegsamen Wildnis und müssen umkehren. Ein zweiter Ausflug führt uns am Nordufer des St.-Lorenz nach Osten. Auf dem schmalen Wiesenstreifen stehen Orte aus hölzernen Sommerhäusern. Die Einwohner und Gäste sind im zentralen Kanada zuhause. Dort herrscht im Sommer oft unerträgliche Hitze.

Weit draußen im Dunst die Inseln, in deren Schutz wir geankert hatten.

Kapitel 6
New York, New York!

Wir fahren wieder Stunde um Stunde den Strom hinauf. Mal schüttender Regen, mal lachende Sonne, und immer peitschender Wind. Mal wird das Tal enger, dann wieder ungeheuer weit. Wir kriechen die Stromschnellen von St. Croi hinauf, bleiben eine unruhige Nacht vor Anker neben dem Fahrwasser. Dann stampfen wir wieder endlos weiter gegen den ruppigen Strom, kreuzen Stunden über den St.-Pierre-See und erreichen dann die Einmündung des Richelieu-River mit der ersten größeren Siedlung, dem Industriestädtchen Sorel.

Während der Lauf des St. Lorenz weitergeht, über die großen Seeschleusen bei Montreal in den Ontario-See, wo er entspringt, laufen wir ein liebliches Flüßchen, den Richelieu River, zu Berg. Hübsche Villen mit Swimmingpools, Boote und Wasserflugzeuge davor festgemacht. Wir erschrecken nur, weil neben uns ein Wasserflugzeug niedergeht, ein anderes unvermutet startet. Sonst ist die Fahrt ruhig und entspannend. Die Villen werden immer prächtiger, sind von gepflegten Parks umgeben. Wir sind im Einzugsbereich Montreals.

Am 3. Fahrtag erreichen wir über insgesamt vier Schleusen den Chamblis-See und seine große Marina.

Wesentliche Verkehrsadern waren bis zum letzten Jahrhundert nur die Seen und Wasserstraßen. So führt von hier eine Verbindung von Flüssen und Seen hinauf zu dem langgestreckten Champlain-See und wieder hinunter in den Hudson-River und zum früh besiedelten »Neuengland«. Dieser Schifffahrtsweg Quebec-New York war der zentrale Verkehrsweg Nordamerikas von den Anfängen der Besiedlung bis Ende des letzten Jahrhunderts. Er war nicht nur eine Handelsstraße, sondern in diesem ewigen Grenzgebiet auch eine heiß umkämpfte Straße des Krieges.

Die Franzosen, die in ihrer Kolonie nur Handel trieben, hatten sich mit den Indianerstämmen, denen die Farmer in den britischen Kolonien das Land genommen hatten, verbündet und sie bewaffnet. Grausame, hin und herwogende Schlachten. Kaum sind die Franzosen besiegt, sagen sich die britischen Kolonien vom Mutterland los. Jetzt sind die Fronten vertauscht. Die britische Armee verteidigt den Norden. Amerikanische Freischaren greifen von Süden an und die Kämpfe gehen weiter. Einziges Ergebnis: Die Grenzen verschieben sich ein paar Kilometer hinauf und hinunter.

Als stumme Zeugen dieser blutigen Vergangenheit stehen Forts, dicht an dicht. Eines an jeder Engstelle und eines an jeder »Tragestelle«, den flachen Flußschnellen, über die man die Wasserfahrzeuge tragen mußte.

Fort Chamblis, Fort Saint Jean, Fort Lennox, Fort Montgomery, Fort Ticonderoga, um nur die noch gut erhaltenen zu nennen. Noch Ende des letzten Jahrhunderts ging die Furcht um. Der jetzt vor uns liegende Chamblis-Kanal, der das letzte Stück Weg zum Champlain-See schiffbar machte, mußte warten, bis das britische Militär gelbes Licht gab. Nicht grünes; man baute den Schiffahrtsweg so eng, daß er von größeren Fahrzeugen nicht passiert werden konnte. Wir passen gerade noch hinein, aber Gegenverkehr wäre unmöglich.

Wir nehmen einen Leihwagen und besichtigen Fort Lennox. Auf einer Insel im Fluß beherrschte es die Engstellen beiderseits. Es ist hergerichtet, als ob die Besatzung es nur für einen kurzen Augenblick verlassen hätte. Die Wachstube mit den Waffen und Handlichtern der Wache. Der Rock des Unteroffiziers hängt noch über dem Stuhl. Auf dem Tisch Wachbuch, Federkiel und Tintenfaß. In der Ecke die Trommel und dahinter an der Wand das Horn des Hornisten, mit dem Gehänge in den Farben des Regimentes. Der Raum des Wachoffiziers. Die Pelzdecke auf seinem Bett noch zurückgeworfen. Und so geht es weiter bis hin zu den Schlafräumen mit ihren Bettenreihen. Auf dem Bord die Tschakos, die hohen runden Lederhelme. An der Wand die Uniformen, das Koppelzeug und die Waffen. Der junge, hervorragend ausgebildete Führer kennt sich in allen Details jener Zeit und in der Geschichte aus, geht auf jeden einzelnen Besucher ein und beantwortet auch dumme Fragen freundlich und umfassend. Dann noch ein Ausflug in die auf einer Insel im St.-Lorenz liegende Großstadt Montreal. Großzügig, sauber, schön; die ersten Wolkenkratzer. Riesige unterirdische Einkaufstraßen durchziehen die Stadt. Hier trifft man sich und hier macht man seine Spaziergänge während der harten Wintermonate.

Am folgenden Tag »gehen« wir zweimal eine dreifache Schleusentreppe hinauf. Der ohnedies enge Kanal ist zum Teil beschädigt und man sieht heruntergefallene Steine auf dem Boden. Da nervt die Sauberkeit des Wassers. Nochmals drei Schleusen und wir sind kurz nach Mittag im Champlain-See.

»Ein großer See, in den viele Flüsse münden... Begrenzt von feinen Bäumen... hohen Bergen mit Schneespitzen und wunderschöne grüne Täler.« So beschrieb der Entdecker Samuel Champlain vor 350 Jahren den See, der heute seinen Namen trägt, und so könnte man ihn auch heute noch beschreiben.

Da ist schon die kanadische Zollpier, und wir bekommen unseren Ausgangsstempel. Dann setzen wir das Sternenbanner, die rot-weiß gestreifte Flagge mit den 50 Sternen auf weißem Grund. Der Grenzort der United States, Rouses Point, ist nicht weit weg. Wir ankern, da die kleine Marina überfüllt ist, auf 10 m tiefem glasklarem Wasser. Anker und Kette sind auf dem Boden zu sehen. Wir sind im Bundesstaat New York.

Vom Kirchturm klingt ein Glockenspiel und will nicht aufhören. Vertraute Melodien! »Deutschlandlied«, »Nun danket alle Gott«, »Ein feste Burg ist unser Gott« Zufall? Absicht? Wir wissen es nicht. Es berührt uns tief.

Doch die fast mystische Stimmung und Ruhe über dem See ist schnell verflogen. Irgendwer hat die Presse alarmiert: »Woher des Wegs? – Wohin?« Erstaunen, dann bohrende Fragen. »Wer ist der Sponsor? Was bezweckt er? Welches Schiff hat dich begleitet? Auf welchen Teilstrecken hat man dein Boot verladen? – Also, dann Hubschrauberbegleitung? Vom US-Stützpunkt Thule?? Wie? Alles nicht??« OK, dann muß der Skipper ins Kreuzverhör mit nautisch-technischen Fragen, aber der antwortet geduldig, durch seinen Beruf (Mein Gott, wie lange liegt das zurück!) ist ihm Umgang mit der Presse nicht neu. Und dann bricht Begeisterung durch: »Great, great, ein Motorboot aus Europa auf dem kürzesten Weg, durch das Eis, die Stürme und den Nebel der Arktis? Welch ein Wagnis! Welch eine Leistung!« Als Skipper sehe ich das nur als den logischen Weg für ein Motorboot mit seiner beschränkten Tankkapazität, und das Risiko war minimiert und kalkuliert, aber das tut der Begeisterung keinen Abbruch.

Die Aufenthaltsgenehmigung ist schnell erteilt, aber eine Zollstation gibt es hier nicht. Wir dürfen weiterfahren. Beim Zoll sollen wir die Verkehrserlaubnis, die für ein Jahr 25 Dollar kostet, schriftlich beantragen. Aber wir haben ja keine Postadresse. So fahren wir mit einem Mietauto zum nächsten Straßenzoll und holen sie uns.

Wir verlegen in die Marina Plattsburgh. Obwohl sie übervoll ist, bugsiert man uns hinein. Wir dürfen bei einem Deutsch-Kanadier längsseits gehen, der uns freudig begrüßt. Noch ist die Ferienzeit in Kanada nicht ganz vorbei. Fast überall weht an den Yachten die kanadische Flagge. Dieser schöne, über 100 km lange See ist ein ideales Freizeitgebiet für das nahe Montreal, doch schon in weniger als sechs Wochen werden die Schleusen geschlossen. Die Wasserstraße vereist.

Ein Autoausflug in den Bundesstaat Vermont führt uns zum bevorzugten Wintersportgebiet der Ostküste um Stowe. Hotels mit deutschen Namen im Alpenlook und Landschaftsnamen aus dem Bereich der deutschen Alpen. Hier wird mit *deutscher Gemütlichkeit* geworben. Was dabei herauskommt, ist oft lustig anzusehen, wirkt wie das Bühnenbild einer Operette. Am folgenden Tag laufen wir den See hinunter, denn Helmuts und Irenes Zeitvorrat geht zu Ende. Immer nur einer besorgt das Fahren, alle anderen sitzen an Deck und versuchen, mit den Augen soviel wie möglich von diesem herrlichen Revier zu entdecken. Immer schmaler wird der See. Dann sind wir in der urigsten Flußlandschaft, die wir je befahren haben. Seerosen bis dicht an das enge Fahrwasser. Riesige Bäume beugen sich über uns. Watvögel aller Größen und Farben, sogar Seidenreiher sind darunter. Große bunte Vögel umflattern uns, und an jeder der vielen engen Biegungen sehen wir neue landschaftliche Schönheiten.

Aber da sind wir schon wieder auf den Spuren des Krieges. Fort Ticonderoga erhebt sich mit seinen Bastionen steil und drohend über den gewundenen Flußlauf. Schwierig, hier zu ankern. Die Seekarte warnt vor Unterwasserhindernissen. Hier hatten die Verteidiger das Fahrwasser mit Dalben und Schiffsketten zusätzlich eingeengt. Dabei haben sie sich so viel Mühe gegeben, daß Passieren oder Ankern auch heute noch gefährlich ist.

Aber wer nicht wagt... Und so keuchen wir, nach einem schwierigen Landemanöver mit dem Beiboot, die Steilhänge hinauf zum Fort.

Überrascht stoßen wir auf Soldaten in den Uniformen des 18. Jahrhunderts. Voll ausgerüstet. Daß sogar die Kanonen noch funktionieren, beweisen sie uns gleich mit einer Gefechtsvorführung. Militärischer Drill. Kommandos. Laden und Stopfen. Die Richtkanoniere sausen mit ihrem Richtwinkel. Es kracht diabolisch. Wolken und Gestank von Schwarzpulver. Und dann scheppern drüben auf dem Hang Menschen aus Blech. Fallen um – und die Menge schreit und klatscht vor Vergnügen. Bedrückend für uns kriegsgeschädigte Europäer!

Von den Weltkriegen hat man hier nicht viel verspürt, und man merkt es überall: Europa ist so weit – so klein! Dieses unendliche Land hat nur mit seinen inneren Spannungen zu tun. Hätten nicht die meisten Amerikaner europäische Voreltern, Europa wäre uninteressant wie Asien. Aber auch so weiß man wenig über diesen Wurmfortsatz Eurasiens. Man hat vom Rhein gehört, von Heidelberg und von Paris. Der eine oder andere hat es sogar gesehen – aber wo das so genau liegt? Nur die Eierköpfe und die Spitzenpolitiker in den Ministerien beschäftigen sich mit diesem strategischen Brückenkopf. Anker auf, und bald sind wir im Champlain-Kanal, der mit elf Schleusen hinunter in den Hudson Wasserfälle und Stromschnellen umgeht.

Nachdem wir die letzte Schleuse passiert haben, sind wir im Oberlauf des 520 km langen Hudson-River und drehen zu Tal. Auch er ist wunderschön. Die Ufer sind von dichtem Mischwald bewachsen. Ab und zu ein Wohnhaus. Viele kleine Inseln. Dann kommt Troy – die große Tidenschleuse. Von nun an sind wir wieder in Gezeitengewässern. Wir passieren die Stadt Albany – Hauptstadt des Bundesstaates New York. Wolkenkratzer und »Straßenachterbahnen« für den Autoverkehr. Bis hierher verkehren Seeschiffe.

Ein Bootssteg. Ein paar Häuser. Dann tauchen die Kuppen des Appalachengebirges auf, das sich 2600 km lang und bis 600 km breit hinter der Atlantikküste vom St.-Lorenz-Strom bis fast zum Golf von Mexiko zieht. Immer mehr ähnelt die Uferlandschaft dem Mittelrhein, doch alles ist viel gewaltiger. Obwohl wir uns der Stadt New York nähern, kaum Siedlungen. Dann rückt das Gebirge an den Fluß heran, der sich hier in engen Windungen durchgegraben hat. Hohe, steile Wände an beiden Ufern. Wie eine Gralsburg zieht der Gebäudekomplex der US-Militärakademie West Point an uns vorbei. Dann wird das Flußtal wieder breiter. Hie und da ein Kraftwerk am Ufer. Ein paar burgartige Villen auf den Höhen, aber wenige Ortschaften. Der Fluß tritt wieder aus den Bergen heraus und weitet sich zu einem See. Die ersten größeren Marinas und Orte. Kaum Berufsschiffahrt, dafür zahlreiche schnelle Motoryachten. Es ist *Labour Day,* langes Wochenende. In Terrytown, der ersten Stadt im Einzugsgebiet New Yorks, müssen wir einen Stop einlegen.

Der 5. September ist unser großer Tag. Die erste Etappe der langen Reise geht zu Ende. Wir laufen weiter den Hudson hinunter Richtung Atlantik. Unseren Start haben wir so gelegt, daß wir mit der Ebbe bis zur Mündung kommen, dann wieder mit der Flut zurück den East River, auf der anderen Seite Manhattans – Zentrum von New York – hinauf.

Die Besiedlung der Ufer ist erst dicht, dann lückenlos. Die Häuser stehen bis auf die Höhen hinauf; riesenhafte Brücken überspannen den breiten Fluß. Hoch oben läuft der Verkehr mehrspurig in zwei Stockwerken. Die Mündung des Harlem-River an Backbord. Der Ebbstrom hat uns erfaßt, spült uns an den Hochhäusern Manhattans entlang. An den zerfallenden Passagierdampfer-Piers der Jahrhundertwende mit ihren überdachten gußeisernen Landungsbrücken vorbei. Über uns die eindrucksvollen Wolkenkratzer des südlichen Manhattan mit ihrer modernen Architektur. Die 420 m hohen Zwillingstürme des World-Trade-Center, in dem 50000 Menschen arbeiten, ragen hoch über uns empor. Das Bankenviertel. Die Südspitze, die *Battery.* Auf dem Wasser jetzt starker Verkehr, viele Fähren, Kreuzfahrtschiffe. Wir setzen Flaggengala und begeistert passieren wir das Wahrzeichen der Neuen Welt, die Freiheitsstatue. Wir sind auf einem Höhepunkt dieser Reise!

Nun biegen wir um die Südspitze Manhattans herum und fahren den East River hinauf, an der berühmten *Pier 17* mit ihren Restaurants und den Oldtimern der Seefahrt vorbei. Winzig scheinen die hohen Masten der alten Schiffe vor den himmelhohen Wolkenkratzern. Wieder Brücken und Hochhäuser mit weltbekannten Namen. Wasserflugzeuge wassern und starten neben uns. Hubschrauber knattern in niedrigem Flug vorbei. Auf der anderen Seite landen und starten Riesenvögel auf dem nahegelegenen Kennedy-Airport. Auf dem UNO-Gebäude flattern die blauen Fahnen mit der Weltkugel im Wind. Hochhäuser – Hochhäuser! Jetzt gurgelt der Flutstrom mit 5 Knoten und reißt uns den Fluß hinauf. Wir sind nun schneller als die Autoschlangen am Flußufer.

In der Dämmerung fällt der Anker vor den Steigern des New York Yacht Club. Die Lichter der Brücken flammen auf, das Empire State Building, und dann das ganze Lichtermeer Manhattans. Der Abschluß einer großartigen Fahrt.

New York, New York! Amerikanische Freunde haben einen großartigen Empfang für die Crew organisiert. Ansprache, Glückwünsche für die internationale Erstleistung, die feierliche Melodie des Deutschlandliedes erklingt und die getragenen Klänge der US – Nationalhymne.

Dann eine Stadtführung. Diese großartige quirlige Stadt mit ihren mehr als zehn Millionen Einwohnern hat viele Gesichter, ist eine Stadt der Gegensätze. Weltoffenheit und Reichtum, bügerliche Biederkeit, Armut und Verfall grenzen übergangslos aneinander.

Das Zentrum Manhattan ist eine Welthandels- und Bankenzentrale, eine Insel aus Glas und Beton zwischen Harlem-, Hudson- und East-River. Neben prunkvollen gigantischen Wolkenkratzern kleine alte Kirchen, die sich in den himmelhohen Fensterfassaden spiegeln. Menschen- und Verkehrsgewühl in endlos scheinenden Straßenschluchten. Elegante Geschäfte verkaufen Produkte aus der ganzen Welt. Unzählige kleine und große Lokale jeder Ausstattung bieten Gerichte aus allen Ländern rund um den Globus.

New York ist auch eine Stadt der Ghettos. Italiener, Chinesen, Juden, Schwarze und viele andere Rassen und Volksgruppen leben in eigenen Vierteln. Dort hört man meist nur die jeweilige Landessprache, und viele sprechen und verstehen kein Englisch. Dafür sieht man auf andere von oben herab. »Lieber ein halber Italiener als gar keiner« steht quer über die Straße auf einem breiten Transparent. Viele der Einwanderer sind vor Tyrannei und Hunger hierher geflüchtet. Sie sind arm, aber sie geben die Jagd nach Glück und Reichtum nicht auf. Sie bewundern diejenigen, die Erfolg hatten, und das ist typisch amerikanisch. New York ist eine Reise wert.

Einen ganzen Monat haben wir im 200 km langen und bis 40 km breiten *Long Island Sound* verbracht. In Stamford hatten Freunde einen Platz für uns ergattert, und das war nicht leicht in diesem dicht besiedelten Gebiet vor den Toren New Yorks. Eine Marina an der anderen, in den flachen Flüssen und Buchten, aber alle stark belegt.

Kaum waren wir fest, da drängten sich Menschen den Steiger herunter mit einem großen Transparent. Klar, eine Demonstation – aber eine freundschaftliche. »MSCG grüßt MANTA in USA« stand darauf. Clubfreunde hatten sich auf den Luftweg gemacht, um uns hier zu der geglückten Atlantiküberquerung zu gratulieren. Eine perfekte Überraschung!

Dann mußten Helmut und Irene nach vier Monaten Abschied nehmen. Wir, die MANTA nach der langen Reise auf Vordermann bringen.

Die Seekartenvertriebsstelle mußte aufgesucht werden, denn wir hatten keine Ahnung, wie es weitergehen sollte. Die verschiedenartigen Seekarten und nautischen Veröffentlichungen über die gleichen Gebiete machen es zudem sehr schwierig, aus den Verzeichnissen das Richtige auszuwählen. Das Angebot an Seekarten, Atlanten, Sportbootkarten, Sportbootführern ist enorm. Verwirrend. Aber es gab auch guten Rat.

Besuche bei Freunden und Ausflüge mit ihnen. Fantastisch der *Seaport Mystic*. Ein Hafen mit Fahrzeugen vergangener Jahrhunderte, mit allen seinen Handwerksbetrieben und voll mit Leben. Der Instrumentenmacher bei der Arbeit in seinem Laden, voll mit alten Originalinstrumenten. Der Schmied, die Seiler und Segelmacher, der Küfer, die Schiffszimmerleute an der Ausbesserung alter Fahrzeuge mit dem traditionellen Werkzeug. Eine kleine Bank wie aus einem Western. Nicht einmal der Schiffshändler, der Kaufladen und die Zeitungsdruckerei fehlen. Alle Handwerker tragen die alten Trachten. Sie geben bereitwillig Auskunft und führen alles vor. Von sowas können wir zu Hause nur träumen.

Dann kommen Sohn Dieter und seine Frau Christine an Bord, um auch ein bißchen Seeluft in der Neuen Welt zu schnuppern. Wieder rauschen wir mit dem gurgelnden Ebbstrom durch das *Hell Gate* , das Höllentor, den East-River hinunter. Vorbei an Manhattan. Vorbei an der Freiheitsstatue.

Es ist Anfang Oktober. Schon ist der erste Schnee in den Appalachen gefallen. Schnell wechselnd haben wir tropische Hitze, rauschenden Regen und kalten Wind bis hin zum Hagel erlebt. Diese Stadt liegt auf der Breite Neapels, aber polare und tropische Luftmassen dringen ohne Umweg hier ein, und im Winter können oft nur Eisbrecher die Zufahrten offenhalten. Andererseits werden die Hurrikane jetzt weniger, um dann gegen Mitte des nächsten Monats Winterpause zu machen. So ist jetzt die richtige Zeit, nach Süden zu gehen.

Die Freiheitsstatue hinter uns wird immer kleiner. New York Ade! Unter der letzten Brücke, durch die Narrows hindurch, in die Bay. Aber jetzt zischt der Wind durch die Aufbauten, eine kurze ruppige See stemmt sich uns entgegen, und das VHF-Wetterfunksystem stoppt uns mit einer Sturmwarnung. Ein Blizzard, einer der eisigen Nordwestorkane droht. So verstecken wir uns zunächst in *Sandy Hook* hinter einem schützenden Wellenbrecher. Wir sind im Staate New Jersey.

Über die gesamten Vereinigten Staaten besteht ein Netz von Wetterfunkstellen auf Ultrakurzwellen-Frequenzen, die ununterbrochen die Wetterlage und die Vorhersagen verbreiten. Die Kehrseite dieses einmaligen Systems ist natürlich, daß auf US-Yachten Wetterkunde kein Thema ist, und daß »offshore«, weg von der Küste, weg vom UKW-Bereich, die Skipper auf die älteste Hilfe zurückgreifen – Beten.

Wir machen es anders – wir fluchen! Wir sind wohl zu lange »binnen« gefahren. Ein Bulleye im Vorschiff war nicht richtig zu. Matratzen und Wäsche naß. Große Trocknerei im Salon. Wir haben ja schon Übung. Sturmböen, sintflutartiger Regen, Gewitter und Hagelschlag sind das unfreundliche »Guten Morgen«. Auch für den kommenden Tag will uns der VHF-Wetterfunk nichts Gutes sagen, aber wir haben ja noch den Fax und können uns das »bessere Wetter« aussuchen. Der erste Versuch mit unserem reparierten Kurzwellensender, ein Telefongespräch über Norddeich-Radio mit der Heimat zu führen, klappt, und das wärmt wenigstens die Seele.

Der Ruf des Südens, die Anziehungskraft der Wärme, sind dann doch größer als die Bange vor dem Wind. So sind um 5 Uhr morgens alle Mann auf Station, schippern die MANTA bei Dunkelheit und dichtem Nebel um die Untiefen und Küsten von *Sandy Hook* herum, hinaus in den Atlantik. Es wird eine ruppige Fahrt, aber schon am Nachmittag machen wir an der Pier vor den Spielpalästen von Atlantik City fest, dem Las Vegas der Ostküste.

Graf Bobby wäre vor Neid erblaßt, hätte er die Crew in ihrer feinsten Kluft durch diese Burgen der Märchenkönige streichen sehen. Wirklich, hier sind Märchenträume Realität geworden, und in dieser Atmosphäre stehen dann in den Sälen Hunderte einarmiger Banditen, Roulett-Tische, Baccara und was es sonst noch gibt. Überall wird mit Leidenschaft und Verbissenheit das Geld verjuckt. Von der Oma bis zum Halbstarken, alle hetzen hier dem

Glück hinterher. Aber die gute Kluft der Crew ist für die Katz. Hier gibt sich keiner Mühe mit dem Anzug. Schließlich ist man hier doch der König! Oder?

Wir steuern mit SW-Kurs die Atlantikküste hinunter, dem Traum von der ewigen Sonne und den Palmenstränden des Südens entgegen. Es ist heute abend aber auch eine Fahrt zum Träumen. Blauer Himmel, lachende Sonne, glatte See. Immer zwei Meilen ab von dem unendlichen weißen Sandstrand, hinter dem ein Ferienort am anderen steht.

Navigation ist hier kein Problem. Die Loran-Sender stehen dicht und günstig. Das Abstreichen der Landmarken, Wassertürme, Sendeantennen, Flußmündungen ist wirklich nur eine Tradition aus der Küstenfahrt im Norden mit seinen zerrissenen Küsten und den schnellen Sichtverschlechterungen. Für Fahrzeuge mit geringem Tiefgang gibt es sogar hinter der Küste einen durchgehenden Weg.

In Cape May machen wir fest. Hier sind wir schon hinter der Grenze zwischen den ehemaligen Nord- und Südstaaten. Hier begann 1861 der lange und blutige Bürgerkrieg, der die Menschen dieses Landes noch heute beherrscht und teilt. Noch immer ist der Norden reich und hoch industrialisiert. Die Bewohner, trotz aller Freundlichkeit, sehr direkt. Ihre Philosophie heißt zupacken und alles in Bewegung halten. Der Süden – landwirtschaftlich geprägt – erscheint dagegen bedächtig. Es sieht so aus, als ob man hier das Zeitalter der Industrialisierung verschlafen habe. Das alte, gut erhaltene Städtchen zeugt von diesem Lebensstil. Hübsche, gemütliche Holzhäuser, gepflegte Gärten und Anlagen. Man sitzt an den kleinen Plätzen und plaudert. Alles geschieht gemessen und gemütlich. Vor dem Restaurant im alten Fischereihafen liegen Kutter. Von da gehen die Meeresfrüchte direkt in die alte Bretterbude, die Küche des innen sehr feinen Restaurants *Lobster House,* oder nebenan in die kleinen Fischläden, die dazugehören. Da gibt es alles, von Austern über Langusten, Kaisergranaten, Krabben, Jakobsmuscheln bis zu den schwarzen Pfahlmuscheln. Einfach taufrische Seetiere jeder Art, und die Speisen an den fein gedeckten Tischen lassen das Wasser im Munde zusammenlaufen.

Heute sind wir durch den Cap May-Kanal die Mündungsbay des *Delaware River* hinauf nach Norden, durch den C & D-Kanal in die Chesapeake Bay und hier wieder nach Süden gelaufen. Wir sind in einem der Traumreviere der an Reizen reichen Ostküste. Sehr viele Ströme, Flüße und Bäche münden in die fast 500 km lange Bay. Baltimore liegt daran und auch der Potomac-River, an dem Washington liegt, mündet hier. So ist die Bay auch ein Knotenpunkt amerikanischer Geschichte. James Mitchener hat sie in seinem lesenswerten Bestseller »Die Bay« packend dargestellt.

Natur und Landschaft pur. Es gibt viele US-Fahrtensegler, die diese Bucht ein Leben lang nicht verlassen haben. Man kann verstehen, warum. In den Flüssen und Buchten eine unendliche Zahl geschützter landschaftlich schöner Ankerplätze. Preiswerte Marinas, schön gestaltet und gastlich. Immer wieder Siedlungen mit schönen Villen in herrlichen Parks. Abends fallen mit lautem Quaken Scharen von Kanadagänsen auf ihrem Weg nach Süden ein. Wenn sich der Morgennebel hebt, starten Wolken von Zugvögeln, und überall rauschen hohe Wälder.

Herrliche Plätze suchen wir in der Chesapeake Bay auf. Von dem mit Seglern überfüllten Städtchen Annapolis aus machen wir eine Autofahrt nach Washington. Wir stehen auf dem Hügel des Kapitols, vor dem Weißen

Haus und fahren die Prachtallee zum Lincoln-Denkmal und zum Nationalfriedhof Arlington hinunter. Hier, in diesen paar Quadratkilometern gepflegter Parks, wurde fast ein Jahrhundert lang das Geschick Europas bestimmt. Das Geschick eines Brückenkopfes, eines Gefechtsvorpostens. Von hier, wo Liberalität eine Religion ist, für die man »Kreuzzüge« führt. Aber was soll's? Wenn Gott wünscht, durch die Hand der Senatoren der Vereinigten Staaten zu regieren, dann wird er doch wissen, warum!?

Tags darauf besuchen wir *Colonial Williamsburg.* Ein mit viel Liebe rekonstruiertes und von prallem Leben erfülltes Städtchen aus der britischen Kolonialzeit. Das gesamte Personal dort trägt Kleidung und Tracht des 18. Jahrhunderts. Handwerker üben in den traditionellen Werkstätten die alten Gewerke aus. Im Städtchen geht man zu Fuß oder fährt in alten Kutschen mit eisenbereiften Holzrädern. Das gibt's nicht in Europa, da mußten wir hin.

Und dann hat man uns noch bei Yorktown den Besuch eines Schlachtfeldes aus dem amerikanischen Unabhängigkeitskrieg empfohlen. Auch dorthin fahren wir noch. Die kurze Geschichte des Landes stellt man überall heraus.

Am 15. Oktober machen wir in Norfolk/Virginia fest, dem Kriegshafen der Ostküste. Hier liegen die Flugzeugträger, Kreuzer, Zerstörer, U-Boote und Truppentransporter, die die Seemacht der Vereinigten Staaten ausmachen. Nach mehreren Versuchen haben wir es aufgegeben, die Kriegsschiffe zu zählen. Gewaltiges militärisches Potential einer Weltmacht. Obwohl dies ein Kriegshafen ist, gibt es hier nicht mehr Beschränkungen als in irgend einem anderen Hafen. Von Geheimhaltung hält man hier wenig. Man zeigt seine Macht. Auch das ist eine Strategie. Und mitten im Kriegshafen gibt es Marinas, auch eine *municipal,* eine gemeindeeigene, für durchfahrende Besucher.

Übermorgen werden wir weiterfahren, hinein in den *Intracoastal Waterway,* kurz ICW genannt. Er beginnt hier mit der Meile 0. Immer parallel zur Küste führt er hinter Lagunen und über die zahlreichen verästelten und ineinander fließenden Wasserwege, die von den »*Alleghennies*« herunterkommen, bis hinunter nach Florida. Dann weiter um Key West, und sogar um den gesamten Golf von Mexiko herum, bis zur mexikanischen Grenze. Über 5000 km, fast nur geschützte Wasserwege, mit ganz wenigen Schleusen und Kanälen. Hier sagt man: »Der schönste Wasserweg der Welt«. Wir freuen uns schon darauf.

Kapitel 7
Mit den Snow-Birds nach Süden

17. November – Wir sitzen in der Abfertigungshalle des Flughafens von West Palm Beach im Süden Floridas. Nach einem halben Jahr an Bord warten wir nun auf unsere Maschine nach Atlanta. Von dort haben wir Anschluß nach Frankfurt. Wir wollen zu einem Heimaturlaub nach Hause.

Unsere MANTA haben wir zwischenzeitlich der Palm Harbor Marina in Obhut und Pflege gegeben. Natürlich nicht, ohne vorher zu schuften und für sie zu sorgen, bis alles in Schuß und sauber war. Das ist so ein bißchen ein Verhältnis auf Gegenseitigkeit.

Wirklich dankbar sind wir für die freundschaftliche Hilfe, die wir von allen Seiten bekommen haben. Schließlich ist hier alles neu für uns. Das reichte von technischen Ratschlägen für die Fahrt in den Tropen bis zur Information über die Reviere der Bahamas, der Karibik und bis zu dem Rat, Südamerika anzulaufen.

»Nein, *wir* gehen da nicht hin. Wenn *wir* da nur unsere amerikanischen Pässe zeigen, haben wir schon Ärger. Aber für dich ist das was ganz anderes. Jetzt hast du eine so großartige Fahrt gemacht, da wäre es doch schade, wenn Du das unwiederbringlich versäumen würdest.«

Also haben wir nun ein neues Reiseziel: *Venezuela.*

Man hatte uns durch die Stadt gefahren, die tollen Yacht-Fachgeschäfte mit uns besucht, in denen man alles, aber auch alles *billig* kaufen konnte und noch die Preise für uns heruntergehandelt. »Das sind Segelkameraden aus Europa. Für die müßt ihr was tun. Die sollen uns in guter Erinnnerung behalten.« Nie hatten wir das Gefühl, daß irgendjemand unsere Unerfahrenheit ausnützte.

Gerne würden wir die selbstlosen Hilfen zurückgeben. Aber welcher amerikanische Yachtie kommt schon zu uns nach Europa? Sie vertauschen dieses großartige weite und offene Land nicht gerne mit den Problemen der europäischen Kleinstaaterei, wo der Zoll schon auf der Pier steht, ehe man überhaupt festgemacht hat, und wo ständig wechselnde Gesetze und Verordnungen für den Unkundigen zu kleinlichem Ärger führen.

»Großartig, dieser traditionsreiche Kontinent mit seinen alten Städten. Aber da macht man doch besser eine organisierte Flugreise. Für uns Amerikaner sind da zu viele Fallen.«

Das Wetter ist heute angenehm. Zwar sind wir hier auf einer Breite südlich der Kanaren, aber das Klima ist nicht so gleichmäßig, wie man es von dort kennt. Im Winter gibt's hier sonnige Wärmeperioden. Auch Hitze. Aber regelmäßig kommt es zu Kaltluft-Einbrüchen mit trübem, regnerischem Wetter, und jetzt ist es wieder soweit. Gut zum Eingewöhnen in die Heimat und auch für die Rückerinnerung an vergangene sonnige Wochen.

Ich habe das Logbuch vor mir und lese die Notizen, die Annemarie unterwegs hineingeschrieben hat, um die trockene Aufzählung von nautischen Details ein wenig mit Leben zu erfüllen. Die Eindrücke sind so vielfältig und verschieden, wir so satt von all dem Erlebten, daß nur so das Abgelaufene innerlich zu verarbeiten ist.

»Der schönste Wasserweg der Welt«. Immer wieder hörten wir dies. Nun, am 17. Oktober, sind wir am Anfang. Reihen uns buchstäblich ein in die endlos scheinenden Kolonnen von Yachten aller Art. Nur der Tiefgang und die Höhe der Aufbauten (bei festen, nicht zu öffnenden Brücken) entscheidet darüber, wer hier fahren kann. Tausende *Snow-Birds* unternehmen jährlich im Spätjahr und im Frühling die Fahrt zu und von der südlichsten US-Region. Bis 180 Boote täglich, wird uns erzählt. Von diesem Trend leben an Teilen dieses Wasserweges viele kleine Unternehmen, Wassertankstellen, Servicestationen, Steg-Vermieter.

Die übrige Zeit ist tote Hose, praktisch kein Betrieb, und damit keine Möglichkeit, Geld zu verdienen.

Diese große Anzahl von Booten, die alle nachts eine Bleibe brauchen, führt zu vielerlei Praktiken. Gewitzte, die die Strecke schon mehrfach gefahren sind, kennen in etwa die erreichbaren Tagesetmale. Sie bestellen – soweit dies möglich ist – schon von Land aus den nächsten Liegeplatz. Andere machen es unterwegs per Funk. Ein lebhaftes Gequake ist die Folge: »Yes, o.k. – wann? – no – voll!« Andere hängen sich, oft rücksichtslos, an die schnelleren Boote. Denn wer zuerst da ist... Das gilt vor allem für jene Marinas, die keine Reservierungen annehmen. Je nach Bootsgröße und Art ist das Angebot an Liege- oder Ankerplätzen von vornherein beschränkt. Das gilt vor allem für uns. Tiefgang und Länge sind unsere Kriterien.

Denn auch dies lernen wir erst hier: viele US-Yachten, länger und größer als wir, haben erheblich weniger Tiefgang, sie sind eben für diese Gewässer gebaut.

Bei Tageslicht machen sich die ersten Boote auf den Weg und fahren meist bis zum frühen Nachmittag. Haben sie einen Platz ergattert, werden die Boote eifrig gewaschen und gewienert. Futtern, früh schlafen und weiter, und weiter! Dies gilt vor allem für Überführungscrews. Oft laufen Wetten, wie schnell Florida erreicht wird!

So staut sich gleich hinter Norfolk, nach Verlassen des Industriegebietes, an einer langen Schleuse ein ganzer Pulk von Yachten. Alle drehen umeinander – warten auf Öffnung. Doch die läßt auf sich warten. Eine Straßenbrücke liegt dahinter, die nur stundenweise öffnet und damit das Tempo regelt.

Voll Ungeduld sind die Berufscrews, die Boote für die *Boat Show,* die große von Nord nach Süd wandernde Bootsausstellung überführen. In Neuengland hat sie begonnen, in Annapolis war sie jetzt zu Ende. Nun zieht die Flotte weiter nach Florida.

Bald geht der Kanal in natürliche Wasserwege über, führt durch Wald, über Seen. Wir machen uns mit den Seezeichen – hier Marker genannt – vertraut. Oft sind sie schwierig zu erkennen, sind an Bäumen befestigt, auf Dalben oder Stangen.

Wir hatten viele Kundige befragt. Und so befolgen wir deren ersten Rat, früh und rechtzeitig Liege- oder Ankerplätze zu suchen und nicht bei Dunkelheit zu fahren.

Die ersten Ankerversuche scheitern wegen ungenügender Tiefe. In Ausbuchtungen des engen Fahrwassers zu ankern, ist zu riskant. Wir schaffen es gerade noch an die Außenpier bei »Capt'n George« und belohnen uns in seinem Restaurant an einem vorzüglichen Seafood-Buffet. Essen, so viel man mag und kann, zu niedrigem Festpreis. Spitze!

Dichter Morgennebel stoppt die Weiterfahrt der »Armada« bis 10 Uhr. Schon bald sind wir in Coinjack und bunkern 3600 l Diesel nach. Billig und steuerfrei. Die Mundpropaganda für diesen Platz reicht bis nach New York!

Auf den Bundesstaat Virginia folgt nun North Carolina. Wir überfahren große Seen, gebildet durch die Mündungsarme der Flüsse *Albermale* und

Pamlico. Die Wälder werden zum Urwald, zum Dschungel. Dazwischen liegen Ankerplätze mit recht markanten Namen. So ankern wir kurz vor Dunkelheit im »Alligator-River«.

Wieder Morgennebel. Das Wasser ist tiefbraun, moorig, die Bäume sind herbstlich bunt gefärbt. Doch der Sommer holt uns wieder ein.

Herrlich – Sonnenbaden an Deck bei ruhiger Fahrt. Die Raser sind schon alle weg – wir ziehen mit im Pulk der Segler.

Und wir sind neugierig. Wie sieht es hinter den kleinen Wasserläufen, den Creeks aus? Wir ankern früh im *Eastham Creek* und machen zu viert einen Beibootausflug. Tief ins Land hinein, das hier nicht zu betreten ist. Schön – friedlich. Und dann gibt es an Bord italienisches Essen und Sangria. Urlaub!

Das Fahrwasser wird nun enger. Wieder Seen, oft mit starken Querströmungen. Immer wieder geht unser Blick zurück. Liegen wir noch im Tonnenstrich oder sind wir vertrieben? Es geht so schnell! Und schon sehen wir eine große Motoryacht hoch und trocken nur wenige Meter neben einem Marker, nur eben auf der falschen Seite. Nun muß die Coast Guard Schlepperhilfe zum Abbergen anfordern. Also, noch mehr aufpassen!

Beaufort laufen wir für die Nacht an, machen an den Steigern der städtischen Marina neben der neuerstandenen Wasserfront fest. Viel wird in USA für den Wassersport getan, und die Stadtplaner nutzen dies. Durch Verlagerung des Verkehrs vom Wasser auf die Straßen waren die am Wasser liegenden Ortsteile oft verkommen. Nun werden sie überall aufgeputzt. Läden und Restaurants, Schiffshändler und vieles mehr.

Hier finden viele Yachten Liegeplatz, auch für mehrere Tage. Es ist ein idealer Platz für Crew-Wechsel durch den nahegelegenen Flugplatz. Und vor den Steigern gibt es noch viel Platz zum Ankern.

Nach Wolkenbrüchen ist es morgens sonnig, aber merklich kühler. Nun läuft der Waterway parallel zum Atlantik, nur durch hohe Dünen und bebaute Landzungen getrennt. Wir passieren Inlets – Zufahrten zum Meer, sehen Reiher, auch Tümmler und die ersten Pelikane.

Das Waldbild ändert sich. Es gibt viele Bäume und Palmen, die wir nicht kennen. Zahlreiche Häuser in gepflegten Gärten, oft mit Bootsanlegern davor, künden von einer vorausliegenden Stadt. Wir laufen Wrigtsville an. Bekommen kostenlos einen marinaeigenen *Station Car* zum Großeinkauf im entfernten Supermarkt und bummeln auf der nahen Strandpromenade. Und abends holen uns die dortigen TO-Stützpunktleiter ab zu einem gemeinsamen Essen in Wilmington.

Nun wird die Uferbebauung noch dichter, es gibt ganze Hausanlagen mit privaten Kanälen. Es ist Wochenende, und so wimmelt es an den Flußmündungen von Sportanglerbooten. Sie weichen kaum zum Durchlaß, dabei lauern gerade hier Gefahren. Für uns besonders schlimm – unsere Schrauben sind der tiefste Punkt am Boot. Wir ankern im *Calabash* (Flaschenkürbis) *Creek* auf 1,8 m Wasser. Per Tender fahren wir 1,5 sm flußauf zum Fischessen und entdecken dabei einen »Gift«-Shop – ein Geschenkfachgeschäft, mit einem Angebot von nautischen Antiquitäten bis zum Weihnachtsbazar. Unvorstellbar reichhaltig und groß. Irre. Es wird eine *teure* Fahrt!

Der Calabash-Creek bildet die Grenze zwischen North- und South-Carolina. Wieder ändert sich das Landschaftsbild. Mit Einlaufen in den *Wacama River* sind wir im Urwald. Von vielen Seitenarmen des Flusses wird er durchzogen. Schildkröten, ganze Kolonien, kleine, große, sitzen in Wassernähe auf umgestürzten Bäumen. Dann schwimmt auch noch ein Luchs hinter uns ans Ufer. Was für ein Fahrrevier!

Wir besichtigen das Städtchen Georgetown, das mit seinen bis zu 200 Jahre alten und liebevoll gepflegten Häusern an seinen früheren Reichtum erinnert. Typische Südstaatenarchitektur mit langen überdachten Balkonen und Türmchen, eingebettet in blühende Gärten. Die Stadt hat ein breiteres, auch von Fisherman-Booten befahrenes Inlet. Kein Wunder, daß in einer Marina große Tafeln die Fangergebnisse der Yachten anzeigen. Und der «Kampf« um den Sieg über die schwersten Fische, meist Thun-, Schwert- und Sailfische, ist groß. Es gibt regelrechte Wettbewerbe mit festen Daten. Sie wandern von Stadt zu Stadt, bis in die Karibik hinaus.

Auf unserem Weg gibt es immer noch Moor und Sumpf. Am Ufer sonnt sich ein 3-4 m langer Alligator, taucht bei unserer Annäherung blitzschnell weg. Über uns kreist ein Weißkopfadler, um uns Pelikane, Kormorane, Tümmler. Ach, könnte man doch nur ein kleines Stückchen von hier mit nach Hause nehmen!

Nun geht es an ehemaligen Plantagen vorbei. Und immer wieder an Inlets. Die Vegetation ist jetzt subtropisch. Dann breite, tiefe grasartige Flächen, bei Hochwasser fast überspült. Wieder feste Ufer. Häuser mit langen Bootsstegen davor. Golfplätze, oft an beiden Kanalseiten, kilometerlang. Marinas. Wir laufen in die breite Bucht von Charleston ein und ergattern für zwei Tage den letzten freien Liegeplatz in einer der dortigen Marinas.

In der historischen Altstadt erinnert noch heute vieles an den einstigen Reichtum. Gepflegte Häuser, Kirchen, Plätze, saubere breite Straßen. Es gibt aber auch viele Erinnerungen an die Sklavenzeit. Es ist schön, hier zu bummeln.

Wir mieten ein Auto und fahren zu ehemaligen Plantagen, unvorstellbar groß, mit prächtigen Herrenhäusern. In einem von ihnen wurden Teile des Filmes »Vom Winde verweht« gedreht. Bis zu 1000 Sklaven waren hier beim Baumwollanbau tätig. Der Bürgerkrieg 1861 brachte ein jähes Ende der Bewirtschaftung mangels geeigneter Arbeitskräfte.

Charleston ist Flotten- und Luftwaffenstützpunkt. Zwei Forts, *Moultrie* und *Sumter,* wurden 1776 erstmalig während des Unabhängigkeitskrieges gegen die englische Flotte errichtet. 1861 fielen hier die ersten Schüsse im Bürgerkrieg zwischen den Nord- und Südstaaten. Im 1. und 2. Weltkrieg wurden die Forts modernisiert. Heute gelten sie als »überholt«, dienen nur noch als Museen.

Sehr früh am Morgen müssen wir los, um rechtzeitig vor Beginn des Berufsverkehrs eine Hebebrücke zu passieren. Es ist kühl. Auf ein noch von Sklaven gebautes Kanalstück folgen Flüsse mit vielen Windungen. Schulen von Tümmlern spielen ums Boot.

Wieder liegt ein Ort des Namens *Beaufort* am Weg. Es ist der letzte Stop in South Carolina. Heute ist *Haloween* - ein turbulentes, unserem Fasching ähnliches Treiben überrascht uns an Land. Wir konnten nur an einem Dauerlieger längsseits gehen und entdecken bei unserer Rückkehr auf seinem Deck etliche »Krabbeltiere« – Kakerlaken. Puh! Wir sind halt in den Tropen, aber wir haben Glück. Noch verschmähen sie die MANTA!

Mit günstigem Strom überfahren wir die Grenze nach Georgia. Bei idealem Sommerwetter wird es zur Abschiedsfahrt für Christine und Dieter, die morgen von Savannah aus heimfliegen. Die *Marina Thunderbolt* liegt nur wenige Meilen entfernt, und dort dürfen wir, entgegen der sonstigen Regelung, zwei Nächte festmachen.

Einen Leihwagen gibt es nahebei. Also auf: Tickets kaufen und Savannah besichtigen. Diese Stadt, am gleichnamigen Fluß gelegen, war früher sehr reich. Davon künden heute noch die großen, prachtvollen Häuser. Viele mit schmiedeeisernen Balkonen und Ziergeländern. Die meisten aus Stein, während sonst fast überall der Holzbau überwiegt. Am Fluß deuten viele hohe, mehrstöckige Lagerhäuser auf regen Handel hin. Sie standen jahrzehntelang leer, waren dem Verfall preisgegeben. Heute sind oder werden sie, zusammen mit 1100 Privathäusern, restauriert. Gekonnt ausgebaut mit einer Vielzahl verschiedenartiger Läden, Bars und Restaurants. Es macht Spaß, durch die Geschäfte zu bummeln und zu kaufen. So war's ja wohl auch gedacht.

Vier schöne, harmonische Wochen mit Dieter und Christine liegen hinter uns, und neben vielen Landausflügen haben wir auch noch 1000 Seemeilen geschafft. Nun sind wir endgültig allein.

Weiter. Das Wetter hat sich verschlechtert. Es ist kühl. Stunde um Stunde fahren wir über gewundene Flüsse, die durch Creeks miteinander verbunden sind. Endlos. Natur pur. Oft haben wir nur sehr wenig Wasser unterm Kiel. Doch es reicht zum Ankern im »Neuen Teekessel-Creek«. Hier haben wir Ruhe, um am Boot zu arbeiten: Kettenkasten lenzen, Kette neu markieren, Vorschiff und Salon putzen, Maschinen warten. Ein volles Programm. Danach Studium der zukünftigen Fahrgebiete. Das geht jetzt, da wir nur noch zu zweit sind, nicht mehr nebenbei.

Anker auf. Wind, viel Wind, keine Sonne. Unsere Jugend hat sie wohl mitgenommen. Die Landschaft ändert sich kaum. Wir sehen nur Flüsse und Creeks, einige Boote, kaum ein Haus. Dann passieren wir zwei breite Atlantikzufahrten. Da ist ein reger Verkehr, besonders Krabbenfischer. Die See ist hier sehr ruppig, und wir sind genervt. Acht Stunden Fahrt zu zweit ist in diesem Gebiet schon recht anstrengend. So sind wir dankbar, in Floridas *Fernando Beach* wieder einen Marinaplatz zu finden.

Nachts starke Wolkenbrüche, dann Dauerregen. So bleiben wir hier, studieren in Ruhe weiter unsere Unterlagen, wälzen viele, sich aus der Planung ergebende Probleme. Bald Heimflug?? Dann spielen wir das »Klo-Verstopfungsspiel«. Nun ist es wieder o.k. Langweilig wird's nie! Zwischen der Kartenarbeit klappt endlich ein längst fälliger Friseurtermin. Und weiter prasselt der Regen. Florida mag uns wohl nicht!

Endlich lassen die Himmelsfluten nach, Leinen los. Das Fahrwasser wird immer schwieriger. Dazu haben wir zur Zeit, bedingt durch den Mondstand, extreme Springtiden. Wir sind so losgefahren, daß wir eine als besonders gefährlich bezeichnete Stelle bei Hochwasser überfahren können.

Doch sie ist tief, wie wir feststellen, wurde ausgebaggert. Die starken Tidenströme bringen die Sandablagerungen aber immer wieder in Bewegung.

Dann stoßen wir auf Warnschilder: »*Manatee* -Schutzgebiet. Geschwindigkeitsbeschränkung vom 15. 11. bis 15. 3. Langsam fahren«. Es soll nur noch 1000 Seekühe geben. 100 sollen jedes Jahr »Rasern« zum Opfer fallen. Da die Tragezeit der Weibchen fünf Jahre beträgt und sie dann noch zwei Jahre säugen, gibt es erst nach sieben Jahren neuen Nachwuchs. Hier im Süden sind sie zu Hause, aber man kann sie in dem moorig-braunen Wasser kaum erkennen.

Nun läuft der Wasserweg entlang der »Palmenküste«, direkt parallel zum Meer. Wir haben die Wohn- und Ferienorte erreicht, die sich fast ununterbrochen an der Küste entlang bis zum Südende Floridas ziehen.

Es wird interessanter, ein ständiger Wechsel. Einsame Natur, Siedlungen, Campingplätze, Hotels mit eigenen Marinas und Golfplätzen. Privathäuser aller Größen, meist mit eigenen Steganlagen. Dann wieder kilometerlange Palmenwälder, vor allem an der Landseite.

Stop in Daytona Beach. Wir finden eine Werkstatt für eine kleine Decksreparatur und in einer *Mall,* einem Einkaufszentrum, ein Reisebüro. »Es ist nur zehn Minuten weg,« sagt man uns. Doch zu Fuß sind es dann doch so lange zehn Minuten, daß wir aufgeben und ein Taxi rufen. Oh, diese Entfernungen hier! Wir buchen einen Hin- und Rückflug vom 17. 11. bis 8. 12.

Von nun an ändern sich nur noch die Größen der Häuser, der Gärten und der Hotelanlagen. Wir fahren bis Titusville. Es soll ein günstiger Ausgangspunkt für geplante Ausflüge sein. Doch die Marina ist überfüllt. Erst nach einer vor zwei Ankern verbrachten Nacht, in schlecht haltendem Mud, können wir die MANTA an einen Steiger verlegen.

Leihwagen gibt es um die Ecke, und schon sind wir unterwegs zum *Space Center,* dem Raumfahrtzentrum bei *Cap Canaveral.* Schon im Freigelände sind alle je gebauten Raketen und Abschußrampen ausgestellt und aufgebaut. Sogar die »V1« und »V2« des 2. Weltkrieges. Verschiedene Bustouren mit unterschiedlichen Programmen werden angeboten – wir buchen gleich zwei, erleben interessante Stunden und sehen dann noch einen Film über Shuttle-Flüge. Wir sind schon sehr beeindruckt. Der nächste Start ist für Juni 1988 vorgesehen. Sehr imponiert hat uns die absolute Einfachheit und Schlichtheit der Gebäudeanlagen.

Tags darauf, 80 km entfernt, besuchen wir bei Orlando *Disney World.* Es ist der erste heiße Tag, und trotz Werktag ist es sehr voll. Es gibt so viel zu sehen, daß wir uns nur zum Besuch des *Magic Kingdom* entscheiden. Wir laufen uns die Füße müde und sehen doch nur Teile.

Dann fahren wir mit einer echten Dampfeisenbahn durchs Gelände, mit Floß und Dampfer, mit einer Magnetschwebebahn. Kaum zu fassen, mit welchem Aufwand hier eine Traumwelt für kleine und große Kinder erstellt wurde!

Zurück an Bord, haben wir Besuch vom Nachbarboot. Ein amerikanisch-deutsches Ehepaar. Wir spitzen die Ohren, als sie von ihrer Fahrt auf einem neuen Wasserweg vom Golf von Mexiko nach Chicago erzählen. Erst vor zwei Jahren sei er eröffnet worden. Wir machen uns viele Notizen. Ist das ein künftiger Weg für uns? Zu den Großen Seen möchten wir auf jeden Fall.

Man nennt uns in *West Palm Beach* die *Palm Harbor Marina* als guten, sicheren Liegeplatz während unserer Abwesenheit. Vorsorglich rufen wir an; sie hat Platz, und wir brechen auf zum Endspurt.

Erst geht es durch ein wunderschönes Naturgebiet, dann nur noch zwischen prächtigen Wohnanlagen hindurch. Hier wurden Wohnträume wahr. Vom Wasser her, mit unverbautem Blick in die Gärten, sind sie besonders eindrucksvoll. Alles sehr, sehr großzügig.

11. November. Wir sind am Ziel. Der Rat war gut, der Liegeplatz erscheint sicher. Dafür sind die Preise hoch, kein Wunder, denn seit dem Monatsersten hat die Hochsaison begonnen.

Nach 6277 Seemeilen und 801 Fahrstunden haben nun wir und die MANTA eine Pause nötig.

Jetzt blinken die grünen Lichter an der Anzeigetafel, unser Flug ist aufgerufen. Morgen früh werden wir in Deutschland sein. Die Gegenwart, der Alltag hat uns wieder. Hinter uns liegt eine Traumreise.

Kapitel 8
Über Bänke, um Korallenköpfe

Achtzehn Stunden waren wir von zu Hause bis nach Florida unterwegs. In tropischen Wolkenbrüchen sind wir mit einem Mietwagen durch das nächtlich dunkle Palm Beach gefahren. Naß wie die Katzen kamen wir mit unserem schweren Gepäck an Bord. Unsere Kleidung war der kleinste Anteil in unseren Koffern und Taschen, Ersatzteile und Bootszubehör der größte.

Die MANTA fanden wir unversehrt vor. Das ist gar nicht so selbstverständlich. Dann hatten wir viel zu tun, einschließlich Einkaufen. Die vielen nicht billigen Gastflaggen hatten wir vor unserer Abreise noch bestellt. Nun bekamen wir sie in einem Paket – und schon war's weg. Jetzt müssen wir auf jeder Karibikinsel versuchen, die Gastflagge für die nächste Insel aufzutreiben. Hier gab es so schnell keinen Ersatz.

Dann haben wir Brennstoff gebunkert, und dabei unbemerkt auch Wasser. Das passiert leicht, weil sich in diesem subtropischen Klima ständig Tropfwasser an der Oberseite der Tanks bildet. Und da gibt es dann eine Algenart, der diese Mischung köstlich schmeckt. Sie vermehrt sich schnell und verstopft die Brennstoffzufuhr. Wehe dem armen Schiffer, dem dies draußen passiert! Wir kaufen vorsorglich gleich dosenweise ein Gegenmittel. Bei näherer Betrachtung lesen wir einen amtlichen Aufdruck. In Kurzform gebracht: Unbedenklich, kein Urteil über Wirksamkeit.

Heute nachmittag, nach drei Tagen Schufterei, haben wir abgelegt, sind jetzt im *Lake Worth,* durch den der ICW hier hindurchführt, vor Anker. Vor uns liegen die Bahamas. *Baja mar* – flaches Meer – hatten die Spanier sie genannt. Eine Kette von 700 Inseln und 2000 *Cays,* die riesenhafte, flache Korallenbänke säumen. Nur 30 sollen bewohnt sein. Sie erstrecken sich von der Ostküste Floridas bis zur Nordostküste Kubas.

Hier war der erste Landeplatz des Entdeckers Kolumbus. Die friedlichen Ureinwohner wurden von den spanischen Konquistadoren versklavt und in die Bergwerke Südamerikas geschickt, bis sie ausgerottet waren. Danach dienten die Inseln nur noch den Piraten als Schlupfwinkel. Später wurden sie zu einem wichtigen Stützpunkt des Sklavenhandels. Schließlich flohen nach dem Unabhängigkeitskrieg die britischen »Loyalisten« mit ihren Sklaven hierher und versuchten vergeblich, dem wasserarmen Land Ernten abzutrotzen. Nur der Alkoholschmuggel blühte hier während der amerikanischen Prohibition. Jetzt ist es der Rauschgiftschmuggel. Vom Staat kann man Inseln kaufen. Superreiche Amerikaner haben hier ihre Wintersitze, Privatinseln mit eigenen Landepisten.

Wir studieren die Karten und Handbücher. Leider ist alles nur skizzenhaft und unsicher. Man hat uns schon eingeimpft, daß wir unseren Weg nach der Färbung des Wassers suchen müssen, die Sonne immer im Rücken. Von schwarz über braun und Blautöne bis grün und weiß. Na ja, erst mal rüber und sehen.

Zunächst müssen wir durch den Golfstrom, der hier durch die Straße von Florida schießt. »Gefährlich bei Nordwind, nur bei schwachem Wind auslaufen«, hat man uns ebenfalls eingebleut, und wir haben die Auswahl zwischen »gefährlich« und »zauberhaft« für dieses Revier. In einem waren sie sich alle

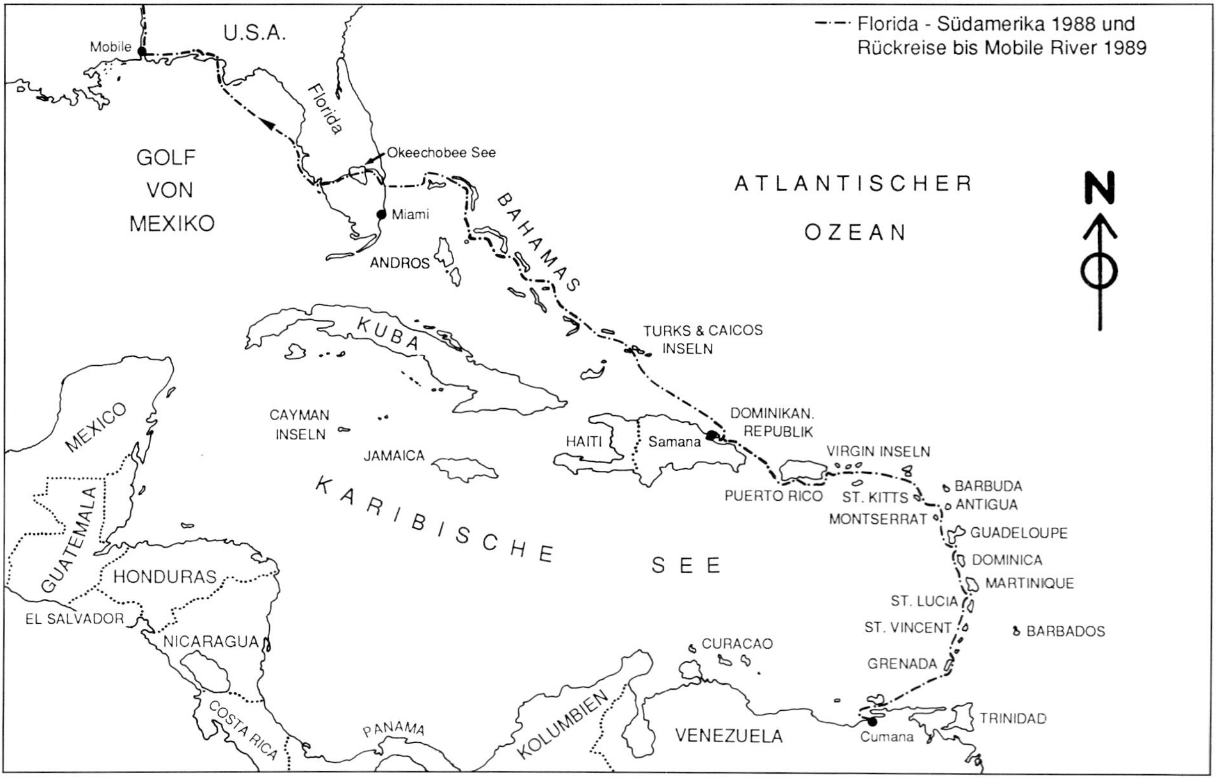

einig. »Schiff mit Lebensmitteln, Wein und Bier vollpacken – weil da drüben alles schlecht und teuer ist. Nur Rum ist gut und billig.«

Nun lauern wir darauf, daß der Nordwind abflaut. Morgen früh müßte es soweit sein.

Halb sechs morgens aufstehen, Frühstück vor Tagesanbruch. Mit dem Sonnenaufgang 6 Uhr 30 ziehen dichte Nebelschwaden über den See und packen uns in Watte. Die Scheiben sind beschlagen, triefen innen und außen. Ohne jede Sicht schleichen wir uns mit Radar durch das enge Fahrwasser hinaus. Und da steht die Sonne gleißend über dem tiefblauen, weißgefleckten Atlantik!

Um 13 Uhr kommt Grand Bahama in Sicht. Ein Wald mit einem rotweißen Wasserbehälter darüber – links davon Koralleninseln. Das muß der Ort Westend sein. Im Handbuch ist eine Landskizze mit mehreren großen Seezeichen vor dem winzigen Hafen. Gibts aber nicht. Als wir dicht unter Land stehen und es schon sehr flach ist, sehen wir neben der Küstenbrandung einen Pfahl mit einem Schild darauf. Vorsichtig näher kommend, lesen wir das tröstliche Wort »Marina« und einen Pfeil nach rechts in einen engen Kanal, in dem der Boden weißlich-grün schimmert. Das Echolot heult bei weniger als 1 m Wasser unter dem Kiel verzweifelt auf. Es geht im Wald nach rechts um die Ecke, und da ist sie. Ein großes Becken mit ordentlichen Betonpiers, Dalben und Stegen. Fast leer. Das Marina-Personal sehen wir zu allerletzt. Ausgewaschene Kleider, schwarze Gesichter, perfekt der Umgebung angepaßt. Man zeigt auf einen Liegeplatz in der Mitte des Beckens.

Leinen fest. Im Office empfängt uns eine schwarze Schönheit mit einem Arm voll Papier. Alles zum Einklarieren auszufüllen. Nach langer Zeit kommt ein Auto. Zwei schwarze Staatsdiener steigen aus, ausgewiesen durch weiße Hemden mit Krawatten, eine dunkelblaue und eine flaschengrüne Hose, Aktentaschen und große Stempel. Eine größere Zahl von Bahama-Dollars sind zu zahlen. Man hat natürlich kein Wechselgeld, und der Erlaß wird gerne angenommen.

Wir sind neugierig auf die Insel und zum Kochen haben wir auch keine Lust. »Das nächste Hotel hört auf Kanal 16. Die holen Sie auch ab.« Am Marina-Tor steht pünktlich eine große Limousine, am Steuer der Chef selbst, und ab geht es durch eine Hotelanlage hindurch, dann 2 km durch eine kleine, verstreute Siedlung zu einem viereckigen Steinbaukasten! Zwei schwarze Mamis, fast so dick wie hoch, watscheln um uns herum und nehmen uns in ihre Obhut. Es gibt Münchner *Liuvenbie* vom Faß, direkt vom Hofbräuhaus, aber es rinnt nur schwach. Die Kohlensäure ist alle. Neue wird besorgt. Wieder nichts. Dann stehen schließlich zwei Maß schale, bittere Brühe auf unserem Tisch. Na ja, wir wissen ja, was für einen weiten Weg sie hinter sich hat. Dann kommt das Essen: Vorspeise gemahlene Riesenmuscheln in Brotteig gebacken. Dann das Hauptgericht, zunächst in Packpapier! Da wir ja hier essen wollen, werden Steak und Hummerschwänze nun auf Teller gepackt. Alles schmeckt nach fast nichts. Und teuer war's auch noch – dafür hatten wir viel Spaß!!

Wovon sind die Mamis hier nur so fett geworden? Oder ist das ein Schönheitsideal?

Ich glaube, wir lernen wirklich langsam, unsere Zeit und Kraft einzuteilen. Wir pausieren. Schwimmen und Sonnenbaden am nahegelegenen Strand eines großen Hotels der Sparklasse. Das Wasser ist ein Traum. Klar wie Trinkwasser. Wassertemperatur 23–24°C, und wir schnorcheln zwischen hunderten tropischer Fische. Vielfarbig, gemustert. Unvorstellbar schön.

Vier Tage sind wir nun schon hier. Das Wetter wechselt rasch. Nachts ging wieder ein tropischer Wolkenbruch nieder. Das jetzt erstmalig seit zwei Jahren aufgezogene Sonnendach hält den Wassermassen dank einer »Besen-im-Eimer-auf-dem-Tisch«-Superkonstruktion stand.

Ankommende Segler haben wir mit Fragen auch schon ausgequetscht. Wir wurden zum Drink an Bord eingeladen. Zwei englische Paare (unter amerikanischer bzw. kanadischer Flagge fahrend) und ein amerikanisches. Wir müssen viel erzählen. Unsere Fahrt ist für sie unfaßbar.

Dann sind alle zum Gegenbesuch bei uns. Bei Sangria (mit Rum) gibt es kein Verständigungsproblem. Wieder erfahren wir viel. Morgen wollen wir gemeinsam weiter.

Das Wetter folgt hier einem für uns Mitteleuropäer seltsamen Muster: Der Wind kommt zunächst 2–3 Tage mit nur 5 Windstärken aus NE, dreht dann zügig über Ost, Süd und West auf Nordwest, wird unter tropischen Gewitterregen mit schlechter Sicht zum Starkwind, dreht dann weiter auf Nordost und bläst sich aus. Nach kurzer Pause geht das Ganze von vorne los.

Die wenigen Segler, die um diese Zeit hier sind, richten sich nach diesem Muster. Los kann es erst gehen, wenn der NE nachläßt, sonst sitzt man leicht auf Grund. Auch die Riffkanten der Bank sind nur bei weniger als 5 Windstärken passierbar. Eine Seedünung von mehr als 1 m führt bereits zu Grundseen. Da sie SE segeln müssen, haben sie dann unweigerlich den Wind gegenan, und es gibt ständige Kreuzschläge. Die Tage sind hier kurz, darum ist es auf der flachen, mit Untiefen und Korallenriffen durchsetzten Bank, die sich wie ein Ei in der Pfanne 50 sm weit erstreckt, ein Problem, den nächsten Schutz für die Nacht zu erreichen. Wir haben es da leichter. Eine Stunde hinter dem Geleitzug der Segler laufen auch wir aus. Das Passieren der Riffkante, die Fahrt auf dem wahnsinnig flachen Riff, alles ist neu, aufregend und atemberaubend für uns. Schließlich überholen wir alle mit direktem Kurs.

Wir halten Funkkontakt, jeder gibt Informationen, Warnungen. Für alle ist dieses Gebiet neu. Es gibt nur ein einziges bei Tageslicht erreichbares Fahrtziel, einen Ankerplatz hinter der einzigen Insel in der Mitte des Flachs. Unser Anker fällt, lange ehe der erste Segler ankommt. Der letzte kommt in die Nacht, und wir lotsen ihn mit unseren Scheinwerfern und über Funk herein. Uff, das hätte ins Auge gehen können!

Während wir geruhsam frühstücken, sind unsere drei Mitsegler schon lange weg. Beim Überholen verständigen wir uns über den nächsten Stop.

Hier gibt es eine Reihe von Felsen und Felsenrücken mit so fantastischen Namen wie »End of the world rock«. Die befahrbare Wasserfläche wird jetzt merklich enger. In New York hatte ich mir eine große Brille gekauft, mit rauchfarbigen Gläsern, die Blendung und Spiegelung des Wassers ausschalten soll. Jetzt sitze ich an Deck, versuche voraus Wasserfarben abzulesen und nach Wassertiefen einzuordnen.

Doch da! Eine weiße Sandbank quer vor uns. Soweit man sehen kann. Ein Navigationsfehler? Dann kommen wir darauf, daß hier ein riesiger Schwarm kleiner Fische gründelt, Futter sucht im Korallensand. Ganz langsam durch. Aha. Das ist also einer von den Fischschwärmen, in denen man nicht schwimmen soll, weil man sonst vielleicht von einem Hai aus Versehen mitgefressen wird. Aber es sieht so aus, als ob es nicht sehr viele Haie hier gäbe. Nur einen haben wir auf der Strecke gesehen, und der war klein. Vermutlich haben diese urzeitlichen Tiere ihre Standplätze hauptsächlich an dem äußeren Riff, das ins tiefe Wasser abfällt. Da gibts mehr Futter.

Fische zu verspeisen, die an Korallenriffen geangelt werden, grenzt allerdings an Russisches Roulette. Oft haben sie Beutefische gefressen, die die Toxine giftiger Korallen aufgenommen haben; sie sind dann selbst giftig.

Wir finden die vorgesehene Ankerbucht flacher als angegeben vor. So ankern wir, trotz Wind, ziemlich weit vom Landschutz entfernt. Bis die anderen kommen, haben wir schon eine Flasche Wein gekippt. Sie wollen tiefer in die Bucht hinein, windgeschützter liegen. Da läuft schon der erste mit einem Hopser auf und sitzt fest! Zwar segelt er sich dann frei, doch nun verhakt sich das Vorsegel und reißt ein. Jetzt ankern alle noch weiter draußen als wir. Später kommen sie zu uns an Bord, und es wird ein netter Abend, obwohl die ruppige See an den Rumpf klatscht.

Dann kommen wir zu den ersten bewohnten Inseln. Wir liegen am Nachmittag vor *New Plymouth* auf *Green Turtle Cay,* der »Insel der Grünen Schildkröten«. Selbst mit dem Beiboot ist es nicht einfach, die Fahrrinne in den Hafen zu finden. Jedenfalls sitzen wir auf und müssen uns mühsam von einem breiten Flach herunterstaken.

Was sich uns bietet, ist dann aber die Mühe wert.

Die Siedlung wurde 1770 von britischen »Loyalisten« gegründet, von Leuten, die hierher geflüchtet waren, um sich nach dem Unabhängigkeitskrieg den Vereinigten Staaten nicht anschließen zu müssen. Die Bahamas waren damals britisch geblieben. Die etwa 500 Einwohner sind nur Weiße. Die Holzhäuser sind malerisch um die Hafenbucht gruppiert. Sie sind alt und klein, aber bunt und gut instandgehalten. Die Wege waren einmal für Eselskarren gebaut; Autos gibt es auch heute noch nicht. Die einzigen Straßen, die aus der Siedlung hinausführen, sind Wasserstraßen, und vom Wasser lebt man, vom Fischfang. Der kleinste Tante-Emma-Laden zu Hause ist ein Supermarkt gegen den Kaufmannsladen hier. Man glaubt, die Zeit sei vor 200 Jahren stehengeblieben.

In einer anderen weißen Loyalisten-Siedlung sind neben Fischern auch Bootsbauer beheimatet. Baumethoden und Werkzeuge haben sie von ihren Vorvätern übernommen, aber man kann nicht sagen, daß das Ergebnis ihrer Arbeit schlecht ist. So grundsolide Boote gibt es anderswo heute wohl kaum noch. Allmählich können wir aufatmen. Wir haben uns an die besonderen Probleme des Reviers gewöhnt und nehmen mehr von unserer Umwelt Kenntnis. Hier strahlt die Sonne vom Himmel, ohne zu sengen. Das macht wohl die Meeresbrise. Ein Inselchen am anderen. Teils reiner Fels, teils von niedrigem Buschwerk bestanden, manchmal Palmen, das ist die Kulisse. Der Star in dieser Vorstellung aber ist das Wasser. Bei mehr als 5 m Tiefe sind noch Einzelheiten des Bodens zu erkennen. Korallen, Steine, Sand, der sich vom Strom in Wellen gelegt hat wie eine Sandwüste vom Wind. Riesenmuscheln und tropisch bunte Fische. Ein riesiger Stachelschwanzrochen wedelt vorbei. Ein stachelbewehrter Kugelfisch. Ein Barrakuda, auf Beute lauernd, und immer neue, nie gesehene Formen und Arten und jede Menge fliegender Fische.

Die Sache mit der Wasserfärbung stimmt. Man kann daran fast auf den Meter genau die Tiefen ablesen. Leider stimmt auch die Sache mit den Spiegelungen, wenn man das Licht nicht im Rücken hat. Und dagegen hilft auch die Spezialbrille nicht allzuviel. Aber die tiefschwarzen Korallenköpfe, von Ocker und Gelb umgeben, haben Warnfarben, die trotzdem erkennbar sind. Dasselbe gilt für das in Weiß übergehende Grün des Flachwassers über Sand. Das genügt für die Fahrt. Für einige enge Fahrwasser gibt es sogar bunte Luftaufnahmen mit dem eingezeichneten Fahrweg, doch die Durchsichtigkeit des Wassers wird dabei zum Nervenproblem. Jede Einzelheit des Bodens ist erkennbar, und vor diesem ungewohnten Bild schreckt man zunächst zurück. Es sieht aus, als wäre da praktisch kein Wasser mehr, und trotzdem zeigt das Lot 3 m an. Heute sind sie an uns vorbeigepaddelt, die riesigen Suppenschildkröten. Sie sind also noch nicht ausgerottet. Das winzige Täßchen Suppe war halt in Mode gekommen. Es hat ja auch gut geschmeckt – nach Sherry! Das Schildkrötenfleisch selbst ist völlig geschmacklos. Man hätte ebenso gut Kunstfleisch aus Soja nehmen können. Wir sind unterwegs zu dem Platz, an dem wir während der Weihnachtstage bleiben wollen. *Hope Town* auf *Elbow Cay.* Wieder eine kleine weiße Loyalistensiedlung , die aber schon teilweise vom Fremdenverkehr lebt. Es gibt einen Naturhafen, Marinas, ein Hotel und einige Restaurants. Einer der drei Segler hat sich verabschiedet. Er hat Kinder dabei und sucht vor allem Sandstrand mit wenig Brandung. Das ist das Weihnachtsgeschenk für die Kinder. Nicht immer eingesperrt sein auf dem engen Boot, in dem man dann noch angeschnallt wird.

Hier gibt es unbezeichnete Fahrwasser. Nur nach den Farbschattierungen suchen wir unseren Weg. Wir schlagen Haken wie ein Hase. Doch dann können wir erst bei Hochwasser einlaufen und an der Marina festmachen. Wenigstens 30 cm Wasser sollen hier in den nächsten Tagen unter unseren Schrauben bleiben. Nicht viel, aber wenn's stimmt, soll's uns ja recht sein. Der einheimische Inhaber mit seiner deutschen Frau betreibt ein kleines

Restaurant direkt hinter dem Dock. Auch das Personal ist weiß, der Koch Österreicher. Das alles läßt uns auf ordentliches Essen hoffen. Schon eine Besonderheit in diesem Lande.

Wir liegen in einer blauen Lagune, begrenzt von grünen buschhohen Mangroven. Über uns einer der wenigen Bahama-Leuchttürme, der vor dem weit ins Meer vorspringenden Riff warnt. Es bildet die östliche Spitze der Inselgruppe. Uns gegenüber, am Hinterhang des Cays, der malerisch bunte, von Palmen überragte Ort. Dahinter langer weißer Sandstrand, vom Riff geschützt. Der Platz ist beliebt bei den Seglern. Die Bucht voll von Ankerliegern. Unsere Seglerfreunde meinen: »Da haben viele Anker Wurzeln geschlagen, die gehen nicht mehr 'raus.«. 6 sm übers Wasser liegt der Hauptort der Insel Great Abaco, *Marsh Harbour,* mit dem Flugplatz und den Läden für die Versorgung. Wassertaxen und eine kleine Fähre verbinden die Orte, bringen Gäste vom Flughafen und Lebensmittel. Flugverbindung besteht nach Miami mit kleinen zweimotorigen Maschinen. Natürlich auch nach der Hauptstadt Nassau.

Lästig ist die Unzahl kleiner Stechfliegen. Die Amerikaner nennen sie »No Sees«. Wirklich! Du siehst sie kaum, und trotzdem beißen sie dich so, daß du kratzen mußt. Dann hast du blutige Ekzeme. Aber das ist nicht nur hier so. Es gibt zwei Möglichkeiten der Bekämpfung. Die eine sind Sprays; ich weiß nicht, wem es davon übler wird, uns oder den Fliegen. Die andere ist Wegbleiben! Die Spitzenflugzeiten liegen vor Sonnenuntergang, aber sie sind dann die ganze Nacht aktiv. Leider scheuen sie auch den Tag nicht ganz. Wir sitzen hinter Moskitonetzen, mit denen an Bord alles zu ist, und haben Zeit, Weihnachtsgrüße nach Hause zu schreiben. Aber wir schwimmen auch und machen einen Beibootausflug nach Marsh Harbour, ein an sich unbedeutender kleiner Ort aus viereckigen Steinhütten. Doch an einem Ende ist ein großes, gut aussehendes Hotel und davor eine nagelneue, solide gebaute, aber fast leere Marina.

Das Weihnachtsmenü, das der österreichische Koch auf den Tisch bringt, ist wirklich gut. Wir sind jetzt zu siebt, da die Mutter einer der beiden Frauen angekommen ist. Der Schwiegersohn schwimmt auf der Welle: »Auf in den Kampf, die Schwiegermutter naht...«! Sie ist Schottin – er Engländer, und damit ist das Gefechtsfeld geklärt. Ihre erste Bahamaerfahrung hat sie schon hinter sich. Bei ihrer Ankunft auf dem Flughafen der Nachbarinsel hat man ihr die Koffer geklaut. Sie hat keinerlei Kleidung zum Wechseln, und zu kaufen gibt's auch nichts. Zumindest nichts, was ihrer Konfektionsgröße und dem Mindeststandard entspricht, den ein Europäer erwartet. Und die mitgebrachten Geschenke sind natürlich auch weg.

Interessant ist, daß beide Segler ein Jahr Urlaub machen. Sie haben sich ihre Boote in Miami gekauft, wo der Markt groß und gut organisiert ist. Wenn der Urlaub zu Ende geht, werden sie wieder verkauft. Sie wissen, daß sie mit etwa einem Drittel des Kaufpreises, der niedrig war, davonkommen. Sie könnten in New York wesentlich höhere Preise erzielen, aber das paßt nicht in ihre Reisepläne. Der eine ist als Bauingenieur meist in USA, aber auch in britischen Commonwealth-Ländern tätig. Die Baufirmen haben nur einen kleinen Stab festangestellter Ingenieure und Kaufleute. Erst bei einem Zuschlag für ein Projekt wird die Mannschaft für die Baustelle angeworben, von der Bauleitung bis zum Arbeiter. Die Verträge enden mit der Fertigstellung. Wenn er unter Vertrag steht, hat er üblicherweise zwei Wochen Jahresurlaub, und das reicht zu nichts, außer sich nach durchgehend 50–60 Stunden Arbeit in der Woche auszuschlafen. Aber er verdient wie ein Star.

Da kann er es sich gut leisten, zwischen zwei Projekten Pause zu machen und zu segeln. Wie schwierig es dann wohl sei, wieder an einen neuen Job zu kommen, fragen wir.

»Grundsätzlich gibt es leistungsfähige private Vermittler, die dafür sorgen, daß der richtige Mann an den richtigen Platz kommt. Davon abgesehen sind gute Leute in der Branche bekannt, und die Firmen schicken ihnen Angebote ins Haus.«

Erfrischend, dieses Selbstvertrauen. Warum ist das bei uns zu Hause so weitgehend verloren gegangen? Ist die soziale Hängematte Ursache oder Folge? Aber das ist ja schon die Frage, was zuerst da war – Huhn oder Ei?

Der andere ist Lehrer in Kanada. Auch er hatte keine Mühe, ein Jahr Freizeit durchzusetzen. Hat er Nachteile in Kauf zu nehmen?

»Aber gar nicht; daß man eine Berufspause einlegt, ist doch in allen Wirtschaftszweigen üblich, und das gilt auch für die kommunalen und staatlichen Dienste. Das nimmt niemand übel, solange Pausenjahre nicht aneinander gereiht werden. Das gilt übrigens nicht als Arbeitsunlust, sondern als Gewinn für Arbeitsleistung und Erfahrung. Keiner bleibt einfach ein Jahr im Bett liegen. Meinen beruflichen Gewinn sehe ich darin, daß ich meinen Schülern aus eigener Erfahrung sagen kann, wie es anderswo zugeht und wie dankbar sie ihrem Schöpfer sein können, daß sie Kanadier sind.«

Man sieht, Weltoffenheit und Nationalstolz schließen sich nicht gegenseitig aus.

Weihnachten ist vorbei, und wir haben uns von unseren Seglerfreunden verabschiedet. Noch haben wir einen weiten Weg bis Puerto Rico. Dort haben sich Sohn Dieter und Frau Christine zu ihrem Jahresurlaub angesagt.

Die Fahrt beginnt gleich mit einem »Nervenschocker«. Weil wir erst bei Hochwasser auslaufen können, müssen wir bei fallendem Wasser über Sandbänke und eine Barre, eine Sandbank, die sich durch Aufschwemmungen an Mündungen bilden kann, in freie See hinaus. Aber schon das erste Flach ist für uns nicht mehr passierbar. Wir wirbeln Korallensand in mächtigen Wolken auf, haben Grundberührung und sitzen beinahe auf. Handbuch- oder Navigationsfehler? Dann finden wir in unseren schlauen Büchern einen anderen Weg und schaffen es bei dem herrschenden Wasserstand gerade noch. Schließlich reißt uns der Ebbstrom hinaus. Hinter der Barre stehen gewaltige Stromkabbelungen, und die MANTA macht Bocksprünge wie eine junge Geiß. Dazu Salzwasserduschen. Dann sind wir draußen.

Kräftiger Ostwind und starke Dünung. Bei der Suche nach dem rechten Weg haben wir zuviel Zeit verloren, so erreichen wir die Südspitze der Insel erst bei Nacht. Mit Hilfe von Lot und Radar ankern wir im Schutz der SW-Spitze von Abaco auf 18 m Wasser. Die Karte zeigt hier einen Ankerplatz mit Sandgrund. Daß da unten keine Korallenköpfe liegen, an denen sich die Kette vertörnen kann, können wir nur hoffen. Unser von drüben mitgebrachtes Grundvertrauen auf die Angaben einer Küstenkarte ist hier nicht mehr vorhanden. Auch in Landschutz schaukeln wir beträchtlich, mehrfach ziehen Dampferlichter vorbei. Hier ist die einzige Durchfahrt zur Hauptstadt Nassau.

Den Anker haben wir heute früh problemlos hochbekommen, er lag wirklich auf Sandboden. Seitdem haben wir eine ruhige Fahrt bei mäßigem Wind und mäßiger See. Um uns tiefblaues Wasser. Schwärme fliegender Fische segeln auf der Flucht vor unserem Bug mit ausgebreiteten Flügelflossen in der Luft. Tümmler schwimmen mit uns um die Wette. Sie schießen hin und her, unter- und übereinander, prusten und fiepen. Minutenlang, bis sie keine Lust mehr haben. Dann gefällt es ihnen, noch ein wenig in unserer Heckwelle zu surfen, bevor sie abziehen. Bald darauf kommt die nächste Schule angeschossen, und das Spiel der Mutigsten und Kräftigsten beginnt neu. Fast scheinen sie den Rumpf zu streifen. Seevögel umflattern uns, tauchen nach vom Schraubensog hochgerissenen Fischen.

Der Naturhafen von Nassau ist eine von den Gezeiten gebaggerte Rinne zwischen der Hauptinsel New Providence und der langgestreckten Insel *Paradise Island,* der Hotelinsel, auf der die Urlauber unter sich sind. Mit rasanter Geschwindigkeit reißt uns der Strom durch die Rinne, vorbei an vielen Seglern, die mit gespannten Ketten in dem rauschenden Strom vor Anker liegen. Kein angenehmes Gefühl. Wir ergattern einen Platz in der Hurricane-Hole-Marina, der einzigen auf Paradise Island und der einzigen überhaupt, die vor Raubzügen sicher ist. Der Grund: eine einzige Brücke führt hier über den Sund, und sie ist scharf bewacht. Sie kostet sogar Geld. Es ist eine Mautbrücke. Geld investieren hier nur die großen Gauner, und die sind in den Hotels.

Den Platz haben wir nur für zwei Tage, die Marina ist voll belegt. Doch dann verhindern Starkwind und Schmiergeld die Ankunft angesagter Yachten. Wir können über Silvester bleiben, ergänzen unsere Vorräte, essen im Kasino. Nach zwei Versuchen ziehen wir dann doch die Bordküche vor. Es gibt hier gute US-Ware, nur sehr teuer.

Viele fragen nach unserer Flagge und nach unserer Fahrt. Finden das alles »great«. Doch da ruft es in gutem Pfälzisch quer über den kleinen runden Hafen: »Ja, wo kemmt ihr dann her?« Wir suchen nach einer deutschen Flagge, aber dann entdecken wir die kleine Frau mit der kräftigen Stimme hinter dem Sternenbanner einer großen Segelyacht aus Texas. Dort hat Gerlinde ihren Mann kennengelernt, und da ist sie hängengeblieben. Jetzt freut sie sich unbändig, Landsleute zu sehen. Beide segeln schon Jahre in diesem Revier und haben große Erfahrung. So bekommen wir guten Rat und viel Hilfe. Sie lassen unseren Schiffsnamen und unser Rufzeichen bei der US-Kurzwellen-Küstenfunkstelle WOM registrieren, von jetzt an können wir auch bei schlechtem Funkwetter Verbindung mit der Heimat aufnehmen. Zunächst über Funk zur Küste des Golfs von Mexiko und dann über Kabel nach Hause. Der Funkverkehr ist gut organisiert. Jede Frequenz hat einen eigenen Funker, und der kann direkt angerufen werden. Das Personal arbeitet kulant, schnell und präzise. Vorbildlich. Das Problem kommt, wenn der Empfänger abhebt. Da meldet sich dann eine frohgelaunte Stimme: »This is US coastal station Whisky Oscar Mike. I have a phonecall from the German vessel MANTA.« Wenn dann, wie geschehen, die Antwort kommt: »Es tut mir laad, awwer außer Whisky hab' ich nix verstanne«, dann ist das zwar geistesgegenwärtig, die Verwirrung jedoch komplett. Übrigens ohne Mehrpreis werden Zeiten eingehalten, Personen ans Telefon geholt und anderes mehr. Aber – die Sprachbarriere.

Ausflug in die Stadt Nassau. Täglich neu einlaufende Kreuzfahrtschiffe bringen Trubel in die Innenstadt. »Eine Molkerei, da wird nur abgesahnt«, meint Gerlinde. Und die Kreuzfahrer sind da wirklich wie Kühe, die sich zur Melkmaschine drängen, weil sie das pralle Euter schmerzt.

Ob die 380 Banken, die hier ihren Sitz haben und mit steuerfreien Geldanlagen werben, auch nur absahnen? Mehr als das Finanzamt »zu Hause«, oder ob sie die Steueroase mehr für sich selbst nutzen? Für letzteres spricht, daß man in der Stadt kaum eine Bank sieht. Das sind wohl überwiegend Briefkästen.

Der Hauch der englischen Kolonialzeit ist in der Stadt zwar noch zu sehen, aber die Erinnerungen verblassen immer mehr. Sonst gibt es nicht viel Sehenswertes.

Neujahr begießen wir um 18 Uhr Ortszeit an Deck bei Kerzenlicht. In Gedanken leben wir ja doch in Europa.

24 Uhr Ortszeit. Draußen im Haupthafen ein bißchen Feuerwerk. Ein paar überalterte Seenotraketen, die noch unter Wasser weiterbrennen (hoffentlich erwischt *uns* keiner dieser Neujahrsgrüße). Schiffs-Sirenen. Nix Dolles. Dafür um 4 Uhr morgens Maskenumzug in der Stadt. Ohne uns.

Nachmittags sind wir auf die schöne Segelyacht von Ed und Gerlinde zur Neujahrsparty eingeladen, zusammen mit 18 amerikanischen Freunden. Gerlinde weiht uns dabei – pfälzisch und Slang gemischt – in ihre Theorie ein, wie aus einer Handvoll Weißer und unzähligen Schwarzen die Bevölkerung der Bahamas entstanden ist. Kabarett-reif. Alle ziehen uns immer wieder ins Gespräch. Es ist gemütlich und harmonisch.

2. Januar 1988. Wir starten in ein neues Jahr. Ganz vorsichtig durch den Hafenmund, denn wir haben gesehen, daß unter der Brücke hindurch und genau vor der Einfahrt immer wieder Wasserflugzeuge mit Passagieren starten und wassern. Doch dann hilft alle Vorsicht nichts, denn draußen steht ein Bullenstrom. Fahren wir langsam, reißt er uns in die Klippen. Also geben wir das vorgeschriebene Hornsignal und schießen mit Dampf in den Strom. Trotzdem sind wir in den Wirbeln kaum steuerfähig. Wenn jetzt einer wassern will! Aber es will keiner. Der Strom reißt uns an unbezeichneten Untiefen, an Felsen und Inseln vorbei. Dann wird er schwächer. Wir sind auf einer großen Korallenbank. Nach Osten wird sie von der langgestreckten Insel *Eleuthera* (der elysischen) und den Exuma Cays begrenzt. Hier ist der *Exuma Land and Sea National Park,* ein mehr als 400 qkm großes Naturschutzgebiet, das zahlreiche Inselchen und Kliffe mit fast unberührten Stränden sowie zahlreiche Korallenriffe und Meeresgärten umfaßt. Aber zunächst haben wir zu tun, um den bösartigen Korallenköpfen auszuweichen, bis wir in offenerem Wasser sind. Wir lassen ein paar Nervenfäden dort, aber es geht. Zum Glück erwischen wir die schmale Durchfahrt zwischen *Yellow-* und *White Bank* und nehmen dann direkt Kurs auf *Allans Cay.* Abends finden wir auf dem engen Wasser zwischen den *cays* knappen Ankerplatz. Viel Wind. Hoffentlich hält der Anker. Wir haben zwar Sandgrund gesehen, aber wie dick der Sand über den Korallen steht, können wir natürlich nicht erkennen.

Morgens liegen wir noch an derselben Stelle. Derselbe Wind. Also Fahrpause, bis besseres Wetter kommt. Schon vorgewarnt, fahren wir mit dem Beiboot und viel Brot an Land. Da steht schon die Wache. Ein meterlanger urweltlicher Leguan. Kaum sind wir ausgestiegen, wimmelt es um uns herum. Von Oma und Opa bis zu den scheuen Babys. Die Großen sind gar nicht scheu. Sie *fordern* ihr Brot. Man sieht ihren manchmal schon drohenden Gebärden an, daß es ihnen zusteht.

Dann kommt das Brot. Sie holen es auch aus der Hand. Ich will weiter gehen. An einer anderen Stelle füttern, weil immer nur die selben fetten Kerle die Brocken wegschnappen. Unersättlich. Aber da gibt es eine Verschwörung gegen mich. Sie wimmeln vor mir herum, blockieren meinen Weg, laufen mir fast über die Füße – und dann springt einer an mir hoch, will mir das Brot aus der Hand reißen. Stattdessen beißt er mir in den Finger, doch ich spüre nicht viel. Sie haben nur Hornplatten im Maul, können nicht verletzen. Das macht mich stark, und ich erzwinge meinen Weg zu den

Kleineren, die im Hintergrund aufmerksam lauern. Mein anerzogener Sozialkomplex hat über die Urwelt gesiegt. Doch nein. Sie haben nur ihre Taktik geändert. Sie rennen jetzt in unglaublichem Tempo vor mir her und beißen die Kleinen aus dem Weg. Und dann haben sie doch gewonnen. Offenbar bin ich zu dicht an ihrer Höhle, und da ist ein so bestialischer Gestank, daß ich schnell den Rückzug antrete.

Der Wind hat nachgelassen. Bis auf ein paar Cirren blauer Himmel. Türkisgrün ist das Meer. Das glatte Wasser blendet im Gegenlicht. Wir fahren bei jetzt schon 30° C genau in die Sonne. Weit an Backbord ziehen die *Exuma Cays* vorbei. An einigen Stellen ragen sie wie Zahnreihen eines Raubtiergebisses aus dem Wasser. Wie spitze Reißzähne die kantig schroffen Felsen. Kleine Inseln wie Mahlzähne dazwischen. Schwarz scheinen sie aus dem schimmernden Türkis des Wassers zu wachsen. Wir wollen noch einen Tag opfern und machen nach einigen Stunden Fahrt an einer kleinen, einsamen Marina auf *Sampson Cay* fest.

Ausflug mit dem Beiboot in das Raubtiergebiß hinein. Zwischen den steil aufragenden Felsen hindurch, über weißlich-grün schimmernde Flachs hinweg. Über Korallengärten und über eine bunte Meeresfauna.

Im Licht des Vollmondes wird das Bild immer unwirklicher. Die nahen Felsen ragen schwarz und drohend aus flüssigem Silber. Keine Abkühlung. Die Nacht bleibt tropisch heiß.

Heute müssen wir wieder hinaus auf offene See. Die Bank hat für uns keine ausreichende Wassertiefe mehr. Die wenigen schmalen *Cuts,* wie die Tore zum offenen Meer genannt werden, be- und entwässern die ausgedehnte Bank im Takt der Gezeiten. Dabei entsteht ein erheblicher Wasserstau, und es kommt zeitweise zu rasenden Stromschnellen mit sich gefährlich überschlagenden Stromkabbelungen im Tiefwasser. Das Stillwasser kann man aus dem Gezeitenkalender nicht errechnen, nur schätzen. Ein anderes Problem ist der Grund in und um die Cuts, der dauernden Veränderungen unterworfen ist. In der Marina haben wir gehört, daß der sonst gewöhnlich benutzte Cut verflacht ist. Das wöchentliche Postboot gehe inzwischen durch den *Dotham Cut.*

Wir können Stillwasser nicht abwarten, denn kaum drei Stunden später müssen wir, möglichst bei Stillwasser, wieder in einen anderen Cut hinein, weil unser eigentliches Ziel, *George Town,* bei Nacht von Revierfremden nicht angelaufen werden kann.

Wir starten morgens und rauschen den Dotham Cut hinaus. Genau mittag laufen wir bei schwachem Strom durch den *Galliot Cut* ein und suchen uns einen Ankerplatz außerhalb der Strömung. Wieder ist es tropisch heiß, aber es ist nichts mit schwimmen. Die ganze Bucht ist von Strom und Wirbeln erfaßt. In der Stille hören wir den Cut rauschen.

10 Uhr morgens tritt Hochwasser ein, der Cut ist ruhig. Anker auf und raus. Der Himmel ist mit Cirrocumuli getupft. Wie Wattebäusche segeln sie vor Gruppen von Cirren. Heute nacht hat es hart aus Südosten geblasen, und da oben kündigt sich neuer Wind an. Gegen 2 m Dünung und mäßigen Wind laufen wir mit 1000 Upm und langsamer Fahrt nach Süd-Osten. Sorgfältig identifizieren wir Inseln und Felsen, denn unsere neue Einfahrt ist auch nur ein Loch wie andere. Dann haben wir unsere Wegmarke, hinter der wir hinein müssen. Laut Handbuch auf zwei rote Dächer im Hintergrund zu – hinter dunklen Flecken im Wasser scharf nach Backbord abdrehen – auf die linke Kante der höchsten Insel zuhalten – bevor Wasser weißlich-grün an

Salzsäule (was ist das?) vorbei – und so geht es weiter. Dabei soll man sorgfältig auf Stromversatz und Wasserfärbungen achten. Einziger Haken, die letzte Überprüfung der Wassertiefen in der Karte liegt 50 Jahre zurück. Doch irgendwann haben wir uns bis zu einem großen Pulk von Ankerliegern vorgearbeitet. Da hören wir zu unserer Überraschung im Funk einen Anruf in deutsch: »MANTA – willkommen in George Town.« Und wir sehen mitten unter den vielen Yachten eine ganze deutsche Kolonie. Da werfen auch wir unseren Haken. Zwar hat die Insel mehrere rundum geschützte Naturbekken, doch sie sind ständig überbelegt.

Drei Kilometer weit, auf der anderen Seite der Bucht, liegt George Town. Mitten durch den Ort geht der nördliche Wendekreis. Hier steht die Sonne Mitte Juni senkrecht. Sonst wäre der Ort nicht weiter erwähnenswert. Was ihn offensichtlich attraktiv macht? Einerseits ist hier das von Cays und Inseln geschützte Flachwassergebiet zu Ende. Es gibt von nun an nur noch offene See. Andererseits gibt es hier einen Supermarkt mit einmal wöchentlich frischer Ware. Trinkwasser, Post, Telefon, Wäscherei, Straßentankstelle. Sogar eine Flugpiste, ein Hotel, Restaurants und last not least jeden Freitagabend Treff der Segler mit Barbecue. Dann ist Massenbetrieb. Der schlimme Haken: Wenn Wind aufkommt, wird's ungemütlich auf der Bay. Die Beibootfahrt zurück ist dann ein gefährliches Abenteuer, und Wind ist oft!

Die meisten der Segler sind »Snow-Birds«. Sie gehören zu den segelnden Zugvögeln, die wieder zu Hause sein wollen, wenn hier die Hurrikane drohen. Andere wollen weiter, doch da ist das Neue, das Andere, die Schwellenangst. Wieder andere warten auf *das* ideale Wetter. Und so liegen sie hier über Monate.

Auch wir verbringen hier eine ganze Woche, machen Wartungsarbeiten und Reparaturen, kaufen neuen Proviant. Abends sind wir bei den neuen Seglerfreunden, oder sie sind alle auf der MANTA. Unser mit Rum verfälschter Sangria findet wieder Absatz. Wir lernen über die Karibik von Ilsemarie und Herbert, die schon eine Weltumsegelung hinter sich haben. Auch sie gehen nach Süden, wollen den Sommer in Südamerika verbringen. Gerda und Gregor zeigen uns die schöne Badeküste.

Ruhiges Wetter. Es kribbelt in uns. Wir wollen weiter, gehen Anker auf. Wieder arbeiten wir uns nach Vorschrift hinaus. So ungefähr wissen wir ja nun schon wie es geht. Draußen schwacher Ostwind und ruhige See. Ideales Reisewetter. Nur die Wetterzeichen am Himmel machen uns mißtrauisch. Überall Cirren und Cirrocumuli. Unser Wetterfax produziert anstelle von Wetterkarten eigenartige moderne Kunstwerke, und wir geben's auf. Es gibt ja noch die Wetterfunkstelle der US Coast Guard in Norfolk. Der Sprecher ist eine maschinenhaft gleichmäßige Computerstimme. Da merkt man erst, was Betonung und Satzmodulation in der Sprache bedeuten. Sie ist schwer zu verstehen, und man muß sich erst daran gewöhnen. Leider wird nur von einer Front gesprochen, von Wettererscheinungen vor der Front und hinter der Front. Aber wo ist die Front? Wann kommt sie? Wird sie uns hier, ganz im Süden des Vorhersagegebietes, überhaupt streifen? Noch lange ragt die hohe weiße Säule auf der Insel *Stocking Island* in den Himmel. Vor 200 Jahren zeigte sie an, daß vorbeifahrende Schiffe hier das kostbare und begehrte Salz laden konnten.

Nachmittags finden wir eine idyllische, gegen die vorherrschenden Winde geschützte Ankerbucht im Nordwesten von *Long Island* hinter *Kap Santa Maria*. Es ist nach dem Flaggschiff des Kolumbus benannt, der auf seiner ersten Atlantiküberquerung hier seinen zweiten Ankerplatz gehabt haben soll. Weisse Sandstrände begrenzen die Bucht, dahinter Palmen und darüber der Santa Maria-Leuchtturm. Wir schwimmen ein bißchen und lassen den Wettergott einen guten Mann sein.

Es ist noch nicht Tag, da wissen wir schon, daß wir einen Fehler gemacht haben. Wir fallen mehr aus den Kojen, als daß wir aufstehen. Es wird hell, und der Anblick draußen raubt mir den Atem. Es bläst »junge Hunde«. Die See jagt von Norden auf die Bank, steilt sich auf, ist kurz vor dem Brechen. Hilft nichts. Wir müssen durch. Auf der Bank 3 m hohe kurze, steile, teilweise brechende Grundseen. Mit kleinster Fahrt suchen wir in tiefes Wasser zu kommen. Eine Zitterpartie. Nach 40 Minuten haben wir es geschafft und eine neue Lektion gelernt. Draußen ist die See zwar nicht mehr gefährlich, aber sie ist grob. Kaskaden von Salzwasser decken uns ein. Schleichfahrt.

Vier Stunden später stehen wir dicht südlich der kleinen Insel *Rum Cay* in Windschutz. Nach der Karte verfügt sie über einen nach Norden, der Hauptrichtung des Windes, gut geschützten Ankerplatz. Wir laufen vorsichtig hinter das Riff und finden auch eine »saubere« Ankerstelle. Dann wollen wir an Land, suchen mit dem Beiboot einen Landeplatz. Zweimal rumsen wir auf. Dann sind wir an einem hohen Steg – ohne Leiter. Sicher ist er für das Postboot. Böse schwappt hier das Wasser vor der Brandung hin und her. Ein gewagter Hochsprung vom driftenden Boot, und wir liegen oben auf dem Bauch. Boot an langer Leine festmachen. Weiterklettern, der ganze Steg ist kaputt. Als wir am Ende ankommen, steht da ein strahlendes schwarzes Gesicht. »Willkommen, ich bin hier der Lehrer«.

70 Einwohner hat der Ort. 30 davon sind Schulkinder. Aber auch für die Erwachsenen hat er ein Bildungsprogramm der Regierung – vom Gartenbau bis Schreiben und Rechnen. Auf die Frage, wovon man hier so lebt, zuckt er die Schultern. Nichts Bestimmtes. Es gibt ein paar Ananas, ein paar Hühner, man sammelt Früchte, fängt mal einen Fisch, eine *Conch,* eine der eßbaren Riesenmuscheln. Es gibt auch ein paar Gäste, Taucher, und wo Gäste sind, ist natürlich auch ein *airstrip,* eine Landepiste, und ein Restaurant. Beim Wirt in der Bretterbude liefert er uns ab. Neugierig wollen wir wissen, was man hier so ißt. Von allem ein bißchen, er wird uns ein typisches Menu machen. Bis es fertig ist, gehen wir zum Rollfeld. Es hat die Breite einer Bundesstraße, aber keine Decke. Nur ausgefurche rote Erde, auf der Steine liegen bis zu Kindskopfgröße. Hühner picken da. Ein Hund trabt auf dem bequemen, nicht zugewachsenen Weg. Drei kleine Flugzeuge stehen am Rande, und wir sehen ein Steinhaus, die Unterkunft der Taucher. Dann sind wir zurück und essen. Fisch, Conch und Huhn. Alles schmeckt genau gleich!

Seit es Tag ist, sind wir wieder in Fahrt. Gestern waren wir vor Anker in Rum Cay geblieben. Starkwind. An Bord war der Putzteufel. Wir haben frisch bezogene Betten, das Chrom blinkt. Nachts war der Sternenhimmel wieder zu sehen. Jetzt ist es schwachwindig, und wir machen gute Fahrt nach SSE vor einer langen, 2 m hohen Altdünung aus Nord. Dann ankern wir im Schutz von *Crooked Island* bei *Landrail Point.* Schlechter Ankergrund, zwei Anker abgesetzt. Sie müssen abgetaucht und neu gesetzt werden.

Bei Tageslicht fahren wir los. Wir müssen um die Nordseite der riesigen Insel herum. Sie ist nur ganz dünn besiedelt. Die Einwohner sind hauptsächlich Selbstversorger, aber auch *Cascarilla*-Rinde wird hier gewonnen und mit dem Postboot verfrachtet. Sie dient als Gewürz- und Liköraromastoff, wird aber auch in der Medizin verwendet. Es gibt ein verfallenes britisches Fort, das in der Zeit der Segelschiffe die wichtige Crooked-Island-Passage nach Kuba beherrschen sollte. Bei der Räumung hat man die Kanonen einfach stehen lassen.

Nach langer Bolzerei gegenan machen wir den Versuch, den Naturhafen *Atkins Harbour* im Nord-Osten der Insel anzulaufen. Schwierig. Erst wollen wir abdrehen, aber dann finden wir doch die schmale Rinne, die in die fast rechteckige Bucht führt. Bis hin zu den Sandstränden schimmert sie wie opalisierendes Türkis, das alles überstrahlt. Das Land ist von Buschwerk umstanden. Darüber hohe Palmen. Ein Paradies. Leider nicht für Schipper, denn die Bucht ist nach Norden teilweise offen. Eigentlich ist sie eine Mausefalle. Wenn doch nur unser Wetterfax arbeiten würde, dann wüßten wir, ob wir noch bleiben können. Wieder suchen wir, und da, der Erdungsdraht ist blankgescheuert, liegt an dem ebenfalls blanken stromführenden Schirm des Antennenkabels. Gott sei Dank, der Fax spuckt wieder richtige Wetterkarten aus! Aber da ist schon wieder eine Front im Anmarsch. Anker auf und nichts wie raus! Wir haben unsere Lektion gelernt.

Die Bahamas sind hier zu Ende. Wir steuern die Insel *Providenciales* an, die östlichste der *Turk & Caicos-Gruppe.* Dort soll es eine ganz kleine Marina geben, gut geschützt hinter einer breiten Riffbarriere. Guten Schutz haben wir verdammt nötig, wenn die Faxwetterkarte stimmt.

Kapitel 9
Stippvisite auf den Großen Antillen

Sonnabend, 23. Januar. Stahlblauer Himmel ohne ein Wölkchen. 34°C Mittagstemperatur, sehr gute Sicht. Wie das Handbuch es will, rufen wir in Sicht der Insel den Lotsen. Mehrfach. Keine Antwort. Und was jetzt?? Dann ein Anruf: »Das Schiff, das da den Lotsen ruft! Die sind nicht immer auf Empfang. Die sind schon mal weg, was trinken!«

Und dann sage ich: »Roger, das habe ich verstanden, aber was für eine Station spricht denn da?«

»Ich bin der Frisör!«

Alle haben Seefunkgeräte auf diesen Inseln. Sie sind das billigste und einzig sichere Verständigungsmittel. Nun hat sich also der Frisör unser angenommen. Na ja, warum nicht.

»Was kann man denn da machen?« Ehe ich meine intelligente Frage berichtigen kann, meldet sich die Stimme wieder: »Ich will mal 'rumfragen. Ich werde Joe, das ist der Lotse, schon finden. Wenn du in20 Minuten vor dem Treffpunkt bist, dann rufe wieder!«

Mein nächster Anruf wird sofort beantwortet. Es ist Joe, der Lotse. »Wann bist du am Treffpunkt?« – »Wo ist der?« frage ich. Ich habe meinen Kugelschreiber und Papier gezückt und warte auf die Koordinaten.

Joe: »Siehst du einen hohen Turm?« – »Ja, ich sehe drei. Meinst du den über der Ortschaft?« – »Über der Ortschaft? Hier ist kein Turm!«

So geht es eine Zeit lang weiter. Dann hört man richtig, wie ihm ein Licht aufgeht. »Paß auf, da kommt jetzt eine Fisherman-Yacht, und da fährst du einfach hinterher.«

Aha, hochintelligente Nautik. Und dort, ein ganzes Ende weg, fährt sie. Bis wir sie haben, ist eine halbe Stunde 'rum. Und da liegt auch schon das Lotsenboot. Der lange Schwarze muß Joe sein. Er beäugt uns mißtrauisch.

»Wieviel Tiefgang habt ihr denn? Wir haben nämlich gleich Niedrigwasser. Ach was, warten können wir nicht, es wird schon dämmrig. Wenn du ganz dicht aufbleibst, wird es schon gehen.«

Und dann kommt eine beispiellose Slalomfahrt, mit Drehen auf der Stelle. Joe zeigt immer wieder mit der Hand auf die Hindernisse. Ein Krimi! Bei Einbrechen der Dunkelheit machen wir dann direkt vor dem Hafenrestaurant fest. Uff! Nebenan ist ein kleines Strandhotel mit Tennisplatz und Süßwasserschwimmbecken, der Inhaber ist Österreicher. Das macht den Platz angenehm.

Dann kommt der Nordsturm. Um die Zeit zu vertreiben, mieten wir für zwei Tage ein Auto. Aber die Insel bietet nichts als Busch, und der Hauptort ist eine lose Ansammlung von ein paar Häusern. Eine Landstraße mit wenigen Kilometern Asphalt, sonst unbefestigt. Loch an Loch geht sie quer über die Insel. Ein paar Sandpisten zu kleinen Häusern. Eine Sportbootwerft, die ein kanadischer Geldmann in den Busch gestellt hat. Keine Fachleute. Niemand kann die herumstehenden nagelneuen Werkzeugmaschinen montieren. Die Fahrrinne ist ständig vom Versanden bedroht. Dann gibt es noch eine Muschelfarm, einen kleinen Flugplatz und verstreut wenige Hotels. Kanadier kommen für eine Woche zum Tauchen hierher.

Hinter uns liegt eine ganze Woche mit Nordsturm. Bis nach Florida war Schnee gefallen. Die Wipfel der Palmen hatten waagerecht nach Süden gezeigt. Soviel Elastizität hatten wir ihnen nicht zugetraut. Über das flache Riff, das wir vor zehn Tagen passiert hatten, brandete die See in die zum Versanden neigende flache Hafenmündung. Grund genug für die »Unken«, uns während des Sturmes mit der Prophezeiung zu nerven, daß wir da nicht mehr rauskämen, daß wir die MANTA zum Wohnboot umfunktionieren müßten. Nur der baumlange Joe hat mit strahlendem Optimismus verkündet: »Ach was, ich kenne das Riff wie meine Hosentasche, und ich finde immer eine Rinne für dich.« Allerdings war sein Gesicht täglich ein bißchen länger geworden, und sein fröhlicher Baß war zu Moll changiert. Am 2. Februar, 8 Uhr 10 starten wir die Maschinen. Fahrtziel: Samana, Dominikanische Republik, Fahrstrecke: Ca. 280 sm.

Gerade ist die Sonne aufgegangen, und es ist jetzt Hochwasser. Wir können unser Glück versuchen. Eine halbe Stunde später haben wir die Riffkante passiert. Gott sei Dank. Joe, der baumlange schwarze Lotse wendet sein Boot, formt die Hände zum Trichter. »Gute Fahrt«, ruft er. Jetzt sind wir allein – und einsam. Wir steuern westlich um Nord-Caicos. Ein starker, böiger Wind bläst aus SE, über den ganzen Himmel zieht sich eine zerfledderte Cirrusbewölkung. Nun sind wir draußen, was soll's, es gibt sowieso kein zurück.

Um die Mittagszeit drehen wir um die SW-Huk von Caicos, und schon müssen wir mit der Drehzahl zurück. Eine steile, brechende Windsee macht uns zu schaffen. Es geht jetzt mit SE-Kursen an der über 100 km langen Caicos-Bank entlang. Die Bank ist eine Gefahr, bei dieser Windrichtung ist sie nur schwer auszumachen. Die Strömungen sind unsicher, ein Gemisch aus Gezeiten-, Passat- und windgeneriertem Strom, von den acht Inseln, vierzig Cays und der Bank abgefälscht. Nicht vorhersehbar. Keine Seezeichen. Heute nacht ist auch kein ausreichendes Mondlicht. Bevor es dunkel ist, müssen wir uns auf jeden Fall von der Bank, an deren W-Seite wir jetzt fahren, absetzen. Wenn es aber so weiter weht, wird es ein endloser Weg bis *Hispaniola,* der nächsten Insel. 150 sm sind es zum nächsten erreichbaren Hafen.

Die Turks & Caicos-Gruppe hatte, seit sie 1512 von dem spanischen Konquistador *Ponce de Leon* entdeckt wurde, eine bewegte Geschichte. Spanier, Franzosen, Engländer und Piraten lösten sich als Herren der Insel ab. Dann gehörte sie mal zu den Bahamas, dann wieder zu Jamaika. 1972 erhielt sie einen britischen Gouverneur. Seither ist sie eine in inneren Angelegenheiten selbständige Kronkolonie. Man hatte uns davor gewarnt, die Insel anzulaufen. Sie sei »unsicher«. Tatsächlich war sie relativ kurze Zeit vor unserer Ankunft mit Regierungsduldung ein bedeutender Drogenhandelsplatz, und die Pistole war das Gesetz, aber ein Fallschirmjägerkommando machte dem Spuk ein Ende.

Um 20 Uhr stehen wir 10 sm WSW South-Leuchtturm, und ein stürmischer Wind pfeift aus ESE. Wandernde Wasserberge. Trotz Leerlaufdrehzahl krachen wir mehrfach mit dem Bug ins Wellental hinunter. Unsere Fotoausrüstung mit sämtlichen Objektiven hat eine Flugreise gemacht. Vom Ruderhaus in die achtere Schlafkammer, mit harter Landung. Die ganze teure Ausrüstung ist futsch.

Um 14 Uhr und 16 Uhr 22 hatten wir Satellitenfixe. Unser Schiffsort ist also ausreichend genau, aber wir machen kaum noch Fahrt. Seegang und starker Gegenstrom. Jetzt stehen wir am südlichen Ende der Turk-Passage, die durch die Turk-Inseln hindurch zum nördlichen Ende der Bank führt. In der Passage kann die See nicht so hoch gehen, und wir hätten für lange Zeit weniger Seegang. Aber das Blitzfeuer des Südleuchtturmes ist nicht auszumachen. Daß an den Seezeichen in diesem Winkel der Welt nichts stimmt, sind wir ja schon gewohnt, aber das macht die Passage zum Risiko. Wir müssen sie meiden.

In der Nacht legen wir uns abwechselnd im Ruderhaus auf den Boden und schlafen, so gut es geht. Das ist wichtig. Beim Landfall, wenn es wieder eng wird, dürfen wir nicht übermüdet sein. Es könnte sonst zu den primitivsten Fehlern kommen.

Um Mitternacht liegt die Reede von *Puerto de la Plata,* Dominikanische Republik 65 sm voraus. Der Platz sei in jeder Hinsicht schlecht für Yachten, so wurden wir gewarnt. Er ist der einzige Hafen im Norden der Republik, und er liegt nicht weit von der Grenze zu Haiti entfernt.

Haiti aber, das westliche Drittel Hispaniolas, ist für uns tabu. Die Regierung dieses schon seit 1804 unabhängigen Landes beherrscht nur die Hauptstadt und ein paar größere Flecken. Überall sonst herrscht das Chaos. Zwei Stichworte sagen schon viel: Einparteiensystem, Präsidentschaft auf Lebenszeit. Die auf »Lebenszeit« gewählten Präsidenten lösen einander ab. Das Leben ist eben kurz hier. Eine Gruppe entschlossener Anhänger und ein paar Maschinenpistolen genügen für eine neue »Kandidatur«. Ein Präsident erlangte Weltberühmtheit seiner blutigen Herrschaft wegen. Sein Spitzname »Baby Doc«. Offiziell ist das Land katholisch, doch im Landesinneren herrscht der Voodoo-Kult. Haiti gehört zu den ärmsten Staaten der Welt und hat alle Aussichten, diese Position zu halten.

Unsere Mittagsposition ist 20°03′ N – 70°54′ W. Mit SE-Kurs und kleiner Fahrt boxen wir gegen 2–3 m hohe Wellen an. Der Wind hat nachgelassen, und das läßt hoffen, daß im Laufe des Nachmittags auch der Seegang schwächer wird. Jetzt schleichen wir schon 24 Stunden mit kleiner Fahrt. Unendlich langsam ziehen die hohen Berge Hispaniolas an der Kimm entlang.

Nun haben wir Zeit, Informationen über das Land und den Zielhafen zu lesen. Auch die Dominikanische Republik hat eine wildbewegte Geschichte. Umkämpft von Spaniern und Franzosen. Von Haiti annektiert. Von Dutzenden von Revolutionen geschüttelt. Mit dem wahnwitzigen Diktator Trujillo gesegnet, wird es in den Strudel eines Bürgerkrieges gerissen, bis US-Marineinfanterie, die »Ledernacken«, 1965 als »inter-amerikanische Friedenstruppe« dem bösen Spiel, das strategische Interessen berührte und ständig steigende Menschenopfer forderte, ein Ende setzte. Auch seither hat es wieder Revolutionen gegeben, aber es waren mehr »Palastrevolutionen«. Man hat gelernt, mit einem Auge nach *Uncle Sam* zu schielen, der wie eine mächtige und böse Gottheit gefürchtet und gehaßt wird. Amtssprache ist spanisch. Die Umgangssprache wie überall in der Karibik kreolisch. Ein unverständlicher Mix aus Spanisch, Englisch, Französisch und afrikanischen Sprachen.

Gerühmt wird die abwechslungsreiche tropische Landschaft mit dem höchsten Berg der Karibik, dem 3175 m hohen *Pico Duarte.* Die Hauptstadt Santo Domingo liegt etwa in der Mitte der Südküste. Es gibt zwei Straßen, die sich dort vereinigen. Eine läuft parallel zur Südküste, die andere kommt von Norden, von *Puerto de la Plata.* Sonst gibt es im wesentlichen nur Pisten und Karrenwege. Unser Zielhafen Samana, auf einer langgestreckten Halbinsel im Nordosten, ist bequemer mit dem Esel zu erreichen als mit dem Auto.

Um Mitternacht sind wir 11 sm östlich *Cabo Tres Amantas,* Wind und Seegang haben nachgelassen, aber wir können die Fahrt immer noch nicht erhöhen. Nicht die berühmten acht Glockenschläge, acht Glasen, haben den neuen Tag eingeläutet, nur ein mißtönender Wecker hat im nachtdunklen Ruderhaus geschnarrt. Ein Feuer war in der Nacht zu sehen. Feuer? Nein, es war eine Funzel, von den Kerosinlichtern im Wärterhaus überstrahlt. Der Feuertakt hat nicht gestimmt und erst recht nicht die Lichtstärke. Die übrigen Feuer waren wohl gelöscht, jedenfalls waren sie nicht erkennbar. Hätten wir nicht Satellitennavigator und Radar, so würden wir uns fühlen wie der Fliegende Holländer, irgendwo im Endlosen, mit der Hoffnung auf Erlösung. Heute mittag laufen wir in die Bucht von Samana ein. 60 sm Fahrt liegen noch vor uns.

Die Nacht, angefüllt von Bordroutine, geht in fahlem Lichtschimmer unter. Gegen 6 Uhr beginnt das phantastische Farbenspiel der aufgehenden Tropensonne. Der neue Tag ist geboren, die unwirkliche Nacht, in der nichts zu existieren scheint als das dunkle Ruderhaus mit seinen blaßgrün beleuchteten Navigationsinstrumenten, ist ausgetrieben. Die Außenwelt ist wieder da, das Leben!

Jetzt gibt es alle Hände voll zu tun. Landmarken identifizieren. Peilen. Alles mit der Koppelposition vergleichen. Eingang der Faxwetterkarten überwachen. Sammelanruf der Küstenfunkstelle abhören. Liste der Satelliten für den Vormittag abrufen. Frühstück. Aufklaren und wieder Position bestimmen.

Wasserwände rauschen immer wieder vom inzwischen bedeckten Himmel. Gegen 9 Uhr sind wir vor *Cabo Cabron,* der Ostspitze der Halbinsel, an deren Südseite Samana liegt. Hohe, steile Felsenwände, von Busch und Palmen überragt; immer wieder verschwinden sie hinter Regenschauern und niedrigen, zerrissenen Wolkenfetzen. Nun steuern wir nach Süden, an der Steilwand entlang. Vor uns eine 12 sm lange, stark veränderliche Barre, durch die wir irgendwo hindurch müssen. Ist die Passage versandet? Die in der Karte verzeichnete Betonnung fehlt. Langsam peilen und loten wir uns über die Bank, und da haben wir die Passage erwischt. Wir atmen auf und drehen der Küste entlang nach Ost, auf Samana zu.

Hoch sprüht vor uns der Atem vieler Wale. Gigantische glänzende Leiber stoßen aus dem Wasser. Breite Schwanzflossen peitschen die quirlende See. Sie sind ganz dicht. Wir stoppen, um die Tiere nicht zu rammen. Dann wenden sie und verlieren sich langsam in der Ferne. Weiter, an die Einfahrt der Bucht von Samana. Wieder fehlen die Tonnen. Mit Radar und Lotreihen suchen wir uns im tiefen Wasser zu halten. Dann haben wir es geschafft. Wir werfen Anker und gehen rückwärts an die Zollstelle. Es ist 11 Uhr 05.

Ein Schwarm abenteuerlich gekleideter schwarzer Staatsdiener kommt an Bord. Einer ist darunter mit einem Tarnanzug, ohne Hoheitsabzeichen. An seinem Gürtel baumelt eine große Pistole. Ihm sollen wir 10 US-Dollar geben, so wurde uns geraten. Das soll die Amtshandlungen abkürzen. Alles geht hier ungeheuer langsam. Lesen und Schreiben sind nicht geübt, und es macht Mühe. Sind die Nerven an dieser schwierigen Arbeit zerschlissen, und das geht schnell, dann sieht man, wie sich die weißen Augen in den schwarzen Gesichtern verdrehen, und wie der Vorhang fällt. *Manjana!*

Wir rennen in der kleinen Ortschaft von Stube zu Stube. Nach einer Stunde haben wir wirklich unsere Stempel zusammen. Wir halten ein Papier in Händen, doppelt so groß wie unser Logbuch, mit gewaltigem Stempel. Wir dürfen bleiben.

Auf der Pier steht ein verbeulter Schrotthaufen, der wohl mal eine Zapfsäule war. »Wo bekommen wir Brennstoff?« – »Natürlich hier!«

Obwohl man es nicht glauben mag, das Ding kann noch pumpen. Nur solange Strom da ist, natürlich. Wir sollen uns mit dem Geldumtausch eilen! *Noch* sei Strom da.

Man begleitet Annemarie zum Hafenbüro. Dort sitzt ein dünnes Männlein, und eine schwarze Schönheit steht neben ihm, sucht Läuse auf seinem Kopf. Knack! Knack! Strahlendes Siegerlächeln. Dann kommt das Geschäft als lästige Unterbrechung. Kleine Dollarscheine wandern in seinen Koffer, und riesige Dinger kommen zurück. Schnell zur Tankstelle. Der mit unzähligen Flicken versehene Tankschlauch wandert zum Einfüllstutzen. Ich will sehen, was da wohl rauskommt, und schließe ein langes Stück Plastikschlauch an. Dann fängt der Schrotthaufen an zu brummen, und das verrostete Zählwerk knirscht. Es soll Gallonen zählen. Ob das US-Gallonen sind oder Imperial-Gallonen nach britischem Maß, das weiß hier keiner. Wir werden nachmessen müssen. Doch, oh Wunder, aus dem Schlauch kommt reiner, fast wasserheller Dieselkraftstoff.

Endlich sind wir fertig, haben unsere bunten Wische an den Tankwart gebracht. Da kommt ein kleines Fährboot. Wir sind auf seinem Platz. Leinen los und Anker auf. Der Ankerplatz liegt gegenüber vor der kleinen Palmeninsel. Dort warten schon 20 Segler auf besseres Wetter.

Um 16 Uhr 20 fällt nach 52 Fahrstunden unser Anker auf 15 m Wassertiefe. Jetzt können wir ausschlafen.

Heute sind Wartungsarbeiten und Reparaturen dran. Am Autopiloten hängt mal wieder ein Relais fest. Der Importeur hatte die Original-Hydraulikpumpe durch eine billige Eigenkonstruktion ersetzt. Das bringt immer wieder Schwierigkeiten. So geht der Tag schnell zu Ende.

Morgens siegt die Neugierde. Wir fahren mit dem Beiboot zur Pier, einen Führer suchen. Felipe macht einen ordentlichen Eindruck, spricht auch ein wenig englisch. Wir heuern ihn an für einen Tag. Zwar vermietet das einzige Hotel hier Autos, aber in Anbetracht des Wegezustandes sind Autoausflüge immer mit Übernachtung verbunden, und hier wollen wir die MANTA auf keinen Fall alleine liegen lassen. Die Lage nach den schweren Regenfällen vorgestern ist zudem unsicher. Doch es gibt Motor-Rikschas für Ausflüge im Nahbereich. Schwachbrüstige Motorroller, auf die man einen überdachten Anhänger für drei Fahrgäste aufgesattelt hat. Das sind hierzulande die Taxis. Wir nehmen eines und fahren mit Felipe die einzige befestigte Straße zur Ostküste. Heute ist nach dem schweren Wetter ein heißer Sonnentag. Angenehm fächelt der Wind durch das offene Gefährt. Das bißchen Auspuffgestank nehmen wir in Kauf.

Die Hänge schwellen vom saftigen Grün der Regenwälder. Riesige Tulpen-, Feuer- und Korallenbäume in knalligem Rot. Die Bevölkerung ist ausnahmslos tiefschwarz. Sie lebt verstreut in wackligen Holz- oder Steinhütten, gedeckt mit Palmenblättern oder Wellblech, der Errungenschaft der Zivilisation.

Überall wuseln Kinder herum. Eine Sau, kostbarer Besitz, sie wird an der Leine geführt und folgt wie ein Hund. Der Weg ist zur Hälfte zweckentfremdet. Auf Tüchern und Pappe ausgebreitet liegen Kokosschnitzel, ein paar Kaffee- und Kakaobohnen, wilder Reis und Hirse zum Trocknen. Es gibt keinen intensiven Landbau, alles wird nur gesammelt. Felipe geht mit uns über Waldpfade, da stehen einzelne Kokospalmen, Kakao- und Kaffeesträucher mitten im Wald. Weit können wir leider nicht ohne Stiefel, wegen Klapperschlangen und anderem edlem Getier.

Eine andere Rikscha überholt uns. Eine Weiße, eng an ihren schwarzen Papagallo geschmiegt. Sie zuckt zusammen, macht dann aber weiter. Sexuelle Not in Europa? Der Weg wird steiler. Bergrutsche von den schweren Regenfällen. Wir müssen aussteigen. Felipe und der Führer schleppen unser Vehikel über das Hindernis hinweg. Der Esel ist hier das übliche Beförderungsmittel. Die Eselreiter haben's leichter. Dann rennt Felipe schreiend auf eine Reiterin zu, die Mutter. Er spricht über seine Familie, und da zeigt sich, außer Lärmen haben die Männer nicht viel zu bestellen. Die Mütter, die Großmütter regieren.

Schließlich endet der Weg an der Küste. Dort hat ein Franzose ein kleines, recht modernes Restaurant. Daneben sind kleine Bungalows im Bau. Vor dem Strand hängt ein großes Verbotsschild. Nackte Brüste durchgestrichen. Oben ohne ist hierzulande nicht erlaubt. Das ist aber auch ein Ding. Kaum ist man den europäischen Missionaren gefolgt, hat den Lendenschurz abgelegt und sich trotz herrschender Hitze dicht verhüllt, da kommen die Europäerinnen schon wieder im Lendenschurz. Dabei ist Lendenschurz züchtig gegen manche moderne Badekleidung. Am internationalen Verbotsschild wird noch gebastelt. Schwierig; da ist ja eigentlich nichts, was man durchstreichen könnte.

Unser Wetterschreiber hat eine neue Macke. Obere Hälfte des Bildes moderne Kunst, untere Hälfte eine in sich versetzte Wetterkarte. Nimmt man die Schere und klebt die Hälften richtig zusammen, dann ist gerade der Mittelatlantik lesbar, und da sind wir ja schließlich. Die Entzifferung läßt dann doch zu wünschen übrig. Es sieht aus wie normales Passatwetter, aber nichts Genaues weiß man nicht.

Wie dem auch sei. Es treibt uns weiter. An der Pier ist kein Liegeplatz frei, so muß ich zwei Staatsdiener mit dem Beiboot zum Ausklarieren holen. Den einen mit dem Tarnanzug und der Pistole und den anderen mit dem großen Stempel. 20 Minuten schnüffeln sie überall herum. Dann setzen sie sich erstmal zur Bewirtung und zur Entgegennahme von Geschenken. Neben US-Dollars findet der eine Gefallen an einer Sonnenbrille, und der andere kassiert alle Feuerzeuge und Kugelschreiber, die er findet. Die Zigaretten in der Kiste auf dem Ruderhaustisch reichen ihm nicht. Er verlangt mehr, aber wir haben wirklich keine, wir rauchen nicht. Dann darf ich sie wieder an Land bringen. Fast zwei Stunden hat die Zeremonie gedauert.

10 Uhr 35 gehen wir Anker auf. Zwei Stunden halten es die ausgetauschten Relais des Autopiloten aus. Dann rührt sich nichts mehr. Nur zu zweit, und als Nebenbeschäftigung Ruder gehen, das sind keine schönen Aussichten, aber wir wollen weiter. Rückwärts nimmer, vorwärts immer. Es wird schon gehen. Schließlich sind wir nicht gerade in einem verkehrsreichen Gebiet.

Um Mitternacht beginnt Skippers Wache. Wir haben Kurs auf die SW-Spitze von Puerto Rico und stehen nördlich der Insel Mona, die der Passage zwischen der Dominikanischen Republik und Puerto Rico ihren Namen gegeben hat. Wieder ist die Außenwelt versunken. Das blasse Licht des Radarstrahls tastet im Kreis über den Bildschirm. Nur schwere Schauer sind zu sehen, die den Funkstrahl als leuchtendes Echo zurück auf den Bildschirm werfen. Im 12-Meilen-Bereich zähle ich zehn Schauerfelder. Da tauchen wir schon in eines hinein, sind blind. Sturzbäche fallen vom Himmel. Es rauscht.

Ich muß die Position bestimmen, renne zwischen Steuerkompaß, Ruder und Kartentisch hin und her und komme mir vor wie der berühmte Jongleur Rastelli, nur nicht so gut. Da steht schon der schwarze Schatten von Annemarie. Als richtiger Tolpatsch bin ich über sie weggestolpert. Sie nimmt das Ruder und will sich nicht mehr hinlegen. Da nehme ich mir eben die Taschenlampe und lese über diesen sonderbaren Staat Puerto Rico. In Diercke »Großes Länderlexikon« steht der Staat nur als »US-Außenbesitzung«. Schließlich werde ich in den US-Yacht Guides fündig.

Mit der Insel Puerto Rico enden die Ausläufer der nordamerikanischen Kordilleren, die sich von Nordamerika über die Großen Antillen bis hierher ziehen. Die 1300 m hohen Bergzüge im Südteil der Insel, schwellend vom Grün der tropischen Regenwälder mit ihren grellfarbigen Blütenbäumen. Viele Mahagoni- und Teakbäume, Bambus und als Besonderheit Baumfarne.

Im Norden liegen zwischen Meer und Gebirge breite, regenreiche und fruchtbare Ebenen, in denen Ananas angepflanzt werden. In den kargen, schmalen Ebenen an den Südflanken des Gebirges ist immer noch Zuckerrohranbau zu Hause. Viele bekannte Rum-Destillerien. Auch deutsche.

Die Bevölkerung besteht aus 80% Weißen (meist angedunkelt, von der »Teerquaste«, wie es hier heißt) sowie 20% Negern und Mulatten. Neben der Staatsbürgerschaft von Puerto Rico haben alle US-Pässe. Fast 400 Jahre in spanischem Besitz, wurde die Insel 1898 nach dem spanisch-amerikanischen Krieg im Pariser Frieden an die USA abgetreten. Diese gaben später der Bevölkerung das Bürgerrecht der USA und ab 1952 auch die innere Selbstverwaltung und den Status eines »Freistaates«, was auch immer das sein mag. Die Landesflagge und die US-Flagge werden gleichzeitig gezeigt. Versorgung und Angebot in Güte, Preis und Menge wie in den USA. Die Supermärkte und Restaurantketten tragen die gleichen Namen.

Da ruft mich Annemarie zur Ordnung. An den Kartentisch. Klar und deutlich ist über der Kimm der Blitz des Leuchtfeuers der Insel Mona aufgetaucht. Bisher war von den Feuern allenfalls einmal eine versteckte Funzel zu sehen. Jetzt herrscht wieder Ordnung. Wir kommen zurück in die Zivilisation.

Kurz vor 6 Uhr stehen wir vor *Cap Rojas,* der SW-Huk von Puerto Rico. Hinter den Bergen geht die Sonne auf. Die Mona-Passage liegt hinter uns. Die Betonnung stimmt, die Feuer brennen.

Bis Mittag kämpfen wir uns gegen starken Wind und Strom, durch Hunderte von kleinen Plastikschwimmern, an denen Hummerreusen hängen, zur Bucht von Ponce. Dies ist der Naturhafen der drittgrößten Stadt, die hier an der Südküste liegt. Am Steiger des *Ponce Yacht and Fishing Club* können wir kurz nach 13 Uhr anlegen.

Zehn Tage liegen wir hier. Rennen und rennen. Zu Zoll und Einwanderungsbehörde. Flotte Uniformen, blütenweiße Hemden, die wohl alle paar Stunden gewechselt werden. Typisch USA. Wenn unter den Bediensteten tatsächlich ein Puertorikaner sein sollte, dann hat er sich perfekt angepaßt.

Nach langem Suchen haben wir einen Elektroniker gefunden. Der baut den Wetterschreiber aus, gibt schnell auf, schmeißt die Brocken hin. Telefonat nach Hause. Oh Wunder, wir bekommen eine Adresse. Per Taxe geht's gleich mit dem Unglücksding zur nächsten Autovermietung, und dann suchen wir drei Stunden entfernt nach der Firma. Vergeblich, die gibt's nicht mehr! Der Yacht Club in San Juan kennt einen Service-Techniker. Also dahin. Der macht die Deckel ab, wirft einen fachmännischen Blick hinein und trompetet: »Wenn wir das nicht könnten, müßten wir unseren Beruf aufgeben.« Na denn! Gegen hohe Anzahlung gibt er das Versprechen »Fertig in acht Tagen«.

Am Boot sind Varnish und Lackierungsarbeiten fällig, Decksplanken sind abzudichten. Viel Arbeit. Dazwischen eine Autofahrt zur Ostküste. Dabei finden wir eine neue, noch nicht verzeichnete Marina, mitten in einem wunderschönen Park. Dort entsteht eine großzügige amerikanische Wohnanlage, vollständig von Mauern umgeben. Kürzester Weg vom Hafen zur Wache 15 Autominuten. Da und dort an Aussichtspunkten Ansammlungen von Häusern. Am Meer zwei Hotels, mehrere Restaurants. Alles sehr gepflegt.

Wir verlegen in die geschützte Bucht von Salinas, versteckt zwischen Mangroven, umgeben von vielen Fischlokalen. Ein beliebtes Ausflugsziel am Wochenende, und das ist gerade. So hören wir, in der Mitte zwischen drei Kapellen liegend, bis frühmorgens eine Kakophonie, die uns den Schlaf raubt.

Also weiter zur Ostküste in die neue Marina »Palmas del Mar«. Da liegen auch einige deutsche Segler. Trotz aller Vorsicht hat sich die Leine eines Hummerkorbes in unserer Steuerbordschraube verhakt. Also tauchen und abschneiden. Großputz, große Wäsche im Marina-*Laundromat.*

Besuch hat sich angesagt, Sohn Dieter mit Frau Christine. Alles soll glänzen. Endlich, Freitag, 29. Februar, sind sie da. Hier beginnt das »amerikanische Mittelmeer«, und so haben sich gleich noch mehr Urlauber angesagt. Günter und Christiane. Danach Peter. Da haben auch wir uns »Urlaub verordnet«.

Ausflüge in die Berge. Dieter und Christine sind begeistert. Sie kommen aus nasser Kälte, von kahlen Bäumen, die gegen den trüben, regnerischen Himmel stehen, direkt in den Sommer, in schwellendes Grün und leuchtende Blüte. Hier gibt es, Ausnahme in der Karibik, befestigte Straßen, die über das Gebirge führen, mitten in den Urwald. Hier raschelt tausendfaches Leben. Bunte Vögel flattern, es krächzt markerschütternd, durchdringendes Quakkonzert auf den Bäumen; überall Baumfrösche, das Wahrzeichen der Insel. Sie sind nicht viel größer als ein Daumennagel, aber im Quaken könnten sie die Konkurrenz mit unseren heimischen Fröschen und Kröten aufnehmen, kurz und durchdringend. Die Natur versucht, die wenig befahrene Straße zu überwuchern. Der undurchdringliche, undurchschaubare Urwald hat seine Vorposten so weit in die Asphaltpisten hineingeschoben, daß nur noch eine Fahrspur bleibt. Fast versperren die armdicken Bambusrohre den Weg. Dann wieder Baumriesen am Straßenrand. Das Unterholz bildet eine undurchdringliche Mauer aus breiten fleischigen Blättern und Stengeln. Es geht höher hinauf. Die schwüle Hitze läßt nach. Der Wald wird niedriger, das Unterholz etwas dünner, aber es ist immer noch so dicht, daß man nicht hindurchsehen kann. Jetzt stehen Farne an der Straße, deutliches Zeichen einer anderen Klimazone. Die Flora ändert sich, aber auch hier fremdartige Gewächse. Es geht weiter den Kamm des Gebirges entlang, immer höher. Jetzt tritt der Urwald zurück, meterhohe Baumfarne wachsen an der Straße. Auf beiden Seiten sieht man die Täler und das Meer. Eine atemberaubend schöne Strecke.

Auf der Südseite geht es wieder hinunter. Steile Täler, urige Dörfer, wie sie vor 50 oder 100 Jahren in Spanien gestanden haben mögen. Esel als Zug- und Reittiere. Die zerknitterten Gesichter der kleinwüchsigen Menschen unter den breitkrempigen Sombreros sind tiefbraun von der Sonne, von der »Teerquaste«. Weinschänken an der Straße, altspanische Bodegas. Die

Frauen tragen lange schwarze, blusige Röcke und hinten an den breitkrempigen Strohhüten bauschige weiße Schals. Nur die Jugend zeigt etwas Farbe.

Das reichliche Essen schwimmt in Öl. Dazu gibt es Süßkartoffeln und gebratene *Plantanas,* eine nichtsüße, mehlige, kurze, dicke Bananenart. Das Gespräch ist schwierig. Man spricht nur einen altertümlichen spanischen Dialekt.

Es ist Wahlkampfzeit. Autokolonnen mit Lautsprechern und einpeitschenden Parolen. Sonst beschränkt sich die Werbung auf die plakative Darstellung des Parteisymbols. Ein stilisierter, die Machete schwingender Landarbeiter. Knallrot auf weiß. Personen spielen kaum eine Rolle. Alle Macht dem Volke! Der Einfluß der Vereinigten Staaten ist hier Null. Die Altstadt von San Juan liegt auf einer Halbinsel vor dem großen, gut geschützten Naturhafen der Nordküste. Mehr als 250 Jahre waren Stadt und Hafen das Handelszentrum Spaniens in der Neuen Welt. 250 Jahre wurde an den trutzigen Mauern mit den Festungen *El Morro* und *San Christobal* gebaut. Noch nie habe ich eine so mächtige alte Festung gesehen wie das die Hafeneinfahrt schützende San Christobal. Viele Reihen von Kasematten, vollgestopft mit Geschützen, ziehen sich einen ganzen Berghang hinunter bis ans Meer. Tief in den Felsen gehauene Pulvermagazine dahinter. Drohend, uneinnehmbar zu jener Zeit. Nur mit List und im Schutze der Nacht wurde den hochgerüsteten Spaniern gelegentlich Schaden zugefügt. Heute ist die Festung ein Museum, in dem Ausrüstung, Bewaffnung und Uniformen der spanischen Kolonialheere vom späten Mittelalter bis in die Neuzeit gezeigt werden.

Die reiche Altstadt könnte überall an Spaniens Küsten stehen, wären da nicht die schimmernd blauen, rechteckigen Basaltziegel, mit denen die Straßen gepflastert sind. Ballast der spanischen Galeonen. Gruß aus dem Mutterland.

Leider ist der alte Hafen schon lange modernen Betonpiers gewichen, an denen viele Kreuzfahrtschiffe liegen. Die Passagiere schieben sich durch wenige Straßen, die voll kleiner Geschäfte sind. Hier wird geramscht, die in Ostasien gefertigten »Andenken« finden reißenden Absatz. Das Zentrum der Stadt ist spanisch, die Außenbezirke typisches Nordamerika, Hochhäuser, bekannte Supermarkt- und Restaurantketten. San Juan, in dessen Einzugsbereich inzwischen fast eine Million Einwohner leben, ist eine aus allen Nähten platzende Industriestadt. Schon ist ein Ansiedlungsstop verfügt. Das von den USA angestrebte Entwicklungstempo ist hier nicht durchzuhalten. Gottes Mühlen mahlen langsam, und die altspanische Verwaltung ist Gott am nächsten. In jeder Hinsicht.

Kapitel 10

Inselhoppen in der Karibik

Eine gute Woche haben wir die schöne und interessante Insel Puerto Rico unsicher gemacht, sind überall herumgefahren, haben überall herumgeschnüffelt. Nun gehen wir auf Reisen. Wir fühlen uns wie Fahrgäste auf einem Musikdampfer. »Stewards« und »Zimmermädchen« haben wir großzügig den verdienten Urlaub gewährt. Der Koch hat Ausgang. Man braucht ihn wirklich nicht. In den Jungfern-Inseln, den *Virgins,* gibt es Lokale jeder Art wie Sand am Meer. Eine ganze Reihe, und ausgerechnet die teuersten, sind von den Tausenden von Yachties, die hier herumschippern, ständig ausgebucht. Man muß sich über Funk anmelden. Wir wollen herausfinden, wie das geht, und hören zu:

»Können wir für heute abend einen Tisch bestellen?« – »Nein, heute leider ausgebucht!« – »Ist morgen etwas frei?« – »Tragen Sie Dinner-Jackets?« – »Klar, Dinner-Jackets!« – »O.K. Dann morgen abend 8 Uhr!«

Heiliger Strohsack, was ist denn hier los? Wir finden es bald heraus, aber nun der Reihe nach. Fünf Stunden laufen wir von der Marina Palmas del Mar bei ruhiger See, im Schutze einer Riff-Kette. Dann durch die Vieques-Passage hindurch zur Insel *Culebra,* der letzten Insel Puerto Ricos. Sie hat eine weite, durch Korallenriffe vollständig geschützte Bucht. Ein gut bezeichnetes Fahrrevier für sich. Die See ist durchsichtig wie in den Bahamas, und wie dort kann man schwimmen und die vielfältige Meeresfauna und -flora beobachten.

Vier Stunden weiter St. Thomas. Hier liegt die Hauptstadt der steuerfreien *US Virgin Islands,* Charlotte Amalie. Bis 1917 war sie dänisch. Das hat sie geprägt. Eine kleine, aber vor Leben berstende Stadt, wunderschön am Hang gelegen. Die Bucht, an der sie liegt, ist vollgestopft mit Ankerliegern. Yachten aller Art und Größe. Dahinter meist ein, zwei Kreuzfahrtschiffe, die an den langen Kais keinen Platz mehr gefunden haben. Weiter innen die Kreuzfahrt- Piers und wieder unzählige Yachten vor Anker. Am Ende ein großes Hotel und eine ständig überbelegte Marina. Reihen von Charteryachten warten auf Crews. In zweiter Reihe die Service-Betriebe, Motore, Elektronik, Schiffbau – alles da.

Der US-Gouverneur der Insel ist schwarz, aber gut 80% des Personals sind weiß. Es besteht direkte Flugverbindung mit San Juan und Miami. In der Enge rasen startende und wassernde Flugzeuge, die Inselhopper, gefährlich dicht über die Köpfe der äußersten Ankerlieger. Es ist schon erstaunlich, wie die Piloten einen Weg durch dieses Durcheinander finden.

Die dem Passat zugewandte luftige Nordseite der Insel ist mit herrschaftlichen Villen zugebaut. Von ganz oben sieht man die ausgedehnte Gruppe der Jungfern-Inseln in der blauen See liegen.

Um St. Thomas herum und im Schutze der Nachbarinseln gibt es jede Menge Ankerplätze, die vor dem vom Passatwind aufgeworfenen Seegang gut geschützt sind. Dieses von der freien See abgeschirmte Revier geht bis weit hinaus zur Insel *Virgin Gorda.*

Doch schon die nächste Insel, St. John, ist britisch und schwarz. Daß es hier britisch ist, erkennt man sofort an dem hoheitlichen Gehabe der schwarzen Beamten. Den lockeren US-Stil treibt gleich ein Schild aus:

»Es ist unzulässig, die Amtsräume in unpassender Kleidung zu betreten.«

Ein schwarzer Zerberus vor der Türe entscheidet, ob die Yachties zulässig gekleidet sind. Nicht alle finden Gnade vor seinen Augen. Ein Aufenthaltskopfgeld wird auch noch kassiert. Nun sind wir in der Gegend, in der Yachties Dinner-Jackets brauchen. Mein Gott, was so ein Chartergast in seinen Koffern doch alles mitschleppen muß.

Aber die Praxis sieht dann doch meist anders aus. In urigen Strandlokalen wird im Freien gegrillt. Ein Restaurant ist vollgestopft mit nautischen Accessoires. Mittelgroße Haie schwimmen hinter einem Netz zur Aufheiterung der Schwimmer. Hier gibt es auch Haifischsteaks. Nicht Hai frißt Mensch, nein, umgekehrt. Er soll sehr fein schmecken, nur das seltsame Gefühl...

In einer einfachen, von einer schwarzen Familie betriebenen Kneipe gibt es Hummer satt zum Niedrigpreis. Dann wieder fein gedeckte Tische und Steak in schwarzer Pfeffersauce. Rum und Rumdrinks beherrschen das Getränkeangebot. Bei *Pussers Landing* sind sie numeriert, von eins bis fünf, je nach Stärke. Aber das muß man erst einmal herausfinden. Bei Nummer drei waren schon die Knie weich. Nein, den »Koch« entbehren wir überhaupt nicht, und das »Zimmermädchen« hätte auch nur gestört.

Warum die spanischen Entdecker bei der Namensverteilung immer Heilige oder biblische Motive im Sinne hatten? Eine Insel aus wild übereinander liegenden Felsblöcken hatten sie sogar »Gefallenes Jerusalem« getauft. Immerhin, die gottesfürchtigen Namen haben sich gehalten, viel jüngere, weltliche, werden ständig umgetauft.

Aber das alles tut der wunderschönen Meeresfauna und -flora in dem klaren Wasser keinen Abbruch. Pelikane stürzen sich mit aufgesperrtem Kehlsack ins Wasser, daß es klatscht. Sie werden immer satt. Es wimmelt von Fischen.

Wir fahren hin und her, ankern hier und dort. Und dann packt uns doch die Reisewut. Um ½ 2 Uhr morgens, zur Zeit der schwächsten Winde, gehen wir Anker auf. Als die Sonne hoch steht, bolzen wir dann gegen Passatwind und See. 12 Stunden brauchen wir nach Sankt Martin. Wir ankern in der *Groote Baai,* und hier heißt die Insel gut holländisch *Sint Maarten.* Sie ist ein staatsrechtliches Kuriosum: Die von den kriegerischen Kariben bewohnte Insel wurde von Kolumbus entdeckt und auf den Namen des Heiligen Martin getauft, aber zunächst kaum beachtet. Erst im 17. Jahrhundert begannen Franzosen und auch Holländer unter Führung Peter Stuyvesants dort zu siedeln. Dann wechselte sie mehrfach den Besitzer. Doch schon 1816 siegt, worum man in Europa heute noch ringt: die Vernunft, ohne Grenzen miteinander zu leben. Seither ist der Nordteil französisch, der Südteil holländisch, und es gibt dazwischen keine Grenze. In Philippsburg, dem Städtchen am Ende der Groote Baai, stehen wir vor der Polizeizentrale. Quer über den Bau ist aufgemalt: *Korps Politie Nederlandse Antillen.* Die Beamten tragen holländische Polizeiuniformen, ihre Gesichter sind kohlrabenschwarz.

Wir verlegen in den Nordteil. Hier erfahren wir zu unserer Überraschung von den weißen Polizeibeamten: »Hier können Sie bleiben, solange es Ihnen gefällt. Dies ist das französische *Departement D'Outre Mer,* und es gehört zur Europäischen Wirtschaftsgemeinschaft!«

Ei der Daus! Die Hotellerie und die Restaurants, alles weiß und französisch. Aber die Preise! Die Yachties erzählen, hier hätten sich französische Francs, die sonst nicht konvertierbar waren, kistenweise in Dollars verwandelt, und zwar durch bequemen Taxitransport in den holländischen Teil der Insel. So bestimmt hier, in dem landschaftlich auch noch schöneren Nordteil, der Säckel französischer Geldleute den Preis.

Drei Stunden weiter liegt das französische Inselchen *St. Bartholomé.* Die Einwohner leben vom Schmuggel zwischen den karibischen Inseln. Auch heute noch. Der französische Zöllner sieht aus seinem Häuschen nur die freie See. Und das nur wochentags und zu den Dienststunden. Was dahinter im Hafen vorgeht, bleibt offensichtlich unentdeckt. Jedenfalls kann man hier auch das billig kaufen, was anderswo verboten ist.

Dann geht es trotz Protest der Urlaubsgäste langsam zurück. Wir brauchen noch Seekarten, und wir müssen auch unseren Wetterfax abholen. Außerdem hat sich neuer Besuch in San Juan angesagt.

Abschiedsparty für Dieter und Christine am 25. März, drei Tage später Willkommensparty für Günter und Christiane.

Günter und die MANTA haben ein eigenartiges Verhältnis zueinander. Kaum ist Günter im Anmarsch, wird sie krank, wie eine alte Jungfer, wenn der Freier naht. Diesmal war es eine Lichtmaschine, die ihren Geist aufgab.

Wir liegen in der Marina der winzigen Insel *Isleta* an der Ost-Küste Puerto Ricos. Gegenüber in der kleinen Ortschaft Fajardo, nur mit der Fähre erreichbar, gibt es einen Motorenschlosser. Einmannbetrieb, Universalgenie. Ersatzteile sind natürlich nirgendwo aufzutreiben. Gerade noch konnte Dieter hinter Günter zum Flughafen Frankfurt jagen und ihm den schweren Brocken in die Hand geben. Jetzt warten wir auf den Mechaniker. Nach langem Bitten kommt das Genie, baut mühsam die alte Lichtmaschine aus und die neue ein. Dann stellt er fest, daß die Sache nicht paßt. Da läuft Günter zu großer Form auf. Taucht ab. Wirft mit Schrauben und Werkzeugen um sich. Taucht auf. Bastelt aus beiden Lichtmaschinen etwas Neues. Taucht wieder ab. Paßt!

Mit einem Mietwagen fahren wir nach San Juan. Pleite mit dem Wetterschreiber. Der Werkstattbesitzer ist in Urlaub. Den Fax hat er einer anderen Firma zur Reparatur gegeben. Dort warten wir Stunden vor der geschlossenen Werkstatt. Dann händigt uns ein Monteur, der zufällig vorbeikommt, den teilweise zerlegten, aber unreparierten Fax aus. Gott sei Dank. Den hätten wir wenigstens wieder, wenn auch die Anzahlung futsch ist. Hier gehen die Uhren wirklich anders. Den Beruf aufgegeben, wie bei Ablieferung versprochen, hat natürlich keiner. Die Lötfunktionäre löten langsam weiter.

Die bestellten Seekarten sind immer noch nicht da. Hier gibt es nur die staatliche Post, und sie arbeitet so schnell und präzise wie alles hierzulande.

Dann laufen wir nach St. Thomas. Kaum liegen wir auf der Reede von Charlotte Amalie, läßt sich das Stromaggregat nicht mehr starten. Seewasser im Brennraum. In dem stählernen Sammler, dem Schalldämpfer, hat sich die Kunstharzinnenhaut gelöst, läßt das Kühlwasser nicht mehr durch. Günter erbettelt einen Marinaplatz, treibt einen Mechaniker auf. Der schickt einen müden Schrauber, der gleich mal die Einspritzleitung abknickt. Wieder taucht Günter ab. Wirft Teile und Schrauben hinter sich. Treibt einen neuen Sammler auf. Baut alles um, damit es auch paßt. Setzt alles wieder zusammen. Nach zwei Tagen ruck-zuck in den Tropen läuft der Generator wieder. Täglich haben wir fünf Liter ausgeschwitzt und nachgetankt.

Inzwischen ist Annemarie nach San Juan zurückgeflogen. Die Seekarten, Wochen unterwegs, sind endlich da. Die Seekartenverkaufsstelle in Greenwich, NY ist fassungslos über die Verzögerung. Bei ihnen liegen alle Karten von der Elbe bis Tokio bereit, werden sofort bei Bestellung zur Post gegeben, und nun das!

Weiter durch die *Virgins.* Wir treffen viele deutsche Segler, die auf die rechte Zeit für den Heimweg warten. Wir freuen uns auf Besuch und Gegenbesuch. Aber MANTA hat sich was Neues ausgedacht. Die Stößelstangen am Motor des Generators sind vom Wasserschlag verbogen, und kein Versuch, sie von Hand zu richten, führt zu befriedigenden Erfolgen. Die Kipphebellager werden langsam zu Metallstaub. Wir sind genervt. Da kommt uns in Tortola *Pussers Landing* gerade recht. Die wunderschöne Küstenbar, an der man über einem Becken mit quicklebendigen Piranhas seinen »Pussers Sorgenbecher« trinkt. Wir haben auch einen nötig. Günter fängt mit Nummer 5 an und bleibt dabei. Erst am nächsten Morgen wird ihm schmerzhaft klar, was er da getrunken hat.

Dann liegen wir in *Groote Baai* (Sint Maarten), einen guten Kilometer von der Ortschaft Philippsburg entfernt, und wollen an Land. Da kommt wieder was Neues. Der Außenbordmotor will nicht mehr. Günter wuchtet den schweren Motor ins Beiboot und rudert die weite Strecke an Land. Wir verlegen inzwischen an die Marina. Ich bin nicht ganz sicher, ob die Handbreit Wasser unterm Kiel auch immer da war. Dafür schiebt die Dünung. Hin und her und wieder hin, abwechselnd mal sanft oder mit Gewalt. Schließlich taucht Günter wieder auf. Der Motor läuft auch wieder. Die Zündanlage war futsch. Da trompetet Günter: »Jetzt hat sie sich wieder an mich gewöhnt!« Und wirklich, außer dem Dauerverschleiß der Kipphebellager keine weiteren Probleme.

Nun haben wir Zeit für Ausflüge. Der niederländische Südteil der Insel ist flach und von Salzseen und Nehrungen geprägt. Der Nordteil von einem zentralen Höhenzug mit Trockenwäldern durchzogen. Im Westen ist die Simpson-Bai. Von einer Nehrung umschlossen, reicht sie fast über die Hälfte der Südküste. Im Westteil liegt das elegante französische Touristenzentrum. In der nach allen Seiten geschützten Bai unzählige Ankerlieger. Der Scheitel der Bai im Nordosten reicht bis zu der französischen »Hauptstadt« *Marigot.* Dort ist ein eleganter Yachthafen mit einer großen Charterflotte, umgeben von hübschen Restaurants und Läden. Auf der Seeseite der Stadt, die gegen den vorherrschenden Nordostpassat geschützte Marigot-Bucht. Auch hier unzählige Ankerlieger.

Bei den schwarzen *Mamis,* die ihre Bretterbuden über dem Nordweststrand haben, nagen wir an Hühnerbeinchen kreolische Art, auf schmutzigen Rosten gegrillt. Am Yachthafen dinieren wir unter einem Schleppdach, zwischen dem Konzertflügel und der eleganten Bar. Der Durchschnittspreis ist gerade noch bezahlbar.

An der Ostküste finden wir in einem von sattem Grün eingefaßten großen Teich eine wunderschöne Marina mit einem hübschen Restaurant. Daneben Gästehäuser und ein gepflegtes kleines Hotel. In unserem Yachtführer gibt es eine Beschreibung und eine Skizze der Einfahrt mit den Seezeichen. Da müssen wir hin. Wir überlegen nicht lange. Anker auf und um die Insel herum. Da packt uns der Passat, der mit seinen frischen bis starken Winden die See gegen die steile Felsküste wirft. Wir haben Kurs auf die Einfahrt, und erst mittendrin merken wir, daß die ständig nagenden Wellen die Seezeichen geschluckt haben. Zum Umdrehen ist es zu spät. So schleichen wir mit einem üblen Geschmack im Mund zwischen den Riffs hindurch, über die die See hinwegbrandet.

beide Abbildungen: Das Traumziel ist erreicht.

beide Abbildungen:
New York,
New York . . . !

oben: Es zieht uns in den Süden. Das Kapitol in Washington: Zentrale der Weltmacht USA.
unten: Colonial Williamsburg.

Wo Geschichte
lebendig bleibt:
die Hafenstadt
Charleston.

Georgetown,
South Carolina;
im einst reichen
Süden pflegt man seine
Besonderheiten.

oben: Nicht weit vor Floridas »Fernando Beach« – die Landschaft wird eintönig. Wir sehen nur Flüsse und Creeks, einige Boote, kaum ein Haus . . .
unten: Dann ändert sich das Bild: Wir passieren zwei breite Atlantikzufahrten – reger Verkehr, besonders Krabbenfischer.

»Dino-Park« auf den Exuma Islands. Passagen aus Michael Crichtons Gen-Thriller scheinen hier Wirklichkeit zu sein.

Eine Fax-Wetterkarte war unsere Rettung. Aus Erfahrung klug geworden, suchten wir schleunigst Schutz; nahe der Insel Providenciales, Turks & Caicos-Gruppe.

oben: Virgin-Islands: Hunderte kleiner, grüner Inseln in einem ruhigen, von Korallenriffen geschützten Meer . . .
unten: . . . Allen gemeinsam: Strände, Lagunen, blühende Landschaften und Gärten, die zum Schönsten gehören, was die Karibik zu bieten hat.

Es klappt, und wir machen in der Marina fest. Haben einen guten Platz. Hier, in Lee des Passatwindes, ist es schwül. Wassertemperatur bei Tage um 35°C an der Oberfläche. Schlafen ist nur mit Ventilatoren möglich. Morgens beim Rasieren schon Schweißausbrüche. Auf der Suche nach Abkühlung landen wir am Badestrand des Hotels. Aber auch dort bringt nur der Wind Abkühlung, solange er die Wasserperlen auf der Haut trocknet. Anschließend hat man einen juckenden Salzüberzug. Am angenehmsten ist es im klimatisierten Auto oder wenn man einen schattigen, »insektenfreien« Platz im Passatwind erwischt.

In einem klimatisierten holländischen Supermarkt versorgen wir uns. Ich will nicht mehr hinaus in die Hitze. Nur Annemaries massive Drohungen bringen mich wieder auf die Beine.

25. April Abschiedsparty für Günter und Christiane. Zwei Tage später Candlelight-Dinner zum Empfang von Peter, dem nächsten Gast. Languste karibisch. Peter ist ein Gourmet mit einem siebten Sinn für gute Restaurants und gutes Essen. Seine Frau baut zu Hause um, da ist er geflüchtet. Jetzt wird die Insel im wahrsten Sinne abgeschleckt und abgeleckt. Wir steigen nicht mehr auf unsere wackelige Waage.

Wenn wir wieder allein sein werden, müssen wir mindestens drei Wochen Tee trinken und hungern, sonst platzen wir aus allen Nähten.

Wir wollen weiter. Im Nordwesten gibt es noch die langgestreckte Insel *Anguilla.* Unser amerikanischer Yachtführer warnt vor hohen Gebühren, einer unfreundlichen, endlosen Einklarierungszeremonie, und das vor Anker auf offener Reede. Das hat den gewünschten Erfolg, Fremde abzuschrecken. Schon in Florida sagte der Coast Guard-Offizier, den wir befragten: »Der Staatschef ist ein roter Patriot in schwarzer Haut. Er will seine Untertanen vor der Krankheit kapitalistischer Unkultur schützen.« Ob er den Lendenschurz wieder einführt? Man spricht von einer bevorstehenden Wahl, die er möglicherweise nicht überdauert. Aber ob es eine Wahl geben wird, und wie karibische Analphabeten auf den erzieherischen Inselsozialismus reagieren, weiß niemand. Offenbar wünscht man keine Gäste. Dies ist kein lohnendes Ziel für uns.

Also laufen wir stattdessen eine Stunde weiter nach *St. Bartholomé.* Der Hafen ist überfüllt, und wir ankern auf der ebenfalls dicht belegten, ruppigen Reede. Mit dem Beiboot fahren wir an Land. Peter peilt sofort ein nettes Restaurant an, das bei unserem letzten Besuch unentdeckt blieb. Doch bald zeigt sich, daß die Insel außer den wirklich lustigen Schmugglergeschichten nicht viel zu bieten hat. Also weiter.

Morgens gehen wir Anker auf und laufen auf die fünf Stunden südlich gelegene Insel *St. Christopher-Nevis* zu. Sie wird auch *St. Kitts* genannt. Weit an Steuerbord ragt ein gewaltiger Felsklotz aus dem Meer. Die fast unzugängliche niederländische Insel *Saba.* Voraus stehen die beiden von tiefgrünem Regenwald bedeckten Vulkane der ebenfalls niederländischen, 2000-Seelen-Insel *Sint Eustasius.*

Der Beiname niederländisch oder britisch als Zusatz, mit dem eine Reihe von Inseln bezeichnet werden, sagt eigentlich nur etwas über die koloniale Vergangenheit aus, über das Währungs- und Maßsystem, das Gehabe der Staatsdiener, auch, auf welcher Straßenseite man chauffiert, und vor allem über den »Zahlmeister«, von welchem Land die finanziellen Hilfen kommen.

Gemeinsame Währung der »britischen« Inseln ist der Eastern-Carribean Dollar, kurz EC-Dollar genannt. Auf ihm prangt das Konterfei der britischen Königin. Das System der Maße und Gewichte ist dort angelsächsisch. Es unterscheidet sich trotz meist gleicher Bezeichnungen vom US-System. Eine britische Gallone zum Beispiel ist mehr als eine US-Gallone, und so weiter. Doch nichts gilt hier immer und überall. Es gibt alle Spielarten, denn die Inseln sind eigenständige Staaten. Sie sind durch unterschiedliche Verträge miteinander und mit den »Schutzmächten« verbunden. Die Verträge werden mehr oder weniger eingehalten, oder auch gar nicht. Alles ist undurchschaubar. Andere Inseln haben sich wiederum losgesagt, sie versuchen eine eigene Existenz. Meist haben sie Entwicklungshilfe-Spender ohne koloniale Vergangenheit angezapft. Zum Beispiel Kanada und die Bundesrepublik. Die haben ein besonders sensibles »Gewissen«, weniger »Abnehmer« und weniger Erfahrung. Da kommt man leichter ans Geld.

Zurück aufs Wasser. Wir laufen zwischen Sint Eustasius und St. Christopher hindurch, um die an der Südküste gelegene Hauptstadt *Basseterre* zu erreichen. Über uns ragt jetzt das mächtige Vulkangebirge von St. Christopher auf, von Passatwolken verhangen. Die beiden hohen Gipfel bringen sie zum Abregnen, wir verschwinden in schüttenden Regenschauern.

Wenn die Wolken die Berge freigeben, sieht man Grasland um die Gipfel. Darunter montanen Nebelwald, und dann kommt ein breiter Streifen tropischen Regenwaldes. Unten ziehen sich Zuckerrohrfelder bis zu den Mangroven und Dornenhecken der Küste hin. Basseterre hat eine unruhige Reede. Für die Fähre und das 30 m lange Kanonenboot, das die Staatsmacht repräsentiert, je eine Pier. Wir sind hier das einzige Boot und werden aufmerksm beobachtet.

Schwieriges Ankermanöver. Erst nach mehreren Versuchen hat der Anker an der richtigen Stelle gegriffen. Doch dann kommt vom Kanonenboot unversehens Hilfe. Der Kapitän fährt uns mit seinem Privatwagen in die Stadt. Er hat gut registriert, daß wir die nur schwer zu beschaffende Gastflagge der Insel gesetzt haben. Als »Höflichkeit gegen Höflichkeit« will er seinen Transport verstanden haben. Das hält ihn natürlich nicht davon ab, mehr Dollars zu kassieren, als er sonst an einem ganzen Tag verdient. Macht nichts. Schlecht gefahren ist besser als gut gelaufen, der Weg ist weit. Der ergebnislose Besuch auf der Polizeistation nimmt viel Zeit in Anspruch. Der Polizist, der das Einklarieren besorgt, ist nicht da, kommt heute auch nicht mehr. Es ist Sonntag. Derjenige, der vor mit sitzt, hat zwar zwei Winkel auf seiner blauen Uniform, doch lesen und schreiben kann er kaum. Er versucht den Namen im Paß abzumalen, fängt schon an, die Augen zu rollen. Da kommt mir die rettende Idee: » Dieser fremdartige Name im Paß läßt sich nur schwer aussprechen und schreiben. Wenn du mir den Zettel gibst, schreibe ich ihn für dich auf.« Überall Erleichterung. Zoll ist auch nicht da, wir sollen morgen wiederkommen.

Beim nächsten Anlauf nimmt die Einklarierungszeremonie eine Stunde in Anspruch. Dann können wir einen Führerschein für Peter kaufen und dürfen uns mit dem Mietwagen frei bewegen.

Peter schnuppert die Insel entlang. Durch die Zuckerrohrfelder und den Erntebetrieb mit seinen Schmalspurbahnen, an stinkenden Zucker- und Rumfabriken vorbei und wird fündig.

Rawlings Plantage, ein altes Herrenhaus mit Mühle und Sudkesseln, zu einem gemütlichen Restaurant und Gästehaus umgestaltet, in einem gepflegten Park mit den Pflanzen und der berauschenden Blütenpracht der Tropen gelegen. Von der Terasse, auf der leise der Passatwind fächelt, sieht man weit über Land und Meer. Vor Peters laufender Tonbildkamera mixt ein Negermädchen unbefangen unsere Drinks, erklärt dabei, was sie zusammenmixt, und wie es heißt. Umwerfend! Dann wird extra für uns ein Büffet aus karibischen Spezialitäten angerichtet. Schlank, steinreich, und Peter als Führer, da gewänne die Welt plötzlich ein anderes Gesicht; man dürfte ungestraft schwelgen.

Weiter zu der gut instandgehaltenen Festung *Brimston Hill,* die als Gibraltar Westindiens bezeichnet wird. Terrassen aus mächtigen Mauern und Wällen, dicht mit Kanonen besetzt. Hochgelegen, Land und See beherrschend. Unter vielen anderen Gefechten tobte hier 1782 die schwerste und verlustreichste Schlacht in der Karibik zwischen Engländern und Franzosen.

Die Inseln waren wegen der herrschenden Windsysteme, bedingt durch die Segeltechnik jener Zeit, das Zentrum des Verkehrs nach Nord- und Mittelamerika. Die Schiffe segelten immer vor dem Wind, von Europa über die Kanaren, vorbei an den Kap Verden. Dann blies sie der Nordost-Passat zu den Karibischen Inseln. Dort mußte Wasser und Verpflegung genommen werden, Reparaturen waren fällig. Der weitere Weg ging mit dem Wind und dem Golfstrom, entlang der nordamerikanischen Küste, vorbei an den Bermudas und den Azoren, zurück nach Europa. Selbst die Dampfer der Jahrhundertwende benutzten diesen Weg, im Gegensatz zu der stürmischen Nordatlantik-Route mit ihren Westwindlagen. Noch in unseren amtlichen Seehandbüchern ist er als »Weg für schwache Dampfer« bezeichnet. Die Inseln dienten als Kohlenlager.

So rangen Engländer, Franzosen, Spanier und Holländer um diese lebenswichtigen Stützpunkte. Von dort konnte der Verkehr durch die Kriegsflotten blockiert werden. Die Kriege hier waren ein Spiegelbild der unablässigen Auseinandersetzungen in Europa.

Nach der Inselerkundung verlegen wir in die ruhige, schöne und einsame *Whitehouse Bay,* an der Südküste der Nachbarinsel *Nevis.*

Am nächsten Tag gehen wir Anker auf. Fahrtziel ist *English Harbour* an der Südost-Küste der Insel *Antigua.*

Neun Stunden bolzen wir mit Ostkursen gegen den starken Passatwind an. Verschwinden in Gischtwolken. Salz brennt in den Augen und juckt auf der Haut. Salz sogar im Ruderhaus, als Schicht auf Türen, Wänden und Instrumenten. An Steuerbord ragt der hohe, unbewohnte Felsklotz *Redonda* aus der weißgefleckten See, dahinter das zerklüftete Bergland der Insel *Montserrat.*

Die Besatzungen der damaligen Segelschiffe waren von Ruhr, Malaria und Gelbfieber geschüttelt und ohne wirksame Heilmittel. Laufend Gefechte mit Feinden und Piraten. Auch die Handelsschiffahrt war damals bewaffnet. Kanonenkugeln hatten zwar keine Sprengladungen, aber bei den Breitseiten, von zig Geschützen aus der Nähe abgeschossen, hatten herumfliegende Holzsplitter die Wirkung von Sprenggranaten. Kettenkugeln mähten Segel, Masten und die Besatzung an den Segeln nieder. Die höchste Gefahr waren Feuer und Explosion durch Entzündung der Pulverladungen. Das Pulver lagerte tief im Schiffsinneren, durch winzige Zugänge vor Gefährdung von außen geschützt. Nur Kinder paßten da hindurch, und sie hatten rechtzeitig die großen Pulvermengen, die mit den Breitseiten »verfeuert« wurden, bereitzustellen. Man nannte sie »Pulveräffchen«.

Auch der Alltag war ungeheuer unfallträchtig. Der Schiffsarzt war der wichtigste Mann neben dem Kapitän. Seine Instrumente waren Säge und Stilettmesser. Ein Holzkohlefeuer diente der Desinfektion. Rum war das einzige Betäubungsmittel für das Operationsopfer. War der Arzt nicht handlungsfähig, so diente der Schiffszimmermann als Chirurg.

Die schnelleren und geschickteren Segelmanöver, die höhere Feuerkraft und die schnellere Schußfolge entschieden die Gefechte.

Unvorstellbar hart war das Leben aus unserer heutigen Sicht, und es ließ sich nur im Tran der täglichen Rumration ertragen. Doch leicht hatten es die Menschen jener Zeit nirgends.

Mit wieviel Jubel mögen diese Inseln begrüßt worden sein, wenn sie über die Kimm heraufwuchsen. Brackiges Wasser, gammliges Salzfleisch und die Maden im Schiffszwieback waren dann vergessen. Es gab frisches Wasser, frische Nahrung, neue Hoffnung.

Jetzt stehen wir vor den steilen Felsenklippen der Südostküste Antiguas. Eng und unübersichtlich ist die Einfahrt in den alten Stützpunkt der britischen Flotte, *English Harbor.* Selbst wir mit unserem kleinen wendigen Motorboot müssen aufpassen. Der Passat wirft den Seegang an die Felswände, die dichtauf passiert werden, und an den Felsensockel der Festung, die die Einfahrt schützt. Die zurückbrandende See verursacht Unterströmungen, die das Boot aus dem Kurs zwingen wollen. Eine enge Einfahrt. Eine 90°-Wende fast auf der Stelle, und das alles bei unsicherem, schralendem Wind, der sich in den Felsen fängt. Wie mögen die Seeleute jener Zeit diese Einfahrt nur geschafft haben? Selbst die heutigen Segler mit ihrer einfachen, leistungsfähigen Segeltechnik lassen hier die Segel fallen und motoren hinein. Für dieses Rätsel gibt es nur eine Lösung. Eiserne Männer waren das, die die komplizierte und schwerfällige Segelmechanik ihrer hölzernen Schiffe virtuos beherrschten.

Ist man einmal drinnen, dann sucht man sich einen Platz an der alten Werftpier, an der heute noch die 200 Jahre alten Winschen mit ihren Handspaken stehen, oder man geht vor Anker. Der Papierkrieg geht schnell hier. Man ist an Yachten gewöhnt und hat dafür vereinfachte Verfahren. Niemand braucht seine Ladung zu deklarieren, eine Gesundheitserklärung abzugeben oder eine Liste der auf der Reise angelaufenen Häfen. Man bekommt seinen Stempel, zahlt ein angemessenes Hafengeld, geht zur Polizei, wieder ein Stempel. Dann bekommt man seine Papiere und ist frei zu gehen, wohin man will.

Aber auf dieser niedrigen, wasserarmen Insel gibt es nur wenig zu sehen. Sie war einmal vollgestopft mit Truppen. Zur Zeit der Segelschiffe war hier das karibische Hauptquartier der britischen Flotte. Die bekanntesten britischen Truppenteile von schottischen bis zu irischen Garderegimentern haben hier ihre Spuren hinterlassen. Noch stehen die Ruinen der alten Werft, von der Seilerei und der Segelmacherei über die Anlagen zum Riggen der Masten, die Schiffszimmerei und die Schmiede bis hin zu einem Gebäude, in dem einst Harze und Pech gelagert waren. Es ist zu einem Restaurant umfunktioniert, und abends sitzt man zum Dinner im »Admirals Inn« in den Ruinen vor dem Lagerhaus mit Windlichtern und glaubt noch das Hämmern und Sägen in »Nelsons Dockyard« zu hören. Ja, auch der berühmte britische Admiral Nelson hatte 1794 hier sein Standquartier.

Wenn auch das Land nicht viel herzeigt, so gibt es doch viele herrliche Buchten, in denen zahlreiche Segler ankern, passable Restaurants und eine passable Versorgung. Vielleicht ist noch erwähnenswert, daß im Rahmen eines Entwicklungshilfeprogramms im Süden Antiguas das stärkste Leuchtfeuer der Karibik gebaut wurde. Seine Tragweite reichte bis zur französischen Insel Guadeloupe. Nautisch hatte das Feuer wenig Sinn, jedenfalls wären Feuer an anderen Stellen wichtiger gewesen. Sam, unser schwarzer Taxifahrer, zeigt uns das inzwischen völlig verrottete Ding, das keine Laterne mehr hat. Er weiß des Rätsels Lösung: Ein »Freiheitsfeuer« für die Schwarzen unter der Flagge Frankreichs solte das sein. Die Kanadier, meint er, haben es gebaut, aber dann nichts mehr dafür getan.

Ausflug zur Hauptstadt *St. Jones.* Hoch oben liegt Fort James, und man kann von seinen Bastionen aus das Städtchen und den großen Naturhafen übersehen. Dort machen die Kreuzfahrtschiffe fest. Für diese Besucher ist eine hübsche Ladenpassage mit netten Bars und Restaurants aufgebaut. Wir stehen mit Peter vor dem Juweliergeschäft und feuern ihn an, für seine Frau ein »Mitbringsel« zu erstehen, aber er ist bockbeinig und trotzig. »Nein, sie hat mir das in allem Ernst verboten. Sie hat richtig drohend gesagt, ich soll ja nichts mitbringen!« – »Ja, Peter, was hat sie denn da gemeint?« – »Ich weiß es auch nicht!«

Am 7. Mai startet Peters Maschine. Abschiedsdinner. Und er wird wieder fündig. Hoch über dem Hafen ist der alte Flottenausguck. Aus seinen Ruinen hat man ein Restaurant gemacht. Man sitzt im Freien unter kleinen Holzdächern, mit Blick über Hafen, Land und Meer. Die Sonne geht unter. Eine Steelband trommelt heiße Rhythmen und leitet dann über zu dem furiosen Auftakt des »Also sprach Zarathustra«.

Zehn Tage später laufen wir mit Kurs Süd auf Guadeloupe zu. Von Backbord wirft der starke Passat eine steile See gegen uns, überschüttet uns mit Salzwasser und beißenden Gischtwolken. Auf der Seekarte sieht die französische Insel aus wie ein riesiger Schmetterling, doch in Wirklichkeit sind es zwei Inseln, die durch einen Meeresarm, den *Rivière Salée,* voneinander getrennt und nur durch eine Straßenbrücke verbunden sind. *Basse Terre* im Westen und *Grande Terre* im Osten.

Gegen Abend nähern wir uns der Nordwestküste. Der Passatwind, von dem riesigen Inselklotz im Meer verdrängt, wird an den Rändern stürmisch und heult in den Aufbauten. Der Winddruck nimmt zu und wird so stark, daß sich das Boot nach Steuerbord überlegt. Die See peitscht über Deck. Dann sind wir in Lee der hohen Insel. Tiefblau leuchtet das Meer in der Sonne. In schwellendem Grün ragen die steilen Berge über uns. Fischer in kleinen Booten kreuzen unseren Weg.

Dicht an der großartigen Kulisse von Basse Terre geht es weiter nach Süden. Dschungel, wildzerklüftete Buchten, kleine Fischerdörfer, Korallenbäume mit ihren knallroten Blüten. Vorbei an dem kleinen Städtchen Basse Terre, dem Verwaltungssitz von Guadeloupe, das sich von einer schmalen Senke die Hänge hinaufzieht. Fenster blinken und bunte Dächer strahlen in der Tropensonne. Der höchste Berggipfel der Insel, der 1500 m hohe Vulkan *Soufrière,* ist von einem Kranz weißer Wolken umgeben. Vor wenigen Jahren erst war er wieder ausgebrochen. Vorbei an *Vieux Fort,* der Festung an der Südwestspitze des linken »Schmetterlingsflügels«, die zusammen mit den Batterien auf der Insel *Marie Galante* und denen im Südwesten von Grande Terre die Zufahrt zu dem einzigen großen und rundum geschützten Handelshafen der Karibischen Inseln verteidigen sollte.

Oft haben hier die Kanonen gedonnert, und viermal wehte über Guadeloupe der britische Union Jack. Heute ist die Insel französisches Staatsgebiet. Die weit überwiegend schwarzen Einwohner wählen Vertreter in die

Pariser Nationalversammlung, und Frankreich versucht mit hohem finanziellen Aufwand, die Reste seines einstigen Kolonialreiches zu erhalten.

Wieder wirft sich uns der Passat entgegen, und wir müssen Fahrt zurücknehmen. Langsam boxen wir uns vorwärts gegen die steile See, gegen *Pointe à Pitre,* größte Stadt und Handelszentrum Guadeloupes, im Südwesten von Grande Terre.

Schließlich haben wir die enge und gewundene Einfahrt zum Handelshafen hinter uns und drehen in die unübersichtliche Zufahrt der Marina. Da bleibt uns der Atem weg. Das ist ja ein Superyachthafen, wie im Mittelmeer. Eine massive, saubere Anlage für Hunderte von Yachten. Umgeben von unzähligen Lokalen, vom Bistro bis zum Restaurant. Boutiquen, Läden, Supermarkt, Banken, Kunsthändler, Juweliere, Nautik-Shops und Wäscherei, Servicestationen für Boot, Motor und Elektronik. Alles in einem schicken, der tropischen Natur angepaßten Baustil, eingerahmt von deren Blütenpracht.

Dann liegen wir »römisch-katholisch« vor Anker mit dem Heck zur Pier. Hinter unserer Gangway Rasen, Palmen, Blumenbüsche. Prächtig. Ein weißer Beamter nimmt uns in Empfang. Schnelle, großzügige Abfertigung.

Klappernd keucht unser alter Mietwagen den Vulkan Soufrière hinauf. Eng, steil und gewunden führt die Straße vom Städtchen Basse Terre bis dicht unter den Vulkankegel. Das Städtchen liegt – von dem mächtigen Fort Charles flankiert – in bleierner Hitze. Nur ein paar Hunde hecheln in dem kurzen Schatten der niedrigen Steinhäuser. Hie und da döst ein Schwarzer in den offenen Haustüren, durch die ein schwacher Luftzug fächelt. Das Leben erwacht erst in der Dämmerung, wenn die schlimmste Hitze vorbei ist. Weiter oben ein paar Villen der französischen Beamten. Die Gärten eine einzige Pracht bunter Blüten. Dann versucht der Dschungel die Straße zu erdrücken, und riesige Baumstämme, von denen Lianen herunterhängen, engen sie ein. Später wird der undurchdringliche Dschungel lichter. Hohe Bambushecken säumen die Straße, später Farne. Schöne Ausblicke auf die steil unter uns liegende Küste und das Meer. Bäche plätschern durch den lichten Wald. An einigen Stellen hat das rauschende Wasser die Straßendecke angenagt, und wir holpern durch tiefe Rinnen. Mächtige Baumfarne, dann Grasland am Fuße des Kegels. Ein Parkplatz, von dem bezeichnete Fußwege in verschiedene Richtungen führen. Hier ist die Temperatur für einen Mitteleuropäer erträglich, dafür belästigen schweflige Dämpfe mit dem durchdringenden Gestank fauler Eier die Nase. Nun weite Blicke auf die Gebirge der Insel. Dann hüllt uns Nebel ein, es wird empfindlich kühl.

Wieder tauchen wir in die Hitze. Die Fahrt geht jetzt der Küste entlang nach Norden. Auch unter der französischen Trikolore säumen nur primitive karibische Negerhütten die Straßen und Wege, manche aus Stein, andere aus Brettern und Wellblech zusammengenagelt. Abfälle und Schutt, von der blühend wuchernden Natur gnädig verdeckte Armseligkeit. Ein paar Naturstrände mit karger Vegetation, teils schwer zugänglich. Erst im Norden bei *Deshaies* ein *Club Méditeranée* und Touristen, die an den Sandstränden der Bucht baden.

Zurück durch die Berge. Kleine Siedlungen von Weißen. Dorthin flüchteten die Pflanzer vor der Guillotine der französischen Revolution. Man verbot die Sklaverei und köpfte Tausende von Pflanzern und »Englandfreunden«, und dazu wurde die Masse der Bevölkerung gezählt. Die Pflanzer flüchteten in die unwegsamen Berge, und noch heute leben dort ihre Nachfahren.

Andere Einwohner sind deutlich indischer Abstimmung. Inder wurden importiert, um die Sklaven zu ersetzen, die nach ihrer Befreiung keine Neigung mehr zur Arbeit hatten. Sie zogen es vor, sich ohne Anstrengung von der üppigen Natur zu ernähren. Die Früchte wachsen ihnen das ganze Jahr über fast in den Mund. Das verführt sicher nicht dazu, sich der Plage europäischer Arbeitsmoral zu unterziehen.

Es ist Abend, und in Point à Pitre wimmelt es jetzt von Menschen. Die Stadt ist eine Mischung aus französischer Vorstadt und karibischem Hüttenstil. Bretter, Wellblech-, Steinbaracken. Einfache Geschäfte und ein lebhafter, knallig bunter Markt am Rande des alten Stadthafens.

Dann tauchen wir in das schimmernde Lichtermeer und die goldene Urlaubsatmosphäre des Yachthafens. Doch auch hier ist nicht alles Gold, was glänzt. Da gibt es den Elektroniker mit einem hübschen Büro. Doch er ist nie da und das Telefon – »Bitte anrufen bei Abwesenheit« – nimmt niemand ab. Dann hat der Hafenmeister nach langem Bemühen den jungen Franzosen aufgetrieben. Er behebt am Radar einen kleinen Fehler, hinterläßt einen selbstgebastelten großen Defekt, verschwindet und ist nicht mehr aufzutreiben. Der Hafenmeister meint, der Vater habe den Sohn hierher exportiert und ihm zur Bewährung das Geschäft eingerichtet. Auch die Reparatur der defekten Kupplung am Außenbordmotor will nicht recht gelingen. Der schwarze Boß und seine Frau machen einen guten Eindruck. Doch das Personal ist langweilig und sichtlich desinteressiert. Schließlich kann man zwar wieder einkuppeln, doch auskuppeln bleibt Glückssache!

Die nächste Autofahrt führt uns nach *Grande Terre,* in den östlichen Flügel der Insel. Große Felder, meist Zuckerrohr und Bananen, Schluchten mit rauschenden Wasserfällen. In stinkenden Fabriken wird das Zuckerrohr mit uralter Technik gemahlen und zu Melasse zerkocht. Rum-Destillerien. An der flachen Sandküste des Südens, die von vorgelagerten Korallenbänken geschützt ist, stehen die Betonburgen der Luxushotels. Hier bewegt man sich hüllenlos, wenigstens aber »oben ohne«.

Das Örtchen Moule an der SE-Küste, das einem französischen Provinznest alter Zeiten ähnlich ist, war einst der Haupthafen der Insel. Der ohnedies zu kleine Hafen versandete Ende der zwanziger Jahre durch einen Hurrikan. Der einstige Reichtum ist noch an dem alten Friedhof erkennbar.

Das Innere der Insel ist teilweise Tropenwald. Es wird von langgestreckten Höhen und tiefen Furchen durchzogen. Der Boden ist Muschelkalk. Über die Steilküste im Norden geht es weiter zur Nordwest-Küste. Mangrovensümpfe, ein paar kleine Fischerhäfen mit offenen Booten. In einer kleinen Werft wird unter freiem Himmel mit den Methoden und Werkzeugen des 18. Jahrhunderts, die hier noch gebräuchlich sind, ein Handelsschiff dieser Zeit restauriert. Stolz ragen Masten, Bugspriet und Bugzier über die öde Küstenlandschaft. Am Heck die Kapitänskajüte mit ihren Erkern. Die Geschützpforten stehen drohend offen. Der schwere Anker ist bereit zum Fallen. Ein Denkmal der Vergangenheit.

Mit Kurs Süd laufen wir jetzt im Windschutz der Insel *Dominica.* Sie liegt zwischen den französischen Übersee-Besitzungen Gouadeloupe und Martinique. Fünf Tage waren wir in der Marina von Pointe à Pitre. Dann liefen wir zu den *Isles des Saintes,* einer zu Gouadeloupe gehörenden Inselgruppe südlich von Basse Terre und ankerten vor der kleinen Ortschaft Bourg einem Ausflugsort der weißen Franzosen. Kleine Bistros und Restaurants, eines am anderen. Französischer Lebensstil. Die Isles des Saintes haben wenig Niederschläge. Trinkwasser gibt es aus Zisternen. Das Innere ist von Kakteen und anderen Trockenpflanzen bedeckt. Hier soll es noch große Leguane geben, aber wir haben keine gesehen. Der zunehmende Fremdenverkehr hat sie wohl verdrängt.

Ein bekannter US-Autor erzählt in seinem Yachtführer eine haarsträubende Geschichte. Er hatte sich beim Hafenmeister darüber beschwert, daß die Inselfähre sein ordnungsgemäß festgemachtes Beiboot einfach zerquetschte. Die Beschwerde wurde vom Hafenmeister mit Drohungen zurückgewiesen. Er war nämlich der Eigner der Fähre. Wohin er sich auch wandte, an den Polizeichef, den Bürgermeister und den Chef der Inselverwaltung, es war jedesmal dieselbe Person, und kurzerhand wurde er wegen »Unruhestiftung« ausgewiesen. Schiffe unter US-Flagge sind besonders von den kuriosen Verhältnissen betroffen. Die Vereinigten Staaten sind hier unbeliebt, und an ihren Bürgern kühlt man seinen Mut. Yachten unter US-Flagge sind deshalb auch kaum noch zu sehen. Aber auch jedem anderen kann ähnliches passieren, wenn er sich in den Inselfilz verwickelt. Ohne Einfühlungsvermögen in die fremdartigen Verhältnisse läuft man hier auf. Die Story hat uns nicht zu längerem Aufenthalt ermutigt, und beim Landgang hatten wir ein wachsames Auge auf unser Beiboot.

»Commonwealth of Dominica. Ca. 7500 qkm, Bevölkerung 82 000, meist Neger und Mulatten. Sprache kreolisch und englisch. Gebirgigste Insel des vulkanischen inneren Antillenbogens. Großartige, schwer zugängliche Gebirgslandschaft, von Tropenwald bedeckt. Von 550 Wasserläufen durchzogen. Drei Hauptmassive. Höchste Erhebung der zentral gelegene Morne Diablotin, 1447 m. Heimat seltener Pflanzen und Tiere, die auf den Nachbarinseln längst ausgerottet sind. Zahlreiche Fumarolen, Thermal- und Schwefelquellen« – so unser Baedecker-Reiseführer.

Wir halten einen vorsichtigen Abstand von drei Seemeilen, denn schon in New York beim Kauf von Seekarten und später im Gespräch mit Bediensteten der »Coast Guard« in Florida wurden wir vor dem Anlaufen der Insel gewarnt. Mord auf besuchenden US-Yachten. Hohe Kriminalität, besonders auch in Verbindung mit dem Anbau von Rauschgiften.

Unter den deutschen Yachties streitet man. Manche haben gute, manche schlechte Erfahrungen gemacht. Wir haben nicht die Absicht, eigene Erkenntisse in den Streit mit einzubringen. So laufen wir in vorsichtigem Abstand vorbei und bewundern die großartige Landschaft mit unseren Ferngläsern. An der Küste der uns zugewandten Westseite der Insel gibt es, trotz zahlreicher Niederschläge, Trockenland. Der stetig wehende Nordostpassat ist warm und feucht. Die Wolken bilden sich erst, wenn die feuchte Luft an den Flanken der hohen Berge aufsteigt und sich dabei abkühlt. Auf der Höhe regnen sie dann ab, und die Westseite bleibt weithin trocken.

Über uns dunkle Wolkendome in allen Schattierungen, bis zu tiefem Schwarz. Schüttender tropischer Regen. Mit dieser ersten *tropical wave,* einer tropischen Wellenstörung, hat jetzt die Regenzeit begonnen. Die Zeit der Hurrikane. Bis in den November hinein werden sie in unvorhersehbarer Zahl und auf unberechenbaren Zugstraßen ihre alles zerstörende Kraft entfalten. Weit drüben, vor der afrikanischen Küste entstehen sie. Zunächst meist als tropische Wellenstörungen ohne einen Kern. Nur Sintfluten von Regen. Dann kleine, westlich ziehende Tiefs. Jetzt entscheidet es sich, ob sie harmlos weiterziehen, sich wieder auflösen, oder zu den alles fressenden Ungeheuern werden.

Sobald sie auf Land treffen, werden sie in trauriger Weise berühmt. Dann wird ihre Zerstörungskraft weltweit bekannt. Die meisten jedoch drehen irgendwann nach Norden in die freie See, folgen dem Golfstrom, der sie mit seiner Wärmeenergie füttert. Dann bedrohen sie nur die Schiffahrt bis hinauf in die Eisregionen Kanadas, manchmal auch bis Europa. Nur Seeleute und Wetterfrösche beschäftigen sich mit ihnen, sonst niemand. So kommt es, daß von den vielen, die in jedem Sommer entstehen, nur wenige bekannt werden. Für die Segler hier, und natürlich auch für uns, ist das eine Art russisches Roulette. Gott sei Dank hat der Revolver unzählbar viele leere Patronenhülsen. So knackt sein Hammer meist auf ein leeres Zündhütchen, und nur die Nerven sind geschädigt.

Das Ende von Dominika, Scotts Head, ist querab, und wieder heult der Passat. Die französische Nachbarinsel Martinique ist schon in Sicht. Steil, abweisend wie ein Klotz, steht ihre Nordspitze in 20 sm Abstand. Die 60 km lange und 10 bis 30 km breite Insel wird im Norden von dem 1400 m hohen aktiven Vulkan *Mont Pelé* überragt. Zu sehen ist er nicht, denn er ist von Wolken verhangen.

Unser Reiseführer beschreibt die Insel mit ungewohnten Superlativen: »Eines der bedeutendsten Reiseziele..., verbindet Landschaften von großer Schönheit und Mannigfaltigkeit mit den Vorzügen französischer Lebensart und den Annehmlichkeiten europäischen Komforts, ohne daß auf tropische Umgebung und erwünschte Exotik verzichtet werden muß. Die Flora ist von kaum zu überbietender Schönheit, wie ein großer Garten.«

So sind wir voll gespannter Erwartung.

Freitag 3. Juni. Trommelwirbel. Schmetternde Signalhörner. Die aufpeitschenden Rhythmen der *Marseillaise.* »Allons enfants de la patrie-i-e, le jour de gloire est arrivé...« Hoch über uns, auf dem Bug des französischen Flottenversorgers »Rhone« steigt langsam die Trikolore am Göschstock empor, entfaltet sich und hängt schlapp herunter. Die beiden Matrosen, in makellosem Weiß, machen kehrt, marschieren im Schnellschritt nach achtern. Es ist 8 Uhr morgens.

Tief unten im Trockendock von Fort de France, der Hauptstadt Martiniques, der einzigen Anlage dieser Art in den Kleinen Antillen, steht die MANTA aufgepallt auf Holzstützen in der Tropenhitze vor dem Bug der »Rhone«. Kein Luftzug geht. Die hohen Steinwände werfen die Hitze der im Zenith senkrecht stehenden Sonne zurück und speichern sie für die Nacht. Es ist fast unerträglich, keine Abkühlung.

Hinter, unter und vor uns zischt jetzt die Preßluft der Sandstrahlgebläse. Das Unterwasserschiff der »Rhone« und auch unser bißchen Schiffsboden werden mit Sand abgestrahlt. Ebenso vor und über uns eines der uralten Schwimmtore. Ein Kuriosum. Um das Dock leerpumpen zu können, werden sie eingeschwommen, geflutet und dabei abgesenkt. So schotten sie das Dock ab.

Überall fliegen glühheiße Sandkörner herum, graben sich zusammmen mit den Rostpartikeln in den Lack des Decks, fallen ins Hemd und brennen auf der Haut. Erst auf Beschwerden beim Werftdirektor wird das Tor mit Planen abgehängt. Dann ist es etwas besser.

Unsere Bruchliste, so nennt man die Auflistung der zu behebenden Mängel und Schäden, war immer länger geworden: Beibootauflager – Beheben der Notreparatur in Grönland. Rostlöcher im Auspuffmantel ausbessern. Unterwasserschiff – Entfernen von Muscheln und Seepocken, neuer

Schutzanstrich. Elektronik – Mängel beheben, und weitere drei Seiten aufgelisteter, arbeitsaufwendiger »Kleinigkeiten«.

Die schwarzen Werftarbeiter sind auf ihren jeweiligen Job dressiert. Jeder Versuch, ihre Arbeitsausführung wegen der Besonderheiten eines kleinen Fahrzeuges zu variieren, scheitert. Den beruflichen Stolz und Ehrgeiz eines europäischen Facharbeiters gibt es hier nicht. So bleibt uns nichts anderes übrig, als allerlei Einrichtungen zur Schadensverhütung anzubringen und die Feinarbeit selbst zu machen.

Den einzigen fähigen weißen Fachmann, einen jungen Franzosen, können wir nur nach Feierabend bekommen, weil er auf der »Rhone« engagiert ist. Diese war seit Monaten angesagt. Wir sind nur mit reingerutscht.

Jeden Morgen muß ich vor dem Büro des Elektronikers anstehen, um mich in seine Aufmerksamkeit einzuschleichen. Er selbst ist ein tüchtiger Mann, doch seine schwarzen Jünger haben nur ein sehr begrenztes Fachwissen. So prasseln hundert Fragen und Beschwerden auf ihn ein, wenn er sich nur sehen läßt, und schnell entflieht er entnervt. In dieser Zeit schleppt Annemarie zu Fuß den Tagesbedarf an, weil sich die Taxifahrer weigern, Eis zu transportieren, trotz wasserdichter Taschen.

Anschließend schuften wir gemeinsam in der barbarischen Tageshitze, denn binnen fünf Tagen sollen die Arbeiten am Unterwasserschiff der »Rhone« beendet sein, und dann wird rücksichtslos geflutet, denn die Seemacht Frankreichs kann ja nicht auf die MANTA warten. Wir arbeiten bis in die Nacht, denn unser Helfer braucht bei seiner späten Arbeit selbst Hilfe. Die kurzen Nächte schlafen wir unruhig und schwitzend auf unseren schrägen Kojen, die MANTA ist mit Schlagseite auf Pallen an die Dockwand gelehnt.

Vormittags steht eine Ordonnanz in schimmerendem Weiß stramm neben uns auf der schmutzigen Docktreppe. »Der Kapitän der »Rhone« bittet den Kapitän der MANTA mit Frau zum Fünf-Uhr-Tee.« Schriftliche Einladung wird zeremoniell übergeben. Militärischer Gruß. Kehrtwendung und der Matrose klettert und hechtet durch den Schmutz wieder hinauf. Wie er das nur geschafft hat, sein blütenweißes Päckchen sauber zu halten?

Ablehnen kann man so eine Einladung nicht. Mühsam und so gut es geht machen wir uns sauber, klettern die Dockmauer hinauf, tappen verloren durch den emsigen militärischen Betrieb zum Decksniedergang der »Rhone«. Die Posten salutieren. Wir sehen uns vorsichtig um, wer da wohl kommt, aber nein, die Ehrenbezeigung gilt uns. Eine Ordonnanz steht schon da, führt uns in die Offiziersmesse. Kapitän und Erster Offizier erwarten uns stehend. Weißer Tropenanzug, frisch gebügelt und gestärkt. Dann sitzen wir vor einem Glas Eistee, plaudern Unverbindliches. Trotzdem weht immer wieder die *Gloire* der *Grande Nation* durch das Gespräch.

Nach pünktlich 30 Minuten ist der Höflichkeit Genüge getan. Mit einem Mützenband der »Rhone« werden wir verabschiedet. Gegeneinladung auf die MANTA, wenn sie wieder schwimmt.

Schiffsbesichtigung. Alle sechs Monate lösen sich die Flottenversorger hier ab. Sie stellen Technik und Teile für die Wartung und Reparatur des mechanisierten Staatseigentums, und sie zeigen Frankreichs Flagge vor drohenden Geschützmündungen.

Am Abend des siebten Tages schließlich wird das Dock geflutet. Wir arbeiten am Rumpf, bis wir im Wasser patschen. Dann sind wir fertig. In jeder Hinsicht.

Über Martinique lese ich: »Am Morgen des 8. Mai 1902 wird Martinique von einer gewaltigen Explosion erschüttert. *Der Montagne de Pelée* ist ausgebrochen. In einer brennenden Gaswolke von über 2000°C geht alles Leben in St. Pierre, dem »Paris der Antillen«, der Hauptstadt der Insel, unter. Dies war die Stunde des kleinen befestigten Hafenplatzes, dem Napoleon 1802 den Namen *Fort de France* gab. Er entwickelte sich rasch zum Zentrum der Insel. Bald wohnte hier ein Drittel der Inselbevölkerung auf engem Raum, und die Stadt wuchs und wächst weiter. Heute ist sie mit weit über 100 000 Einwohnern die größte Stadt der Kleinen Antillen.«

Vor Anker liegen wir am Rande der Bai von Fort de France, der riesigen Bucht, die hier weit ins Land schneidet. Uns gegenüber das Stadtzentrum. Die mächtige Festung auf der Halbinsel vor uns, deren Namen die Stadt trägt, gibt uns Schutz vor dem Seegang, den der Passat in der Bai aufwirft. Die Kais und Entladeeinrichtungen sowie das Dock liegen auf der anderen Seite der Festung. Einen abgeschlossenen Hafen gibt es nicht.

Uns gegenüber der *Place de la Savanne,* ein von Bäumen beschatteter Park, mit den Blumen der Karibik geschmückt. Dahinter zahlreiche Hotels, Restaurants und Bars an der *Rue de la Liberté.* Hier flaniert abends das junge Volk. Dann genießt man hier seinen Rumpunsch nach dem Rezept »Man nehme ein wenig Zuckersirup, den Saft einer halben Limone, zwei Eiswürfel, und fülle mit dem speziellen Martinique-Rum, der nicht aus Melasse, sondern aus Zuckersirup gebrannt wird, randvoll auf. Offenem Licht und Feuer bleibe man dabei fern.«

Daneben das von rechtwinklig angelegten Straßen durchzogene Geschäftsviertel mit der Kathedrale im Mittelpunkt. Der Markt überwältigt mit seinem reichen Angebot an tropischen Früchten und Gewürzen. Unmittelbar am Ufer hinter dem Dingi-Landeplatz eine riesige Menge von Sammeltaxis zu allen Plätzen der Insel. Für uns entwöhnte Seefahrer herrscht tagsüber ein gefährlicher Stadtverkehr, Gedränge und Geschiebe. Hier, 7000 Flugkilometer von Paris entfernt, kann man in eleganten Geschäften alles kaufen, was zu französischer und europäischer Lebensart gehört, aber sehr teuer.

Hier mündet das kleine Flüßchen *Rivière Madame,* und frühmorgens wimmelt es von bunten Fischerbooten, die ihren Fang auf dem flußaufwärts gelegenen Fischmarkt landen. Der Erfinder der Schiffsschraube, Gilbert Canque, ist hier geboren und hat im Flüßchen seine ersten Versuche gemacht. Auch Kaiserin Joséphine, die Gemahlin Napoleons, stammt aus dieser Landschaft. Seither gelten die Mädchen der Insel als besonders attraktiv.

Autoausflüge führen uns an die Küsten und durch das Zentrum der Insel. Sie ist durch viele gute Straßen erschlossen und dichter besiedelt als andere Inseln. Die landwirtschaftlich nutzbaren Flächen, besonders in der flachen Inselmitte, sind weitgehend kultiviert. Tropenfrüchte und Gewürze werden exportiert, vor allem Bananen, Ananas und Zuckerrohr. Alles ist von Paris subventioniert, und so hat die Bevölkerung ihr Auskommen. Sie gilt als friedlich, und die Zahl der Analphabeten ist vergleichsweise niedrig. Die zerrissene Südostküste bietet traumhaft schöne Buchten, von Korallenriffen geschützt. Doch nur Ortskundige können die verklippten Gewässer befahren. Die hohen Gebirge sind, wie auf den anderen Inseln, voll der Schönheit einer tropischen Landschaft.

Vor uns die wuchtigen Konturen der Insel *St. Lucia.* 25 sm sind es dorthin von der am Südende von Martinique gelegenen *cul de sac marin,* dem *hurricane hole,* in dem wir letzte Nacht geankert haben. Über uns schwarze

Wolkengebirge. Blitze zucken, gefolgt von knallenden Donnerschlägen. Schüttende Regengüsse, die sogar die See glattfegen. Wieder ist eine *tropical wave* über uns. Regenzeit.

Über ein halbes Jahr fahren wir jetzt schon in dieser exotischen Inselwelt herum. Es drängt uns nach Hause. Im Norden von St. Lucia gibt es einen großen, rundum geschützten Naturhafen, ein *hurricane hole* also, und da ist auch eine Marina. Nur dort, so haben wir gehört, kann man ein Boot für einen Heimataufenthalt alleine liegen lassen. Hoffentlich stimmt das. Wir haben in der Karibik schon so viele Überraschungen erlebt.

Jetzt haben wir die Nordspitze von St. Lucia querab, und schon verschwindet sie hinter prasselnden Regenvorhängen. Das Radar streikt endgültig. Es könnte diese reflektierenden Regenwände ohnehin nicht durchdringen. Nur vorgelagerte Felsen, an denen weiß die See hochstiebt, sind unsere Wegmarken. Hinter hohen Stromkabbelungen und Regenschleiern wird die *Pigeon-Insel* mit Fort Rodney auf der Spitze sichtbar. Hier beginnt die *Gros Islet Bay,* von der ein Stichkanal in die *Rodney Bay* führt. Mangels Sicht fahren wir mit der Stoppuhr bis zur Mitte, drehen ein, und da liegt er, der weiße Sandstrand mit den Palmen dahinter. Schwach leuchtet die Brandung. Die Kirche, das hohe Kreuz, das Hotel am Strand, ein Tropenparadies.

Erst dicht vor dem Strand ist der enge, aber tiefe Stichkanal erkennbar. Am Ufer ein hübsches Restaurant, die offene Architektur der Umgebung angepaßt. Dann Ankerlieger. Dahinter die Steiger der Marina. Massiver Beton, vertrauenerweckend. Auch Ben, der baumlange schwarze Hafenmeister, flößt Vertrauen ein.

Hinter der Marina, sie ist Privatbesitz eines Engländers, ein gegliederter Gebäudekomplex. Pavillon mit Restaurant und Bar, Schwimmbad mit Süßwasser. Büros, Servicebetrieb, Märkte, Läden, Imbißstube. Auf der anderen Seite liegt eine ganze Flotte von Charterbooten. Direkt hinter der Pier die Stube von Zoll und Immigration.

Einklarierungszeremonie. Der schwarze Amtsträger entscheidet nach langem, stechendem Blick auf den Antragsteller, wie lange er bleiben darf. Die gewünschte Aufenthaltsdauer scheint eine untergeordnete Rolle zu spielen. Sein Finger schnellt vor: »3 Tage« – »3 Wochen« – Bumms. Stempel. So geht es fort. Bei Beschwerden winkt er nur ab. Doch später finden wir heraus, er scheint seine Pappenheimer zu kennen. Wir finden Gnade vor seinen Augen: »3 Monate! Wenn du länger brauchst, mußt du einen Antrag in der Hauptstadt stellen!« Bumms. Stempel.

Jetzt zum Reisebüro in die Hauptstadt *Castries.* Wir fahren eine halbe Stunde im überfüllten Sammeltaxi, sitzen eng wie Sardinen in der Dose. Nach dem Aussteigen herrscht statt des erträglichen Fahrtwindes drückende Hitze. Die letzten Regengüsse hinterließen dampfende Pfützen mit breiten Schlammrändern, wie Schmierseife. Die mangelhafte Kanalisation schafft die Wassermassen nicht. Die Augen auf den Boden geheftet, denn überall sind Stolperfallen, suchen wir das Reisebüro. Neben Steinhütten und vielen primitiven Häusern gibt es um den Haupthafen herum auch eine Reihe einfacher Geschäfte mit viel weißem Personal, und doch beträgt der Anteil der weißen Bevölkerung auf dieser dünn besiedelten Insel nur ein halbes Prozent.

Im Reisebüro ist der Zentralcomputer überlastet. Dann fällt der Strom aus. Beim nächsten Besuch ist die Reihenfolge umgekehrt. Doch schließlich halten wir erleichtert die Flugscheine einer exotischen Linie in der Hand, die uns auf Umwegen nach Frankfurt bringen wird.

Langsam rumpelt unser Mietwagen durch die Schlaglöcher. Es gibt eine einzige durchgehende Straße. Sie führt rund um die Insel. Küsten und Gebirge des Nordostteils und die Zentralgebirge sind unerschlossen. Die enge Straße führt wie eine Achterbahn an den Steilküsten entlang, vorbei an den *Pitons*. Berge wie riesige Zuckerhüte, 800 m hoch aus dem Küstenmeer herausgewachsen. Hinter ihnen klettert die Straße durch wilde Schluchten. Ein Seitenweg führt uns zu kochenden Schlammlöchern und Geysiren, über einspurige Pisten mit tiefen Rinnen und Löchern.

In Castries ist Markt. Auf dem großen Platz und der Hauptstraße sitzen die Frauen in schreiend bunten Kleidern unter Sonnenschirmen, breitkrempige Strohhüte auf dem Kopf. Sie haben nur wenig vor sich liegen, auf Pappe oder einem Stück Tuch. Ein paar Früchte, ein paar Eier, ein lebendes Huhn.

Um die Rodney Bay herum gibt es viele Restaurants, die wir auch mit dem Beiboot gut erreichen können. Die Dächer sind holz- oder strohgedeckt. Damit die Luft durchstreichen kann, sind Wände oft nur angedeutet. Das sieht hübsch aus. Auch das Hotel paßt in die Landschaft. Blumen, Palmen, Strand und blaues Meer. An der Hotelbar ein süßlicher Geruch von Haschisch. Die Kellner sollen es anbieten.

Jeden Freitag nächtliches Straßenfest in *Gros Islet,* dem kleinen Ort dicht bei der Marina. Man könnte leicht hinlaufen. Doch Ben warnt: »Um den Ort herum ist es in der Dunkelheit gefährlich! Gestern erst wurde eine ganze Reisegruppe beim Picknick überfallen. Ein Urlauber tot.« Im schwach beleuchteten Ort dichtes Gedränge. Entrückter Tanz zu fremdartiger Musik. Vor jedem Haus wird etwas angeboten. Hühnerbeine kreolisch, Riesenmuscheln, geröstete Conch, undefinierbare Speisen und Rumpunsch, manchmal auch Bier. Gefeiert wird bis zum anbrechenden Tag.

Am 30. Juni sind wir auf dem Weg zum Flughafen. Wolkenbrüche. Langsam watet das Taxi durchs Wasser. Die Straße ist zum Fluß geworden. Dann wieder dampft alles unter der mit Wolken verhangenen Sonnenscheibe. Zum Glück ist diese Straße über die Ostseite der Insel zu dem an der Südspitze gelegenen Flugplatz besser. Sie wurde während des letzten Weltkrieges von Amerikanern angelegt, für Transporte zwischen dem Hafen der Hauptstadt und ihrer *Airbase,* aus der der heutige Flugplatz entstand. Von hier aus griffen die US-Bomber in den Krieg auf afrikanischem Boden ein. Deutsche U-Boote trugen im Gegenzug den Krieg bis in den Hafen von Castries.

Nach langer Fahrt sitzen wir nun schwitzend in dem kleinen Flughafengebäude und warten darauf, daß unser Flug aufgerufen wird. Kurz vor der Abfahrt von der Marina habe ich Ben noch ins Gebet genommen und ihm aufgetragen, was er zur Pflege und Wartung der MANTA tun muß und was bei Hurrikan-Warnung geschehen soll. Da hat er nur abgewinkt, und ich höre jetzt noch seinen tiefen, ruhigen Baß:» Mach dir keine Sorgen – das ist doch mein Beruf!«

Morgen werden wir in Frankfurt landen. Wir freuen uns.

Kapitel 11
Zu neuen Küsten – Venezuela

Ankunft aus Frankfurt in St. Lucia, bei Dunkelheit am 16. September mit *BWIA* (British West Indian Airlines). Wir hatten einen Mietwagen geordert. Noch nicht eingestiegen, sind wir schon naß bis auf die Haut, es schüttet. Die Scheinwerfer sind kaum in der Lage, Wasser und Dunst zu durchdringen. Schlagloch an Schlagloch, teils ausgewaschen bis auf Achsentiefe. Strecken, auf denen mehr als die Hälfte der Straße einfach den Berghang hinabgestürzt ist. Folgen der Regenzeit und Auswirkungen der durchgezogenen Hurrikanfronten. 80 km Schleichfahrt bis zum Liegeplatz – na denn Prost!

Spät in der Nacht haben wir es geschafft. Wir wuchten unsere schweren, mit Ersatzteilen vollgepackten Koffer an Bord und versuchen, in der schwülen Hitze zu schlafen – es gelingt kaum.

Am nächsten Morgen checken wir das Boot und öffnen die Seeventile. Grausam, was zehn Wochen in den Tropen an Schäden anrichten. Für die nächsten zehn Tage haben wir zu schuften, nur um sie einigermaßen zu beseitigen, und das zwischen Platzregen und stechender Sonne.

Dabei erfahren wir stückchenweise von den Ereignissen auf der Insel. Wirbelstürme waren vorbeigezogen, und der letzte – das war *Gilbert* – war geradezu auf die Insel zugerast. Dann passierte er im Norden die Seestraße zwischen St. Lucia und Martinique. Noch hatte er seine alles zerstörende Gewalt nicht aufgebaut, noch war er ein tropischer Sturm. Aber er ertränkte die Insel buchstäblich in einer Sintflut, gefolgt von Schlammfluten und Bergrutschen. Es gab Tote, viele Obdachlose.

MANTA war gut festgemacht, mit zwei abgerissenen Planenknöpfen und überall, leider auch im Bootsinneren klebendem, rotem afrikanischem Wüstenstaub davongekommen. Bisher sechs Wirbelstürme, die Schrecken und viele Schäden verbreiteten, ein höchst aktives Jahr. Wie das wohl weitergeht?

Schon drei Tage nach Ankunft kommt für Hurrikan *Helen* die erste Warnung. Sie wird alle sechs Stunden von sämtlichen Wetterfunkstellen übertragen: Standort des Auges – Zugrichtung – Zuggeschwindigkeit – voraussichtliche Entwicklung in den nächsten drei Tagen. Auch Helen kommt direkt auf unsere Insel zu. Alle rennen durch die Gegend. Auch das Marina-Personal. »Was machst du? Und du? Und du?« – »Lege mich vor Anker in die Bucht.« – »Bleibe am Steg.« – »Gehe in ein anderes *Hurricane Hole* weiter südlich!«

Dann kommt der Marina-Boss: »Legt ab, geht vor Anker – die Flut wird die Pier überschwemmen. Dann habt ihr schlechte Karten!« Sein Personal erhält Anweisung, Yachten, auf denen zur Zeit niemand lebt, in der nahegelegenen geschützten Bay vor Anker zu legen. Es ist ein reger Betrieb.

Doch die Charteryachten und viele Dauerlieger bleiben. »Der Ankergrund hält nicht!« sagen sie. Wenn jeder das Gegenteil von seinem Nachbarn tut, läßt man es am besten bei der Kontrolle von Leinen, Anker und Fendern und sonst beim Weiterwurschteln und Fürchten.

Letztlich dreht das Ding nach Norden und in Richtung Europa ab. 250 km/h Windgeschwindigkeit. Die Schiffe auf dem Weg von Helen werden ständig über Funk aufgefordert, über ihre Wetterbeobachtungen zu berichten. Die Antworten sind gruselig. Brrr!

Schließlich sind wir seeklar, und frühmorgens geht's endlich weiter nach Süden. 90 sm weit, an St. Vincent vorbei. Auf den hohen, mit dichten Regenwäldern bewachsenen Inseln wird Rauschgift angebaut. Es soll mehr als 30% des Nationaleinkommens bringen, obwohl Anbau und Handel verboten sind. Dafür, daß es nicht noch mehr wird, sorgen schon die Ledernacken der US-Marines. Sie haben schon öfters bewiesen, daß sie kurz und hart zuschlagen, wenn die Dinge den Interessen der Supermacht allzusehr zuwiderlaufen. Die Einwohnerzahlen der Inseln liegen zwischen 3 und 30 000. Jede der Inseln hat ein Heer von Beamten, deren Sold gering ist. Sie leben von Bestechung.

Die Inseln sind fast nur an den Küsten bewohnt. Keine Straße geht ins Innere. Dort ist nur Urwald! Rauschgiftanbau und -handel blühen umso besser, und natürlich auch die Selbstjustiz. Gewehr, Pistole und Buschmesser regeln die Ordnung, und wehe dem, der, und sei es nur aus Dummheit, ungelegen in den Weg kommt. Die Trampelpfade zu den Anbauflächen sind durch Selbstschüsse gesichert. Man tut gut daran, auf der Hauptstraße zu bleiben. Touristen wurden auf Ausflügen überfallen, auch schon ermordet.

St. Vincent gilt dabei als besonders problematisch. Zoll und Immigration sind unkulant, und jeder Beamte hat andere Ideen. Kein guter Ankerplatz für eine Yacht. Einen richtigen Hafen gibt es sowieso nicht. So ziehen wir mit vorsichtigem Abstand vorbei. Dicht bei liegt die Insel *Bequia.* Sie gehört zum Inselstaat St. Vincent, und sie ist die erste Insel der Grenadines, des berühmten Inselparadieses zwischen St. Vincent und Grenada. Bequia ist klein und niedrig. Rauschgift gedeiht nicht. Beamte und Bevölkerung sind freundlich, und so gehen wir dort in der *Admirality Bay* vor Anker. Zur Zeit liegen nur 12 Yachten hier, über Weihnachten sollen es über 100 sein. Es ist einer der beliebtesten Ankerplätze in der ganzen Karibik, auch recht geschützt bei normalem Wetter. Den ganzen Tag kommen kleine Boote, »Taxis«, angerudert. Manche haben sogar einen Außenbordmotor. Sie bieten Früchte, geschnitzte Boote oder Dienste für Besorgungen an.

Wir waren dankbar, daß wir so zu unserem täglichen Eis für die Kühlbox kamen, und den Müll nahmen sie auch gleich mit. Natürlich alles gegen EC-Dollar, der Hauptwährung vieler Inselstaaten.

Doch schon am zweiten Tag ist wieder eine Hurrikan-Warnung da. *Isaac* ist geboren, er wird immer schlimmer, und sein Kurs zeigt auf uns. Bequia hat nur offene Buchten. Ankern geht, solange der Passat ungebrochen ist. Er weht dann zwar kräftig bis stark, aber immer aus östlichen Richtungen. Wenn aber eine tropische Störung passiert, dann dreht der Wind ziemlich schnell mit oder gegen den Uhrzeigersinn. Buchten, die zuvor ein guter Schutz waren, reflektieren und verstärken den Seegang. So müssen wir wieder Anker auf. Ohne Aufenthalt fahren wir an den Grenadines vorbei. Als ob ein Riese Felsblöcke verloren hätte, so liegen sie im Osten verstreut, bis zur Kimm. Aber sie bieten im Sommer keinen zuverlässigen Schutz. Wir erreichen Grenada, und nach 70 sm laufen wir die im Südwesten gelegene Hauptstadt St. George's an, deren Hafen einen gewissen Schutz bietet.

Die Einfahrt ist problematisch. Wie fast immer fehlen die in der Seekarte verzeichneten Tonnen und Feuer. Diejenigen, die noch ausliegen, sind unzuverlässig. Nicht selten findet man sie am Strand, aufgelaufen und bestenfalls angekettet. Betonnung und Befeuerung der Inseln waren ein Entwicklungshilfe-Geschenk Kanadas. Aber es gibt keinen Tonnenleger, keinen Tonnenhof. Gas und Batterien, die man auch anders verwenden kann, durch die Wildnis zu den abgelegenen Feuerträgern zu schleppen und dafür auch noch schlecht bezahlt zu werden, das lohnt sich nicht. Die Gestelle sind in dem tropischen Klima längst vom Rost zerfressen, die Farben durch Vogelkot unkenntlich.

Schließlich gelangen wir über ein enges, flaches Fahrwasser in einen Teich mit fast völlig zerstörten Piers, die staatliche *Hurricane Hole Marina.* Ein Neger hilft uns beim Festmachen. Auf sein schmutziges T-Shirt ist ein blutsaugender Vampir aufgedruckt, im Kampfanzug der US Marines – mit bösem Untertitel. Die hatten vor ein paar Jahren den mit Kuba liierten Inseldiktator und seine Garde in die Zange genommen. Noch immer liegt der Trümmerhaufen seines einstigen Hauptquartiers auf der Anhöhe über uns. Auch der Steg besteht nur aus Trümmern. Unser Helfer vermietet uns dann ein Stromkabel und einen Stecker, die ihm natürlich nicht gehören. Sie sind der einzige Service der Marina und in dem exorbitanten Preis für das Festmachen enthalten. Es ist ein akrobatisches Kunststück, die Leinen an »sicheren« Trägerresten zu befestigen. Bei Regen ist es unmöglich, über die schrägen, zerbrochenen Planken zu gehen, und wir fahren mit dem Tender an Land. Die Einklarierungsformalitäten gehen schnell und unbürokratisch vor sich. Als es Nacht wird – das ist hier das ganze Jahr über um etwa 18 Uhr 30 – besuchen wir *Mama's Restaurant,* berühmt bei den Seglern der Karibik. Es ist nicht weit, aber der Weg ist unbeleuchtet und halsbrecherisch. Öfters tappen wir in tiefe, verschlammte Schlaglöcher. Schließlich finden wir den Laden mit Hilfe eines Lotsen. Draußen kein Kennzeichen – *Mama's* kennt man einfach. Ein paar wacklige Tische und Stühle. Die Speisefolge bestimmt *Mama.* Aber man hat die Wahl, ob Wasser, Cola oder karibisches Bier. Neben uns zwei weitere Gäste. Segler. Dann kommt das »Menu« des Tages, von Mama jeweils im Einzelnen erklärt: Calalou-Suppe, ein tropisches Blattgewächs, exotisch gewürzt, Hummersalat, Hühnerschenkel, Affe in Curry, Hammelfleisch, Fisch, Schwein, Krabben, tropische Gemüse wie gegrillte Plantanas, eine Bananenart, gedünstete Bananen etc. und dann noch Tropenfruchtkompott.

Böse Zungen sagen, Mama's Tochter, die alles herbeirollt, und die so dick ist wie eine Tonne, würde kontrollieren, ob man auch wirklich zufrieden rülpst. Wenn nicht, würde man ohne Kassa hinausgeschmissen. Wir durften zahlen, denn wir hatten gerülpst, weil es viel zu viel war, und super war es außerdem! Der Weg zurück war gefährlicher als manche Seefahrt, aber wir haben es dank des Mangels an geistigen Getränken irgendwie geschafft.

Am nächsten Tag verfolgen wir Wetter und Warnnachrichten. *Isaac* hat noch immer Kurs auf uns, und die Vorhersagen weisen unerbittlich in die südliche Karibik. Die wenigen Segler im Teich und an der Pier machen alles dicht, räumen von Deck, was beweglich ist und bringen zweite Anker aus. Wir tun zunächst nichts weiter. Wir hängen mit unserem Wetterfax direkt am Hurrikan-Zentrum Norfolk und wissen deshalb, daß wir noch Zeit haben. Sonntags streifen uns die Vorboten mit ununterbrochenen Regengüssen. Der Regen rauscht vom Himmel. Die ganze Bucht wird braun vom herabfließenden Schlamm. Und das geht die ganze Nacht. Man hat den Eindruck, die Insel schwimmt davon. Morgens heißt die Meldung im Radio: »Hurrikan Isaak vor Grenada zusammengebrochen, zieht weiter als tropische Störung.« Uff! Wieder einmal Glück gehabt.

Montags fahren wir per Taxi zur venezuelanischen Botschaft, einem kleinen Haus hoch am Westhang von St. George. Mit Aushängen unter der

In Antigua:
Nur mit Windsäcken und Sonnensegeln sind die täglichen Temperaturen bis 36° C zu ertragen.

Es wird höchste Zeit: Reparaturarbeiten auf Martinique. Wir schuften in der Tageshitze. In fünf Tagen wird für den französischen Flottenversorger »Rhone« geflutet. Frankreichs Seemacht wartet nicht auf uns.

Karibische Blütenpracht:
Flammenbaum, Agave und
Wilde Banane.

**oben: Farbenvielfalt dominiert in der Karibik – wie hier auf St. Lucia.
unten: Die Marigot-Bay, ein Naturhafen an der Westküste von St. Lucia.
rechte Seite: In den venezolanischen Indio-Dörfern am Humboldtmassiv wird der Ackerbau heute noch wie vor Hunderten von Jahren betrieben.**

oben: Der große Schock: Nach 9000 Betriebsstunden müssen in Fort Lauderdale, Florida, beide Maschinen generalüberholt werden.
unten: Sie waren die Besten. Billy Russell (vorne links) auf der Trompete nicht zu schlagen; Straßen-Jazz in New Orleans.

Das »Tor zum Westen«, Wahrzeichen von St. Louis am Mississippi.

Mitten durch die Innenstadt von Chikago führt der »Calumet-Kanal«.

Flagge Venezuelas werden wir ermahnt, dieses wirklich hohe Haus nur in angemessener Kleidung zu betreten. Unser Visa-Antrag wird angenommen, also akzeptiert man unseren »kurzen Tropenanzug«. Wir müssen zunächst mit einer Bescheinigung zu einer bestimmten Bank und dort gegen »harte« US-Dollars die Kosten bezahlen. Dann fahren wir zum Markt inmitten der Stadt. Mehr als 100 schwarze Marktweiber sitzen in bunten Kleidern vor ihren auf dem Boden auf Sacktüchern oder Packpapier ausgebreiteten Bananen, grünen Apfelsinen, Tomaten, Calalou, Mangos, Pepperonis, Zwiebeln, Petersilie, vielerlei Gewürzen und sonstigen uns unbekannten Dingen. Oft nur wenige Stück. Wenn sie ihren Vorrat verkauft haben, stehen sie auf, geben das eingenommene Geld für das aus, was sie gerade brauchen und ziehen nach Hause in ihre Hütten.

Das ist nicht so schwierig, wie es sich anhört, denn alle Siedlungen sind mit der Hauptstadt durch Sammeltaxis verbunden. Sie fahren los, wenn sie gerammelt voll sind. Überall kann man auf Zuruf aussteigen bzw. auf Winken zusteigen. Die längste Strecke kostet ca. DM 1,40. Diese Fahrzeuge, teils offene kleine Holzlauben, teils richtige Kleinbusse, rasen und schaukeln über die unmöglichen Straßen, und man fühlt sich wie in einer Sardinenbüchse oder auf dem Grill, aber man reist billig und relativ sicher.

Wir sind heute vornehmer. Sorgfältig suchen wir nach einem akzeptablen Taxi, denn fast alle sind Schrott. Statt in den Shredder zu wandern, werden sie von den USA hierher exportiert. Sicherheitsvorschriften gibt es nicht, dafür Wertzölle in Höhe des dreifachen Preises, und die Trümmerhaufen tun es noch lange. Aber wir finden einen fast neuen Japaner mit einem sympathischen, englisch sprechenden Fahrer und chartern ihn für eine Halbtagesfahrt über die Insel.

Schroffe Berge vulkanischen Ursprungs, die Hänge von Urwald überwuchert. Affen, Schlangen, Papageien, doch man bekommt sie kaum zu sehen. Weiter unten Dörfer, meist nur eine Ansammlung von Holzhütten, oft mit Wellblech gedeckt. Bananenplantagen, wuchernder Wildwuchs mit Blüten aller Art. Einzelne Kaffee- und Kakaosträucher und natürlich Tropenfrüchte, tropisches Gemüse. An der Küste kleine Fischerorte. Die meist offenen Boote werden nachts an Land gezogen. Tagsüber muß man auf See aufpassen, daß man sie nicht »übermangelt«, denn in der fast immer mit Schaumkronen und -streifen bedeckten See sind sie kaum auszumachen. Die Schwimmer der Reusen haben keine Gewichte, so daß man sie leicht in der Schraube hat. Dann muß man mit Messer im Maul tauchen. Es ist zwar nicht kalt, aber das Boot arbeitet schwer und der Rumpf hat fast immer Seepokken. Das geht nicht ohne blutige Schrammen ab, und das obendrein in einem haiverseuchten Gebiet.

Unser Visum ist, wie versprochen, pünktlich am nächsten Tag fertig, und wir erhalten es nach Vorzeigen der Bankquittung. Zurück zur Marina nach vorherigem Provianteinkauf, ausklarieren und Leinen los. Wir verlegen 10 sm weiter in eine Bucht an der Südküste. Zwischen Korallenriffen fällt gerade jetzt in unsichtigem Schauer wieder das Radar aus, und dabei bleibt es trotz aller Mühen.

Wir starten vor Sonnenaufgang mit Kurs auf die venezuelanische Insel *Margarita,* und schon am frühen Nachmittag machen wir die wuchtigen Felsklötze der *Testigos* aus. Südamerika in Sicht!

Wir ankern, natürlich illegal, weil kein Port of Entry, in einer kleinen Bucht, die aussieht wie Klein Hänschen's Traum von der Südsee. Nur hellhäutige Fischer kampieren dort. Wir haben gehört, daß dort wirklich alles knapp ist, außer Fisch. So sind Krankheiten durch einseitige Ernährung bei den wenigen Bewohnern verbreitet. Es gibt nur Hütten, Zelte, Boote. Trotzdem keine Bettelei, kein Handelsversuch. Nachdem wir eine Buddel Sekt auf Südamerika geleert haben, schwimmen wir im glasklaren Wasser. Nach dem Abendessen und ein wenig Schlaf geht es weiter.

Nach 83 sm gestern und 50 sm heute laufen wir nachmittags in *Pampatar,* Port of Entry der Insel Margarita, ein. Von einem Hafen in unserem Sinne kann, wie meistens, keine Rede sein. Es ist eine Bucht, der ein Mini-Wellenbrecher vorgelagert ist. Gewaltige Gewitterdome stehen beim Ankern am Himmel, und es geht ziemlich wacklig zu. Etwa 50 Boote, darunter die Hälfte Segler, der Rest Fischer etc., liegen ziemlich eng beieinander. Eine Landungsbrücke gibt es nicht, nur einen Steg für die Fischer mit starkem Schwell. So werden die Dingis an Land gezogen. Das Einklarieren ist eine große Prozedur in der Landessprache Spanisch. Zwei junge, geschäftstüchtige Amerikaner nehmen gegen gute Dollars die Arbeit ab, Schmiergelder inbegriffen. Ein Tag Wartezeit, bis wir die Papiere zurückbekommen.

Wir nutzen dies, fahren per Bus in die Stadt Porlamar. Eine überraschend moderne »Großstadt« finden wir vor, mit vielen Geschäften und gutem Angebot. Wie wir erfahren, hat sie den Status, den bei uns etwa die Insel Helgoland genießt, d. h. in Margarita ist das meiste noch billiger als auf dem Festland, vor allem Zigaretten und alkoholische Getränke. Dank des Seeklimas ist die Insel auch das Urlaubszentrum Venezuelas. Wir mieten einen Wagen und fahren einige Stunden durch und um den größten Teil der Insel, bis der Wagen dabei ist, seinen Geist aufzugeben. Zurück per Bus, die Papiere sind auch da.

Leider soll nun das Aus- und Einklarieren in jedem weiteren »Hafen« von neuem beginnen, und da gibt es keine Hilfe. Man saust mit Taxi, falls überhaupt vorhanden, zu Hafenamt, Zoll, Immigration. Jeder sitzt woanders. Da stimmt die Reihenfolge nicht, dort die Papiere nicht, und alles geht von vorne los.

Wir haben vorsichtshalber in einen weiter entfernten Hafen ausklariert. Durch Funkverbindung mit anderen deutschen Yachten wissen wir, daß die Marina in *Cumana,* unser eigentliches Ziel für Ausflüge ins Landesinnere, absolut überbelegt sei. So lotsen uns Seglerfreunde, die in der Bucht von Moshima liegen, dorthin. Es ist eine landschaftlich schöne, tiefe Bucht mit einem Ankerplatz vor einem 200- Seelen-Dorf. Leider zu sehr geschützt, daher wenig Wind, heiß und viele Stechtiere. Wir liegen ganz weit innen, hinter einem Gewirr von Inselchen und Fjorden, zusammen mit etwa 30 Booten.

Obwohl das Klima schier unerträglich ist und einen dazu noch Moskitos und Sandfliegen fürchterlich plagen, ist Venezuela im Sommer beliebt bei den Seglern. Einerseits hat diese Küste seit Menschengedenken kein Hurrikan zerstört, andererseits lebt man, beim Besitz harter Währung, versteht sich, zu Preisen wie zu Kaiser's Zeiten. Im einzigen Lokal Moshimas essen wir für DM 2,75, einschließlich einiger Biere, zu Abend. Aber es sieht so unappetitlich aus, und es riecht auch so, daß wir uns das billige Vergnügen künftig verkneifen.

Es gelingt uns sogar, in dieser winzigen Ansiedlung einen »Taxi«-Fahrer zu finden, der sich von Freunden einfach einen Wagen pumpt. Improvisation und Hilfsbereitschaft werden hierzulande groß geschrieben.

Nach ¾-stündiger Fahrt über Bergstraßen erreichen wir Cumana, die älteste Hafenstadt des Landes. Unsere Seglerfreundin Ilsemarie begleitet uns, und unter ihrer Führung und mit der Ortskenntnis des Fahrers erledigen wir in kurzer Zeit ein Mammut-Besorgungsprogramm. Es gibt vieles hier, auch Ersatzteile, die man nicht erwartet, man muß nur viel rumfahren und wissen wo. Auch alle Lebensmittel gibt es, zu niedrigsten Preisen, sehr sauber beim »Chinesen«, der sie auch in die Marina bringt, oder in zwei großen Supermärkten. Lende DM 5,00 je Kilogramm, Kaffee DM 1,00 je Pfund. Doch bei der herrschenden Hitze ist der Frischproviant-Transport im Auto ein Risiko. Wir kochen lieber Spaghetti an Bord und essen die letzten Fleischkonserven. Die Autofahrt war auch billig, für 5 Stunden 600 Bolivares = DM 30,00.

Die Hitze wirft uns auf die Bretter. Schon morgens sehen wir beim Zähneputzen im Spiegel die Schweißtropfen von der Stirn herunterlaufen. Dann müssen wir in der Tageshitze auch noch notwendige Reparaturen am Boot vornehmen. Es ist schlimm! Tägliche Gewitter bringen keine Abkühlung. Dann Regen – Regen – Regen. Die Segler sammeln dankbar das Wasser in ihre kleinen Wassertanks. Die nächste »tropische Störung« hat uns erreicht, die Ausläufer des Wirbelsturms *Joan*.

Unsere Seglerfreunde überreden uns, ins kühlere Binnenland zu flüchten. Sie wollen auf die MANTA aufpassen. Diesmal bringt uns ein hilfsbereiter Mensch mit einem alten zerbeulten Ford-Lastwagen in die Stadt, in ein uns von den Yachties empfohlenes Reisebüro. Stahlgitter vor den Fenstern. Geöffnet wird es nur nach Klingeln mit anschließender Gesichtskontrolle. Es gibt nur drei Möglichkeiten für Ausflüge: 1. Ein Goldgräbercamp am *Orinoco*. 2. Der Welt höchster Wasserfall *Salto Angel* an einem seiner Nebenflüsse. 3. Zu der höchsten Paßstraße und einem der höchsten Berge der Anden, zum Humboldt-Massiv. Im Zimmer ist eine Klimaanlage. Nur ein Pferd – oder die Hoffnung auf kühlere Tage – können uns wieder auf die Straße bringen. So wählen wir Route Nr. 3.

Schon drei Tage später, an einem Sonntag, bringt uns wieder der klapprige Ford-LKW zu Cumana's kleinem Flughafen. Der Fahrer schleppt unseren Koffer und uns durch eine völlig fremdartige Abfertigung. Da stimmt nichts mit dem international üblichen Standard überein. Kind und Kegel fliegen hier, ganze Familien, die Entfernungen sind groß und die Preise niedrig. Für uns DM 15,00 für 600 km bis *Caracas*! Nach zwei Stunden steigen wir aufatmend in die klimatisierte Avensa-Maschine. Landung nach 45 Minuten in der wichtigsten Hafenstadt, La Guaira.

Wieder hinein in die irre Hitze. Mit Taxi 25 km über eine moderne Autobahn hinauf bis zur Hauptstadt Caracas, 920 m hoch in einem Hochtal der Küstenkordillere der Anden gelegen, einem uralten Siedlungsgebiet. Heute hat sie über 5 Millionen Einwohner. Unzählige Hochhäuser im Zentrum. Sie ist vom Öl reich geworden. Manchmal fühlt man sich in eine US-Großstadt versetzt. Die Hälfte der venezuelanischen Industrie hat hier ihren Standort. Das Klima ist nicht schlimmer als an den Hundstagen zu Hause. Die Stadt ist ein Magnet, der mehr Menschen anzieht, als er beschäftigen kann. Die Folge: Ein Kreis von Elendsvierteln, in denen noch zusätzlich 700 000 Menschen leben sollen, mit Verbrechen, Mord und Totschlag. Die meisten dieser »Vorstädter« sind Kolumbianer, die aus ihrer von Aufruhr geschüttelten Heimat über die unkontrollierbaren Grenzen hierher geflüchtet sind und hier illegal leben. Kaum sind wir weg, führt hartes Vorgehen der Polizei gegen illegale Grenzgänger, bei dem es einige Tote gibt, zu einem Aufstand mit schlimmen Schießereien in der Hauptstadt und der Andenstadt *Mérida.*

Auch wir beginnen schon am ersten Abend mit dem Morden. In unserer Hotelsuite für DM 17,50 je Kopf rennt eine riesige *Cucaracha* über den Spiegel. Sie gibt den Auftakt für unsere Mordlust. Batsch, schon klebt sie dort, und weiter geht die erbarmungslose Jagd. Auf unsere anklagende Rede zuckt das Zimmermädchen die Schultern und wischt gleichgültig den Leichnam vom Spiegel.

Wir mieten uns einen englisch sprechenden Führer und einen Kleinbus mit Fahrer für uns ganz allein. Tagestaxe DM 70,00 und zweimal Trinkgeld. So lernen wir die alte spanische Kolonialstadt aus der Sicht eines begeisterten Einwohners kennen. Für uns besonders auffällig sind der irrsinnnige Verkehr von 2 Millionen meist klappriger Autos, die moderne U-Bahn, die Mischung von modernem Amerika und Alt-Spanien sowie die Tatsache, daß es hier fast ausschließlich Weiße und keine Indios gibt. »Die Ureinwohner waren so aggressiv, und sie sind in den Kämpfen während der Kolonialzeit umgekommen.« lautet die Erklärung unseres Führers.

Auffällig auch die überall sichtbare Heldenverehrung des spanischen Offiziers und Führers des Aufstandes gegen die spanische Krone, Simon Bolivar, nach dem sogar das international wertlose Geld des Landes benannt ist. Im Geschäftszentrum ein recht breites Warenangebot. Ein Herrenanzug nach Maß kostet DM 150 bis DM 220, ein Herrenhemd DM 10, eine Damenhandtasche aus bestem Leder DM 20 bis DM 80. Allerdings fehlt der letzte Schick.

Nach zwei Tagen Caracas wieder hinab in die Hitze, zum Flughafen La Guaira. Weiterflug, 800 km für DM 20, nach Mérida. Mit 1640 m ist sie die höchstgelegene Stadt des Landes. Das Flugpersonal spricht einen für uns unverständlichen spanischen Dialekt. Landung nach Flug in dicken Wolken ohne Landschaftssicht. Wir steigen aus und warten auf unsere Koffer. Die kommen nicht. Das Band ist leer. Da rettet uns ein Gepäckträger und führt uns im Laufschritt zurück aufs Flugfeld, und wir können gerade noch unsere Maschine entern. Es war eine Zwischenlandung!

Neuer Start, nochmals 40 Minuten Flug, jetzt sehen wir zeitweise einige Berge der Anden. Gewaltige Wolkentürme hängen davor. Zwischen Tropenregen ein Blick auf die Gipfel. Nach einem heftigen Flugmanöver setzen wir mit Gepolter auf der Landebahn auf, rasen auf ihr weiter, sie führt steil bergan. Schubumkehr, Bremse. Es reißt uns in die Gurte. Auf dem gelben Streifen, wenige Meter vom Ende des Flugfeldes, steht die Maschine. Uff! Taxi, Hotel, gleich wieder Taxi. Wir wollen noch was sehen und für morgen organisieren.

Am nächsten Morgen sind wir schon früh an der Talstation der Bergbahn zum *Pico Espejo.* Diese längste Bergbahn der Welt, von einem deutschen Unternehmen gebaut, führt über vier Stationen mit jeweiligem Umsteigen auf 4775 m hinauf. An jeder Station machen wir uns gegenseitig Mut und fahren weiter. Schließlich stehen wir, schlotternd in unseren superleichten Sommeranzügen und bei jedem Schritt schwindelnd, unterhalb des Gipfels, der gerade in den Wolken verschwindet. Temperatur Null Grad.

Am folgenden Tag Ausflug mit einer Taxe über eine der höchsten Paßstraßen der Welt zum *Pico el Aguila,* 4108 m. Der Wirbelsturm *Joan* hat uns hier eingeholt, die ganze Nacht Wassermassen über uns ausgeschüttet. In den schluchtartigen Tälern sind Teile der Straße von den angeschwollenen Fluten weggerissen. Nun werden die Wolken weniger. Wir haben atemberaubende Blicke auf das Humboldt-Massiv.

Je höher wir kommen, desto mehr Indios. Mit mageren Rindern und mittelalterlichen Hakenpflügen beackern sie kleine Kartoffelfelder, die voller Steine sind. Vor der spanischen Kolonialzeit waren die Berge von Ureinwohnern dicht besiedelt, und noch heute erkennt man die Reste der künstlichen Terrassenanlagen, die auf intensiven Landbau hinweisen. Seit Jahrzehnten wurde die Landwirtschaft zu Gunsten einer forcierten Industrialisierung vernachlässigt. Landflucht hat die landwirtschaftlichen Zonen menschenleer gemacht. Jetzt gibt es nur mehr armselige Dörfchen, und geackert wird meist nur in unmittelbarer Nähe der Paßstraße.

An Hängen mit seltenen, nur dort blühenden gelben Pflanzen geht es vorbei. Der Paß selbst ist wieder in Wolken. Eiskalter Regen fällt. Nach kurzer Einkehr in einem einheimischen Berglokal kehren wir um. Sich weiter der Grenze nach Kolumbien zu nähern ist nicht gut, denn dort, so sagt uns der Fahrer, herrschten das Chaos und die Drogenkartelle. Trotz *Joan* haben wir immer mal wieder einen Blick auf die Anden; die kompakte Wolkenmasse bleibt hinter uns. Natürlich sind die Anden keine Alpen. Sie sind hoch, aber nicht schroff, und die Entfernung von Gipfel zu Gipfel ist riesig.

Über Mérida gießt der Himmel wieder seine Badewannen aus. Keine Sicht. Alles schwimmt, den ganzen Tag keine Landungen und Starts. Wir schauen nachdenklich aus unserem Hotelfenster auf die gespenstisch verschwimmende Befeuerung des Flugfeldes, das sich bis zu uns hinzieht. Kommen wir morgen weg?

Der Start am nächsten Morgen von der viel zu kurzen, abschüssigen Piste hinein ins Tal der Wolken sieht gefährlich aus, aber die Piloten beherrschen ihr Geschäft besser als Fremdsprachen, und nur das zählt.

So geht es mit zwei Zwischenlandungen über 1200 km zurück in die Hitze. Ankunft spätabends. Nur mit Not erwischen wir ein Taxi, das zu so später Stunde noch den weiten Weg nach Moshima machen will. Ein Fischer bringt uns an Bord.

Während wir auf eine nicht gelingende Radarreparatur und geeignetes Wetter zur Weiterfahrt warten, haben wir Zeit, der täglichen deutschsprachigen »Runde« am Funk zuzuhören. Deutsche, schweizer und viele österreichische Yachties, über das ganze karibische Meer verteilt, stehen in Funkverbindung miteinander. Sie arbeiten auf allen Frequenzen von Mittel- bis Kurzwelle, auf beiden Seitenbändern, vom Polizeifunk über den Seefunk bis zu den staatlichen Funkdiensten. Bis dreimal täglich zu vereinbarten Zeiten treffen sich alle auf einer möglichst freien Frequenz. ½ Stunde werden jeweils Informationen ausgetauscht. Wetter, wer wo, örtliche Ereignisse, Informationen die Seefahrt betreffend, Ferndiagnose von Schäden und Ratschläge für deren Behebung. Wer braucht was, wer kann es besorgen, und wer befördert es wohin. Was ist überflüssig und wer will es haben, was soll es kosten.

Das alles unter Leitung einer Funk-Stelle, und da sind wir bei Katastrophen-Kurt. Er hat alle karibischen Sender abgehört und erzählt, wo immer in der Welt ein Unglück passiert ist, und wieviele Tote es gegeben hat. Dann sind die gesamten Katastrophen der Karibik dran. Steckenpferd sind die Wettervoraussagen; er lebt schon lange in diesem Gebiet auf dem Wasser und hat eine Menge beobachtet.

Wir lernen viel über die Verhältnisse in der Karibik und über etliche Yachties. Alle werden in der »Runde« nur mit den Vor- oder Spitznamen genannt, und unsere hiesigen Seglerfreunde klären uns über die Bootsnamen auf. Etliche hatten wir zuvor selbst »unwissend« kennengelernt. Hier nur einige Stories:

Da ist der »Panzerfahrer«. Fast siebzig. Er prahlt damit, über den ganzen Krieg bei der SS-Division Leibstandarte Panzer gefahren zu haben. Die Gemeinde rätselt, ob er bei den Verlusten dieser Truppe eigentlich noch leben könnte. Aber er ist kein Geist, sondern ein Verkäufer aus Fleisch und Blut. Bibeln habe er in Norddeutschland an der Haustür verkauft und den Erlös für sich behalten. Dann habe er einen neuen Paß für 10 Jahre beantragt (Verjährungzeit), eine Yacht mit DM 500 Anzahlung gekauft, nicht bezahlt und sich damit planmäßig in die Karibik abgesetzt, wo man keinen erwischen kann. Dort lebte er von Gelegenheitscharter. Das ist natürlich verboten, aber wer will beanstanden, wenn man »Freunde« mitnimmt, die man im Hotel kennengelernt hat. Bezahlung? Nein. Kostenbeteiligung für die Verpflegung.

Aber diesen Trick haben inzwischen viele herausgefunden, und das führt natürlich zu einem erheblichen Konkurrenzkampf. Man schneidet sich gegenseitig Ankerleinen ab; wenn das Boot dann in die Felsen treibt, ist erstmal Fahrpause. Das Dingi wird mit dem Tauchermesser aufgeschnitten, oder man zeigt sich gegenseitig bei Zoll oder Polizei an. Besonders prekär, wenn man sich dann dort blutig schlägt. So geschehen dieser Tage zwischen »Panzerfahrer« und »Rotkäppchen« (auch an die siebzig).

»R« hat seinen Spitznamen, weil er ständig eine rote Mütze trägt à la Cousteau. Er denkt nach vielen früheren Versuchen nunmehr logischer. Das Beste ist, legal zu verchartern, also z. B. unter St. Lucia-Flagge. Das kostet Geld, und das hat man natürlich nicht. Da gibt es aber einen einfachen Ausweg. Man heiratet eine einheimische Schwarze, und auf einen Schlag hat man vier Fliegen mit einer Klappe geschlagen. Man hat eine billige Arbeitskraft, St. Lucia-Flagge, bekommt die Daueraufenthaltsgenehmigung und eine Arbeitserlaubnis. Ring frei zur nächsten Runde!! Und das macht Schule. Ganz nebenbei, die meisten Yachties sind solo, zumindest ohne Ehefrau, und die Freundinnen wechseln oft.

Dann hinkt einer vorbei mit komischem Gang und Rauschebart. Das ist »Kopfschuß-Max«. Er ist schweigsam. Den Spitznamen hat er für dumme Ratschläge. Insidern zufolge soll er sich am Rauschgiftschmuggel beteiligt und nicht bezahlt haben. Jedenfalls hat man ihm von hinten ins Knie geschossen. Notreparatur mit einem kräftigen Stück Eisen. Das tut weh und müßte längst raus. Aber das kostet viel von dem Stoff, den keiner hat – Geld!

Und da ist »Chicken-Heini«, auf dünnen Beinen und mit einer Kopfhaltung wie ein Gockel beim Krähen. Er hat mit »Bullen-George« eine gängige Vereinbarung getroffen und ein doppeltes Geschäft gemacht. Georges gerade neu versichertes Boot hat er auf dessen Wunsch abgeholt, um es zu versenken. Halbe – Halbe. Er läßt es aber unversehrt in einem meist leeren Hurricane-Hole in den Mangroven verschwinden. Auf eigene Rechnung. Aber leider hat der Versicherer Lunte gerochen, und mit einem gecharterten Flugzeug findet man das gute Stück. Das alles spielt sich zwischen den vielen Inselstaaten ab. Welche Justiz ist da wohl zuständig? Na, Hauptsache, man muß nicht zahlen.

Neben vielen solchen Existenzen gibt's auch noch alte Berufe, die dagegen recht honorig sind. Da ist »Schmuggler-Pit«. Vor sechs Jahren hat er sich mit Frau und drei Söhnen planmäßig in die Karibik abgesetzt. Zivilisationsflucht. Aber mit seinem winzigen Boot, das voll besetzt ist, läßt sich kein Geschäft machen. Wie es der Zufall will, trifft er in einer Bar Moritz. Der wollte gerade sein Boot anbohren, da er die Versicherungssumme braucht. Da macht ihm Pit ein Angebot: Er kauft das Boot und zahlt es in Raten ab. Schnell wird man handelseinig. Jetzt fängt Pit ein gewerbsmäßiges Schmugglergeschäft an. Zunächst baut er die Einrichtung aus und ersetzt sie durch eine Menge alter Fässer. 7000 Liter Diesel bunkert er in seinem 10-m-Boot in Venezuela für sieben Pfennige pro Liter und segelt nach Guadeloupe, wo die Bootstankstelle etwa 50 Pfennige verlangt. Die Familie schläft mit ihren Matratzen auf den Fässern. Verkauft wird an Ankerplätzen zu halbem Preis an Segler.

Mit dem »Verdienst« kann die Familie im billigen Venezuela gut leben. Aber irgendwann fällt er auf. Die Ausweisung für Martinique und Guadeloupe ließe sich noch verkraften. Aber dann macht Venezuela den Hahn zu. Ausländer müssen den Rotterdam-Preis bezahlen. Nach Einsatz der nötigen Bestechungsgelder lohnt die Sache nicht mehr.

Aber da gibt es noch den Schmuggel innerhalb Venezuelas, von der zollfreien Insel Margarita zum Festland. Im wirtschaftlichen Zentrum Margaritas, Porlamar, ist neben dem alten Stadtkern mit vielen kleinen Läden ein auch nach europäischen Begriffen hochmodernes Geschäftszentrum »auf der grünen Wiese« entstanden. Dort kann man alles billig kaufen, von italienischen Designer-Bestecken mit 10 Karat Goldauflage bis zu französischem Champagner, Feinkost, Mode, Porzellan – alles vom Besten. Die Zölle aber, die bei der Ausfuhr zum Festland erhoben werden, sind ungeheuer hoch; die Zollbeamten passen scharf auf.

Trotzdem wird Schmuggler-Pit aktiv, doch er wird geschnappt. Folge: Kurzbesuch in einem venezuelanischen Gefängnis, ein Alptraum, und weitere Ausweisungen folgen, werden in die Pässe gestempelt.

Nun klebt Pit die Seiten zusammen, und weiter geht's. Doch da kommt der Tod dazwischen. Kehlkopfkrebs. Pit erstickt an Bord innerhalb venezuelanischer Hoheitsgewässer. Die letzten Worte, die er noch herausquetschen kann: »Kein Arzt, und auf keinen Fall hier an Land!« Die Familie ist verzweifelt, ratlos. Man folgt seinem Wunsch und bestattet ihn auf See, ohne Totenschein und ohne Zeugen, versteht sich. Dann geht es weiter zu den karibischen Inseln. Der Vater steht weiter auf der Besatzungsliste, da man sich vor der Meldung fürchtet. Wenn man aber nichts mehr zu essen hat, muß man Farbe bekennen. Gute Freunde raten zu Lügen, weil inzwischen drei Monate vergangen sind. Aber der Schwindel führt zur Beschlagnahme des Bootes und Festnahme der älteren Söhne. Ein Teilnehmer der Funkrunde, der die Familie seit Jahren kennt und Bescheid weiß, springt als Dolmetscher ein. Sogar von Mord wird gesprochen; es gelingt, dies niederzuschlagen. Das Boot ist nicht bezahlt, und in einem der Inselstaaten liegt ein Beschlagnahme-Bescheid vor. Geld ist nicht einmal da, um der Mutter die notwendige Brille und vor allem ein Hörgerät zu beschaffen. Der Jüngste ist jetzt 12 und kann kaum schreiben oder rechnen. Den Älteren fehlt der Schulabschluß. Obwohl sie so lange in englisch und spanisch sprechenden Ländern waren, sprechen und verstehen sie kaum ein Wort. Schicksale!

Auch diese Notiz gehört hierher. Die Yacht liegt in St. Lucia am Steg hinter uns.

Mysteriöser Tod an Bord!

Peter Frey (52), der seit vielen Jahren auf der Karibikinsel Bequia lebte, ist unter mysteriösen Umständen ums Leben gekommen. Die Mannschaft eines amerikanischen Frachters fand Frey tot im Rigg seiner Ketsch »Escape«. Die Yacht ankerte vor der unbewohnten venezuelanischen Insel Cobugua. Frey war allein von Venezuela in Richtung St. Vincent gesegelt.

Man kann die Geschichten, in denen wir aus verständlichen Gründen die Namen und einige Ereignisse gemixt haben, noch fortsetzen. Einstige Träume sind zerbrochen. Elend der Zivilisationsflüchtlinge.

Zurück zum Wasser, zur MANTA. Am 25. Oktober 1988 fahren wir mit Freunden für mehrere Stunden nach Cumana in die Marina zum Bunkern und kaufen dort Frischproviant ein. Zwei Tage später fahren wir weiter nach Margarita, der Rückweg nach Norden hat begonnen. Vor dem Festland sind ausgedehnte Flachs. Die in der Seekarte verzeichneten Tonnen liegen tatsächlich aus. Sie haben die karibische Einheitsfarbe weiß und rot, Vogeldreck und Rost. In Pampatar klarieren wir wieder aus.

Das Wetter hat sich zunächst stabilisiert; wir fahren ohne Zeitdruck. Blaues, oft spiegelglattes Meer. Bis zu den *Grenadines.* Sie sind wohl das berühmteste Revier der südlichen Karibik. Kleine Inseln, Korallenriffe, Wasser in allen Farbschattierungen, Palmen, wie man sie sich in der Südsee vorstellt. Ankern zwischen den Inseln hinter den Riffen. Wunderschön, aber immer weht ein starker Wind. So kommt man meist nicht an die Riffe, an die die Brandung donnert, zum Schnorcheln heran.

Clifton Harbour auf *Union Island* ist der zentrale Ort mit dem einzigen winzigen Flughafen. Es gibt einen Badestrand und ein Hotel. Um dorthin zu gelangen, muß man, den Himmel aufmerksam nach tieffliegenden Maschinen absuchend, die Ohren auf das Gebrumm etwa startender Flugzeuge eingestellt, über den Landestreifen sprinten. Schilder dienen hier der Verkehrssicherung: »Auf der Piste grasende Rinder werden aus Sicherheitsgründen erschossen.« – »Vor Überqueren der Landebahn auf rotes Licht achten.« – »Rotlicht brennt, wenn Flugzeug zum Start oder Landen ansetzt.«

Sonst ist alles gut organisiert: Die Touristen, sie kommen von vielen Inseln, steigen aus, klettern hinter der Piste ins wartende Charterboot, Tagesausflug – und zurück geht es.

Der nächste Hurrican, *Keith,* ist Mitte November in die Startlöcher getreten. So laufen wir direkt weiter nach St. Lucia. Eigentlich wollten wir ja gar nicht hierher zurück, sondern über Jamaica, Grand Cayman und Cuba nach Florida. Der Grund für die wesentliche Änderung des Reiseweges war der Jahrhundertwirbelsturm mit dem schönen Namen »Gilbert«, der diese Inseln nicht nur verwüstete, sondern Aufstand und Unruhen zur Folge hatte. Einige dieser Inseln waren unregierbar geworden, und das Risiko, sie anzulaufen, ist für absehbare Zeiten zu groß.

Es ist Donnerstag, 24. November. Wieder sitzen wir in dem winzigen Flughafenbau von St. Lucia, Westindische Inseln und warten auf unseren Flug. Nach dem Kalender ist die Regenzeit zu Ende, aber der Himmel ist immer noch bedeckt. Trotzdem herrscht schwüle Hitze.

Sieger nach Punkten sind wir über das tropische Krabbelgetier an Bord. Heute morgen noch haben wir überall listige Fallen aufgestellt, und wir leben in der Hoffnung, daß in diesen übriggebliebene »Versprengte« ausgerottet werden. Leider schleppt man die Eier nicht nur mit den Lebensmitteln ein, sie kleben auch an Tüten und Verpackungen, viele der Tierchen fliegen auch noch!

Hinter uns liegt die Reise nach Südamerika. Wir sind besiegt von Sonne und Hitze, zerstochen von Moskitos und Sandfliegen, mit aufgekratzten, eitrigen Schwären, aber in froher Erwartung der frostigen Heimat. Endlich einmal frieren dürfen! Keine Sonne und keine Stechtiere mehr sehen bzw. spüren!

Weihnachten wollen wir zu Hause sein. Wir haben erstmal die Nase voll von der Karibik.

Nach zehn Stunden Flug landen wir in Frankfurt, bei Nebel, Schnee und Regen, aber wir sind happy.

Kapitel 12
Zurück zur Zivilisation

Nach sechs Wochen »Heimataufenthalt« kommen wir am 6. Januar 1989 in St. Lucia, Rodney Bay an. Die MANTA schwimmt noch und zerrt an ihren Leinen, aber niemand ist da. So schleppen wir unsere schweren Koffer allein über die Pier und wuchten sie an Bord. Geschlossene Bulleyes und Fenster haben die Tageshitze bewahrt. Noch in der Koje läuft der Schweiß. Wir sind übermüdet und fallen in unruhigen Schlaf.

Vor uns liegt eine weite Reise. 3600 sm = 6700 km nach Norden. Wir wollen bis in die Großen Seen und nach Kanada dem jungen Frühling folgen. So muß es auch eine schnelle Reise werden. Zunächst Generalkurs Nordwest bis nach *Mobile* am Scheitel des Golfs von Mexiko, Südende des erst 1985 eingeweihten *Tenn-Tom*-Wasserweges, der die USA in Nord-Süd-Richtung durchschneidet.

Er verbindet die Flüsse *Mobile, Tom Bigbee,Tennessee* und *Ohio* mit dem *Mississippi,* umgeht so seinen unzähmbaren Unterlauf und eröffnet via *Illinois* und *Des Plaines* eine weniger gefährliche Verbindung über Chicago in die *Großen Seen.* Von dort führt die Großschiffahrtsstraße des St.-Lorenz wieder in den Atlantik.

Der erste Teil unseres Weges führt wieder über die Karibischen Inseln, Jungferninseln, Puerto Rico, Hispaniola, Turks & Caicos, Bahamas, Florida, dann in den Golf von Mexiko bis Mobile.

Von Radau wachen wir auf. Dann machen wir uns auf den Weg zum Hafenmeister, zum Marinabüro, Zoll, Immigration und zu unserem schwarzen Fernsehtechniker, der in der Hauptstadt die Geräte flickt.

Wir brauchen unser Radar dringend. Vor uns liegen viele Nachtfahrten in unbezeichneten Gewässern. Unsere britischen Seekarten tragen noch die Namen der eisernen Männer und ihrer hölzernen Segelfregatten, die diese Gewässer vor über 100 Jahren vermessen haben. Man kann sich heute nicht mehr unbedingt auf sie verlassen, denn viele Hurrikane und das Wachstum der Korallen haben Wassertiefen und Grundbeschaffenheit verändert. Das Radar hatte schon auf dem Wege nach Südamerika seinen Geist aufgegeben. Es hat Charakter und widerstand Reparaturversuchen vieler Stümper.

Noch vor unserer Abreise hatte unser Fernsehtechniker mit treuem Aufschlag der hellweißen Augen in dem kohlschwarzen Gesicht versichert, er werde das Übel schon herausfinden. Tatsächlich hatte er uns anrufen lassen und ein Ersatzteil verlangt, das wir nun dabei haben.

Wir schrubben, putzen, schleifen Rost, malen, reparieren, bauen Ersatzteile ein, die wir mitgebracht haben und machen seeklar. Nichts leidet mehr als ein in den Tropen stilliegendes Schiff. Sogar das Beiboot aus Plastik hat Schäden von Salz und Sonne.

Am zweiten Tag kommt unser schwarzer Fernsehtechniker, und am dritten passiert ein Wunder – das Radarbild ist wieder da. Dabei hatte der arme Kerl nicht mal richtiges Werkzeug, und auch unser Lötkolben, den er brauchte, war geklaut.

Am 14. Januar gehen wir endlich in See. Ein Hafen soll nur angelaufen werden für Ölwechsel, Brennstoff bunkern, Vorräte einkaufen. Ankerplätze für eine Mütze voll Schlaf.

Noch ist Winter. Der Passat bläst stark von Osten. Die See geht hoch. Trotz Motorenlärm hört man den Wind pfeifen. Das Sonnensegel über dem Achterdeck knallt. Wir sind von Gischt und Spritzwasserkaskaden eingenebelt, und die brechenden Seen waschen über Deck. So kämpfen wir uns mit Wind und Seegang querab nach Norden. Nachts lösen wir uns alle zwei Stunden ab. Einer ist Wachführer und Mannschaft, der andere verkeilt sich auf der Ruderhausbank, damit er nicht runterkippt, und versucht zu schlafen; wenn man so müde ist, daß man in den Stiefeln umkippt, geht das auch.

Alle sechs Stunden müssen jetzt an der Backbordmaschine zwei Liter Öl nachgekippt werden. Blind. Ein ungutes Gefühl. Unsere Maschinen haben 9000 Betriebsstunden ohne große Reparaturen überstanden, und wir sind uns darüber klar, daß sie überholungsreif sind. Aber wer soll das machen? Nicht einmal in den USA haben wir große Hoffnungen. Die Ersatzteile. Die Spezialwerkzeuge. Die andere Technik. Die anderen Maßsysteme. Schon die metrischen Werkzeuge Marke »Craftsman« scheinen uns museumsreif, sofern sie überhaupt vorhanden sind. Eine Rückreise über See ist bei diesem Maschinenzustand nicht mehr möglich.

Schon vor den Jungferninseln hat der stürmische Wind erwartungsgemäß abgeflaut. Zudem haben wir nach Westen gedreht, so daß wir bei achterlicher See jetzt ruhiger liegen.

So geht es weiter über San Juan, die Hauptstadt Puerto Ricos, nach Hispaniola, Dominikanische Republik. Trotz sonst jämmerlicher Verhältnisse, hier gibt es für uns noch immer Treibstoff für 20 Pfennige je Liter.

Frühmorgens laufen wir in den kleinen Naturhafen von *Samana,* der unserer Route am nächsten liegt, ein. Nach dem Einklarieren sofort an die Tankpier, und dann reicht der Tankschlauch nicht. Mühsam wird mit unseren Schläuchen, die ja für andere Zwecke bestimmt sind, eine Leitung zusammengestellt.

Geschrei, Disputieren. »Was ist?« – »Strom ist weg!« – »Wann kommt er wieder?« Hände werden ausgebreitet. Blicke zum Himmel, Achselzucken. »Vielleicht heute oder morgen oder in den nächsten Tagen!« – »Passiert das öfter?« – »Ja, immer wieder!«

Unser Brennstoff ist fast bis auf die notwendige Reserve alle. So sausen wir los und suchen nach einem Notstromaggregat. Schwierig, die Leute sind kaum zu verstehen. Aber dann finden wir doch eines in einer kleinen Kneipe, die ein weißer Spanier betreibt. Die Kabel werden mit denen der verrotteten Dieselpumpe zusammengedreht. Der Brennstoff läuft, die Bunker sind voll. Gleich weg und draußen vor Anker.

Routinemäßige Überprüfung von Öl- und Wasserständen. Oh Schreck! An der Backbordmaschine fehlen sechs Liter Wasser! Kurz vor dem Einlaufen war das System noch voll. Unter die Maschine kriechen. Über die Maschine krabbeln. Anschlüsse ableuchten. An den Wasserschläuchen biegen. Nichts! Kein Öl im Kühlwasser, kein Wasser im Schmieröl, kein Wasser in der Bilge. Wasser wieder auffüllen. Nichts fehlt am nächsten Morgen, und wir gehen Anker auf, Kurs Nordwest, den weiten Weg zu den Caicos-Inseln. Alle zwei Stunden Tag und Nacht Wasserstandskontrolle. Im Maschinenraum auf den Bodenrosten liegen, mit dem Leuchtstab in der Hand auf Tropfen lauern. Nichts! Wasserstand ständig unverändert.

Der einzige Trost: Das Sternbild »Kreuz des Südens« ist hinter uns immer mehr zum Wasser abgetaucht, und der Polarstern vor uns steigt höher und höher.

Nach zwei Tagen ankern wir auf Caicos in Lee der Insel *Providenciales.*

Hier ist eine Taucherstation. Nach drei Stunden letzte Wasserstandskontrolle. Das Wasser ist wieder weg! Spurlos. Und jetzt spielt auch noch der Generator, der am selben Kühlsystem hängt, verrückt. Kühlwasser überhitzt, die Warnhupe nervt. Der Besitzer der Taucherstation schickt uns einen barfüßigen Rasputin – »Bester Mann auf Insel«. Ohne lange zu fackeln, macht er den Thermostaten kaputt, gibt ein paar Ratschläge und geht unter Mitnahme echter US-Dollars. Keine Änderung. Nach fünf Minuten Kühlwasseralarm, die scheußlich durchdringende Hupe äfft uns schon wieder.

Weiter! Wir haben keine Zeit mehr. Sohn Dieter mit Ehefrau Christine haben sich überraschend zu einem zweiwöchigen Kurzurlaub mit uns in George Town/Exumas verabredet, dem Ort, durch den der nördliche Wendekreis hindurchgeht. Er bezeichnet das Ende der tropischen Region.

Am nächsten Mittag kommen wir an, und schon am Tage darauf landen unsere Besucher auf der kleinen Flugpiste mit dem Inselhopper. Jetzt geht es etwas gemütlicher weiter, aber jeden Tag wird lange gefahren, meist acht Stunden.

In der Hauptstadt Nassau liegen viele große amerikanische Yachten. Wir fragen die Kapitäne nach der richtigen Werft als Nothelfer. »Broward Marine« in Fort Lauderdale sei die berühmteste, aber auch die teuerste US-Werft. Dort werden deutsche MTU-Motoren eingebaut, und das gibt den Ausschlag. Am 17. Februar machen wir in Fort Lauderdale bei »Broward Marine« fest, aber unsere Hoffnung, sie könnten den Fehler am Kühlsystem herausfinden, wird zunichte. Die Maschinen haben nicht mehr genügend Kompression für eine Weiterfahrt. Sie sind reif!

Dieter ist mit seiner Frau zurückgeflogen, und morgen ist Sontag, Beginn der großen *Miami Boat Show,* der größten Yachtausstellung Amerikas. Wir fahren mit einem Mietwagen hin und stolpern als erstes über den Ausstellungsstand von Deutz-MWM, dem Hersteller unserer Motoren. Und siehe da, ein neues Wunder: Die einzige Servicestation, zuständig für die Schiffahrt von Kanada bis in die Karibik, hat ihre Werkstatt mit 30 deutschen Fachmonteuren fünf Autominuten von unserem Werftliegeplatz entfernt.

»Kleine Sache, diese kleinen Motörchen! In 14 Tagen erledigt!« Ein Stein fällt uns vom Herzen, man kann ihn plumpsen hören. Aber dann werden doch sieben Wochen daraus. Entweder fehlen Teile oder Leute, und es hätte ohne unseren reichlichen bordeigenen Ersatzteilstock sicher noch länger gedauert.

So beginnt für uns eine arbeitsreiche Fahrpause. Wir sehen viel, sprechen mit vielen Menschen und erfahren eine Menge über Land und Leute.

Sonntagsausflug im Mietwagen. Nach unseren Maßstäben ein Auto der oberen Mittelklasse mit viel Raum und allen Extras, die hier Serie sind. Jetzt in der Hochsaison kostet es ca. DM 150 je Woche. Aber das ist nicht verwunderlich, denn Autos kosten hier nur halb so viel wie in Deutschland.

Es ist nicht leicht, sich in einer 100 km langen Überstadt zurechtzufinden. Auf diese Länge sind die Städte von Palm Beach bis Miami übergangslos zusammengewachsen. Ein Riesenseebad für die im Winter kältegeplagten Bürger aus dem Norden des Kontinents.

Aber schnell findet man heraus, daß in dem riesenhaften amerikanischen Subkontinent alle Straßen einem einprägsamen Schema zugeordnet sind. Alle Straßen in Nord-Süd-Richtung sind mit ungeraden, die in Ost-West-Richtung mit geraden Zahlen fortlaufend numeriert.

Das läßt zwar ehrgeizigen Bürgern keine Chance, nach ihrem Tod unbekannterweise auf einem Straßenschild zu prangen, aber es dient sehr der einfachen Orientierung. An dieses schachbrettförmige Straßenmuster schließen sich die Ortsstraßen an, die dann allerdings zweckbestimmt verlaufen, je nachdem, ob Wohn- oder Gewerbegebiet. Noch etwas unsicher in diesem System, drehen wir unsere Runden erst mal in der Nähe, in und um Fort Lauderdale.

Einwohner ganzjährig 160 000, im Winter wohl mehr als das Doppelte. Alleine die innerhalb der Stadtgrenzen an die natürlichen Wasserwege angeschlossenen Kanäle haben eine Länge von 250 km. Hier und entlang der Küste liegen die Wohngebiete.

Wunderschöne Villen, in eine gepflegte Parklandschaft hineingebaut. Kein bestimmter Stil, einfach verwirklichte Träume, manchmal wie aus Grimms Märchen. Aber das stört nicht in dieser lockeren, weitläufigen Bebauung. Die Burgen des Jet-Set säumen die Küste, versteckt in traumhaften Gärten, jede mit eigenem Lieferanteneingang. Im Golfclub sind Juden unerwünscht; die haben eigene Clubs, in denen ungläubige Gojim unerwünscht sind. Prächtige *Condominiums* mit großen Eigentumswohnungen. Mächtige Boulevards, meist acht Fahrspuren mit breiten Grünstreifen. Auch sie ähneln gepflegten Parks. An jeder Seite Doppelfahrspuren für den Auto-Schaufensterbummel, befahrbar in beiden Richtungen, Parkplätze.

Diese weitläufigen Städte sind jung und schnell gewachsen. Sie haben keinen Kern, keine City, in der die guten und teuren Fachgeschäfte konzentriert sind. Die sind in den »Malls«, prachtvoll ausgestatteten Bauten mit 100 und mehr eleganten Geschäften. Und meist sind noch ein bis zwei Kaufhäuser integriert, die sich jeweils über mehrere Stockwerke hinziehen, mit Zugängen auf jedem Stockwerk. Delikatessen und Restaurants für jeden Geldbeutel. An Sonn- und Feiertagen herrscht hier Betrieb. Das sind die Familieneinkaufstage mit der Möglichkeit, nur zu schauen oder in Ruhe auszuwählen. Weder Käufer noch Verkäufer sind abgehetzt, alles spielt sich in einer freundlich entspannten Athmosphäre ab. Möglich ist das nur, weil die Beschäftigung des Personals nicht in enge Regeln gepreßt ist. Man arbeitet Stunden, Tage, Wochen oder auch durchgehend, um dann eine lange Pause einzulegen. Verschiedene Mitarbeiter teilen sich einen Arbeitsplatz, und sie sprechen sich ab. Dies wird bestimmt von familiären Pflichten, der Lust und dem Geldbeutel. Auch diejenigen, die zu ungewöhnlichen Zeiten beschäftigt sind, haben keine Versorgungsprobleme. Überall gibt es Geschäfte mit Grundbedarf, die rund um die Uhr offenhalten.

Was unsere deutschen Monteure so attraktiv finden, sind natürlich die geringen Lohnabzüge. Kaum Steuern und sehr geringe Soziallasten. Unter dem Strich verdienen sie so viele Dollars wie zu Hause DM, und das Leben, meinen sie, sei zudem billiger, bei mehr Komfort, den sie sich leisten.

Es gibt eine billige Sozialversicherung. Darüber hinaus richtet jeder seine Altersversorgung nach eigenem Ermessen ein. Einer der älteren Monteure hat für seine Altersversorgung einen Fischkutter gekauft, den sein Neffe betreibt. Ein zweiter Kutter ist in Bau. Nächstes Jahr, wenn er 60 ist, steigt er aus und geht fischen. Wenn er keine Lust mehr hat, wird er die Kutter verpachten. Von diesen privaten Fischkuttern gibt es unzählige in diesem an Fischen und Seetieren unsagbar reichen Gebiet, und sie verdienen gutes Geld.

Krankenversichert ist man privat, aber doch viel billiger als in einer privaten Krankenversicherung in Deutschland. Arzneimittel sind billig, weil Patienten und Ärzte preisbewußt sind, denn jeder hat mit Selbstbeteiligung abgeschlossen. Natürlich behandelt kein Arzt ein ganzes Quartal zu speziellen Kassenpreisen, aber die Meldung, daß hier ärztliche Leistungen unerschwinglich sind, gehört, so meinen die Leute, in den Bereich der Zweckpropaganda.

Nach des Tages harter und pausenloser Arbeit in dem Dreck und Radau, die auch die vornehmste Werft unangenehm machen, gehen wir in ein gutes Restaurant. Zunächst mal mit dem Beiboot. Man muß sehr aufpassen, daß man sich nicht verirrt. Die Kanäle haben nur Namen; oft indianischen Ursprungs. Herrlich die Wasserfronten dieser Traumvillen mit ihren tropischen Parks und Gärten in der Abendsonne. Jede hat ihren eigenen Yachtanleger. Unzählige Yachten und Boote sind hier festgemacht. In den Randgebieten wird die Bebauung enger. Dann kommen riesige Mobilheime, die, ineinandergeschachtelt aufgestellt, passable Bauten ergeben. Keineswegs einförmig. Hier wohnen viele Arbeiter des Werftpersonals, und die meisten haben eigene Boote.

Grundstücks- und Baupreise sind hier so niedrig, daß wir es zunächst nicht glauben wollen. Niemand legt sich ein Leben lang krumm für Wohneigentum. Es gibt eben viel Platz, kaum verteuernde Bauvorschriften, und auch die Baulanderschließung ist Sache der Bauträger.

Die Restaurants haben eigene Anlegeplätze, und es gibt sie in jedem Genre. Vom Steak- oder Seafoodhaus bis zum teuren »französischen«. Die Amerikaner selbst bekennen, daß ihre Rezepte höchst einfach sind. »Nimm viel vom Besten und koche es gar«. Aber nach unserem Empfinden ist dieses »Beste«, einfach gekocht oder gebraten, äußerst lecker. Natürlich vergreift sich hier kein Metzger an einer Milchkuh. Es müssen schon junge, mit Korn gefütterte Mastochsen sein, und die Meerestiere, die es hier gibt, oft vom Kutter direkt ins Restaurant geschaufelt, haben wir in dieser Qualität noch nicht erlebt. Eine frische, handtellergroße Auster umgerechnet eine Mark, alles andere entsprechend, und es gibt einfach alles und vieles, was wir nur vom Hörensagen kennen. Diese flachen Randmeere hier bringen ungeheure Ernten. Ein Paradies für Schlemmer und Vielfraße.

Zurück zur MANTA. Hier sieht es aus, als hätte eine mit Dreck gefüllte Bombe in einen Schrotthaufen eingeschlagen. Wir haben die größte Mühe, wenigtens unseren Schlafraum in Ordnung zu halten. Eine Kehrseite des amerikanischen Wunders hat uns jetzt getroffen. Einzelne Arbeitskolonnen beginnen schon mitten in der Nacht mit ihren heulenden Preßluft-Schleifscheiben. Andere hämmern neben uns bis Mitternacht. Es gibt keine ruhigen Feiertage oder Wochenenden. Immer ist irgendwer dabei, Radau und Dreck zu machen. Das nervt.

Dann raffen wir uns doch zu zwei Sonntagsfahrten in die Everglades auf. In der sommerlichen Regenzeit ist das ein 180 km breiter, aber nur etwa 30 cm tiefer Fluß, der vom überlaufenden *Oceechobee-See* gespeist, über die südliche Hälfte Floridas hinweg, in den Golf von Mexiko fließt. *Der* Nationalpark Süd-Floridas. 2% der Fläche der Bundesrepublik.

Man hat in jüngster Zeit den Oceechobee-See hoch angestaut, ein weitläufiges Kanalsystem mit Schleusen und Flutwehren gebaut, um einerseits Wasser für die schnell wachsende Bevölkerung zu gewinnen und andererseits die verheerenden Sturmfluten abzuwehren. Jetzt werden die Everglades im Sommer künstlich bewässert. Im Winter sind sie ohnehin trocken, d. h. mit Ausnahme der vielen tausend »Inseln« mit tropischem Wald, in denen das Wasser in Teichen und Tümpeln bleibt. 300 000 Alligatoren leben jetzt dicht gedrängt in diesen Refugien, unzählige Vogelarten, Fische, Waschbären, Luchse, Schlangen und viele weitere Tierarten.

Auf Spezialfahrzeugen geht es mit einem Führer über den trockenen Fluß. Die Tiere nehmen von den vielen Menschen keine Kenntnis. Sie sind an die harmlosen Besucher gewöhnt. Unser Führer versucht immer wieder klarzumachen, wie und warum hier Steuergelder verbraten wurden, und am Ende der Führung bedankt er sich für das Verständnis, das der Steuerzahler – und der steuerzahlende Besucher – für die Ausgaben in seinem Naturschutzgebiet aufgebracht haben und dafür, daß auch er von diesen Steuergeldern leben und seine Aufgabe erfüllen darf.

Endlich, am 30. März, ist es soweit. Probefahrt und das o.k. für die Maschinen. Auch die Werft, die ebenfalls an der MANTA gearbeitet hat, wird langsam fertig. An einem 20 Jahre alten Boot gibt es eben immer etwas zu tun. Und jetzt fangen wir an zu staunen. Da fahren Lastwagen an, ein Transporter und ein Bus. Ein Reinigungsteam packt seine Maschinen aus. Es ist auf die Reinigung von Teppichen, Polstern und Vorhängen auf Yachten spezialisiert. Dann die Bilgenreiniger. Sie machen den Maschinenraum in einem halben Tag blitzsauber. Sie haben Hochdruckpumpen mit Spülmitteln, und ihre Lenzpumpen verdauen sogar Putzlappen und Schrauben. Und nun ist der Isolierer dran. Er hat in seinem Bus alles Material, das er braucht, auf Rollen, die an den Wänden montiert sind. Nähmaschine, Schneidertisch, Klammerapparate. Er ersetzt die von den Motoren abgerissene Abgasisolierung. Ersetzt!? Nein. Er schmeißt unsere alten Abdeckbleche auf den Abfall, und nun strahlen die Turbolader und Abgasleitungen in weiß und silber. Dann werden die Maschinen ausstellungsmäßig gespritzt. Der Maschinenraum glänzt in neuer Pracht, die Teppiche sind wie neu, die Vorhänge sind gereinigt. Ach, würde das nur immer so bleiben. Auch wir sind fertig und bedient.

Kapitel 13
Binnen nach Chicago

Während der Werftzeit hatten wir uns Karten und Handbücher bis hinauf nach Chicago und in die »Großen Seen« besorgt und dabei einige der bekannten Yachtausrüster besucht. Das Angebot ist einfach toll, und meist kostet es ein Bruchteil unserer Preise von zu Hause. Sogar Ausrüstung aus zweiter Hand gibt es, und einen kostenlosen Flohmarkt als Kundendienst. Jeder stellt Ware ohne Handelswert, die er überzählig hat, auf eine lange Regalreihe und nimmt mit, was er brauchen kann. Sogar deutsche Lacke und Frostschutzmittel habe ich da entdeckt. Ja, und dann »Nautiquitäten«!! Da darf man nicht gucken, da muß man weiter, sonst ist der Geldbeutel leer.

7. April. Trotz allem und Gott sei Dank, es geht los. Den ICW nach Norden, und dann auf Süßwasser quer durch Florida, über den St.-Lucie-River und -Kanal, durch Schleusen in den Okeechobee-See. Unterwegs gefährlich wenig Wasser. Das wußten wir von einem Anruf beim »Corps of Engineers«, dem Wasserbau, der nach alter Tradition ein Teil der Pioniertruppe der Armee ist. Und das strapaziert unsere ohnehin nicht mehr starken Nerven. Aber die Parks und Häuser am Ufer sind einfach ein Traum.

Der See. Er ist wie ein buckliges Ei. Nord-Süd und Ost-West je 60 km Ausdehnung. Jetzt, am Ende der Trockenzeit, nur noch 3–4 m tief und an vielen Stellen trockengefallen. Unzählige weiße Pelikane stehen herum. Kormorane und Reiher dazwischen. Alle so dicht, daß sie sich fast berühren. Nach der Überquerung des Sees geht es stundenlang auf einem Kanal längs des Ufers weiter, bis zu einer Schleuse an seinem Ende.

Nie gesehene Watvögel unterschiedlichster Arten und Größen, und nichts und niemand läßt sich von den kleinen »heißen« Plastikwannen der Sportangler stören, die da herumjagen. 4 m lang, hinten 100 PS, vorne ein E-Motor, drin zwei hohe Sitze, in schreienden gold- und silberflimmernden Farben gestrichene »Schüsseln«.

Am nächsten Tag geht es den *Caloosahatshee River* hinunter. Wildnis auf beiden Seiten. Nach langem Weg eine Citrusplantage. Ein Duft wie von starkem Parfüm. Dann wieder Sumpf und Wildnis. Eine Ortschaft, und da sind wieder die Parks bis an die Flußufer. Es ist Sonntag. Alle sind hier beim Wassersport. Die Alligatoren stören offensichtlich das Vergnügen nicht. Einer hat seinen Stammplatz in der kleinen Marina. Dann kommt nach langem Weg *Fort Myers,* und wir laufen in den Golf von Mexiko, mit den Ratschlägen der Skipper in der dortigen Marina wohlversehen. Weiter nach Norden auf dem *Intracoastal Waterway,* der sich um den Golf von Mexiko herum bis an die mexikanische Küste zieht, die Randmeere hinter den äußeren Inselketten immer wieder durch Kanäle verbindend. Diese etwa 5000 km lange Seestraße, die innerhalb der Küste verläuft und für die Binnenschiffahrt alle Flüsse miteinander verbindet, ist wirklich einmalig in der Welt.

Über viele wunderschöne Binnenmeere geht es durch die Städte Venice, Sarasota, St. Petersburg, Clearwater, die Sommererholungsgebiete der USA. Schneeweiße, weitläufige Sandstrände, blitzsaubere schöne Städte, unendliche Wassersportgebiete. Zwischen den Städten weite Seestrände.

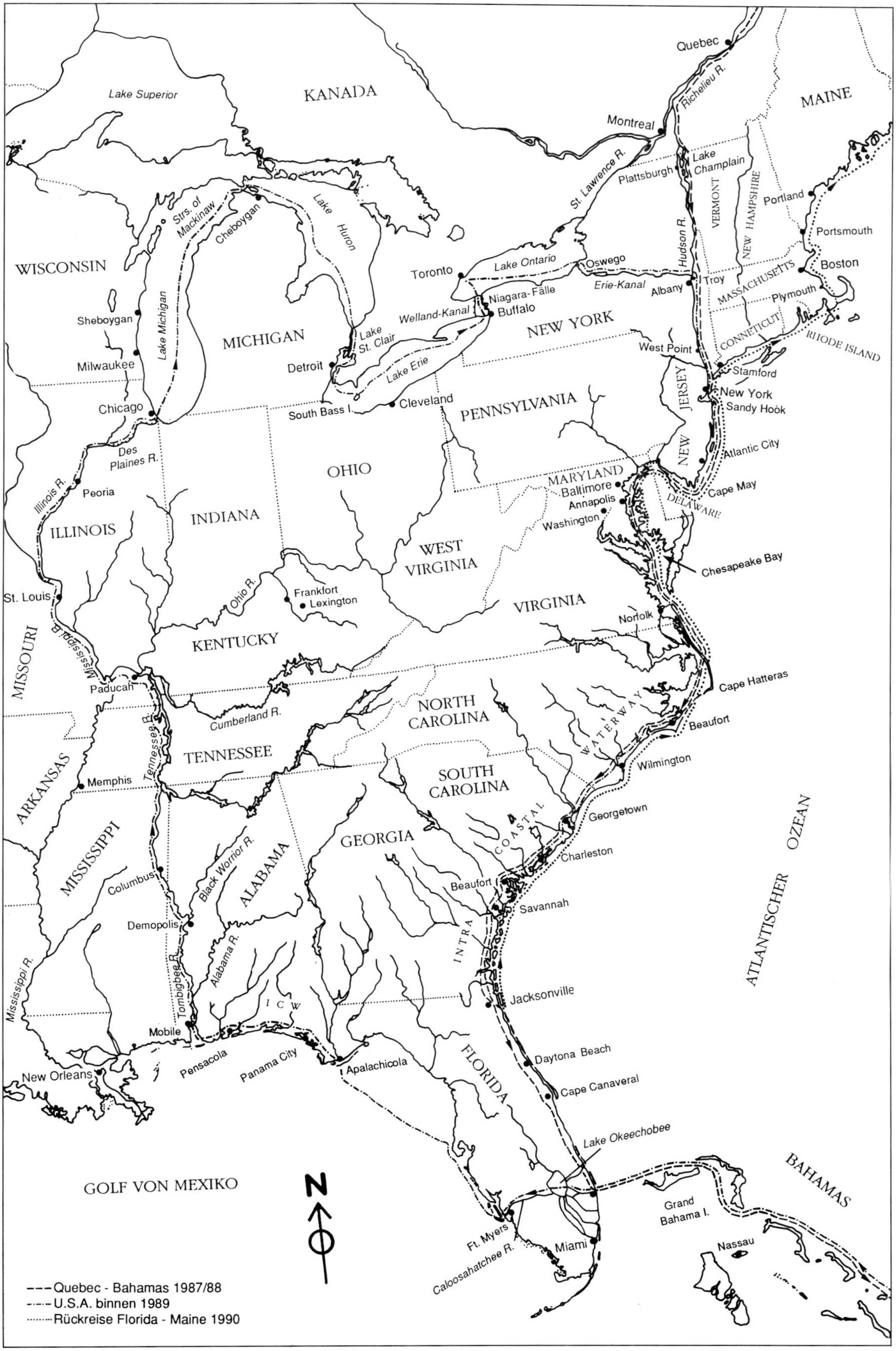

KANADA
Lake Superior
Quebec
Richelieu R.
MAINE
Montreal
St. Lawrence R.
Plattsburgh
Lake Champlain
VERMONT
NEW HAMPSHIRE
Portland
Portsmouth
Boston
Strs. of Mackinaw
Cheboygan
Lake Huron
WISCONSIN
Lake Ontario
Toronto
Oswego
Hudson R.
Erie-Kanal
Albany
Troy
MASSACHUSETTS
Plymouth
Niagara-Fälle
Buffalo
Welland-Kanal
Sheboygan
Lake Michigan
MICHIGAN
Lake St. Clair
NEW YORK
CONNETICUT
RHODE ISLAND
West Point
Stamford
Milwaukee
Detroit
Lake Erie
New York
Sandy Hook
Chicago
South Bass I.
Cleveland
PENNSYLVANIA
NEW JERSEY
Des Plaines R.
Atlantic City
Illinois R.
Peoria
OHIO
MARYLAND
Baltimore
Annapolis
Washington
Cape May
DELAWARE
ILLINOIS
INDIANA
WEST VIRGINIA
Chesapeake Bay
St. Louis
Ohio R.
Frankfort
Lexington
VIRGINIA
Norfolk
MISSOURI
Mississippi R.
KENTUCKY
Cape Hatteras
Paducah
Cumberland R.
NORTH CAROLINA
WATERWAY
Beaufort
Tennessee R.
TENNESSEE
Wilmington
ARKANSAS
Memphis
SOUTH CAROLINA
COASTAL
Georgetown
MISSISSIPPI
Black Worrior R.
ALABAMA
GEORGIA
Charleston
Columbus
Beaufort
Savannah
ATLANTISCHER OZEAN
Demopolis
INTRA
Mississippi R.
Tombigbee R.
Alabama R.
ICW
Jacksonville
Mobile
Pensacola
Panama City
Apalachicola
FLORIDA
Daytona Beach
New Orleans
Cape Canaveral
Lake Okeechobee
BAHAMAS
GOLF VON MEXIKO
N
Grand Bahama I.
Ft. Myers
Miami
Nassau
Caloosahatchee R.
Quebec - Bahamas 1987/88
U.S.A. binnen 1989
Rückreise Florida - Maine 1990

Dann ankern wir im Schutz des Inselchens *Dutchman Cay* vor dem Sprung über den Golf von Mexiko.

Wir starten bei ganz ruhigem Wetter mit Kurs auf *Apalachicola* an der Nordküste des Golfs von Mexiko. Von hier aus läuft der ICW eine lange Strecke im Flachwasser vor der offenen Küste von Ort zu Ort. Das Rutschen von einem Fischerhafen zum anderen hat für uns keinen Zweck. Eng und flach, starke Ströme, unregelmäßige Tiden. Einfach zu riskant für uns. Man merkt, daß wir wieder in nördlichere Gewässer kommen. Stundenlang dichter Nebel, dann schwere Gewitter. In der Nacht ist die See fast bleiern glatt. 15 m Wassertiefe, überall Fischkutter mit Schleppnetzen, also Sandboden, guter Ankergrund. Warum sollen wir uns eigentlich die Nacht um die Ohren schlagen? Maschinen Stop, Anker runter. Damit uns ja kein Kutter überrennt (die Fischer werden ja auch müde), setzen wir neben der Ankerlaterne unser Blinklicht in Betrieb, eine Ausrüstung, die auf dem Rhein vorgeschrieben war, in der Seefahrt aber eigentlich nichts zu suchen hat.

Kaum eine Stunde Schlaf, da sind wir wieder hellwach und sausen aus den Kojen. Der Lichtstrahl von Scheinwerfern zuckt durch unsere Bulleyes. Raus. Drohend steht über uns die Silhouette eines großen Fischkutters. Die gefierten Baumkurren schwenken schon über unseren Köpfen. Da taucht ein Mann hinter der Bugreling auf und ruft herunter: »Ich habe Euer Blinklicht gesehen! Was habt Ihr für ein Problem? Kann ich Euch helfen?« Das mit dem Blinklicht war also eine Schnapsidee. »Nein, alles klar«, rufen wir zurück.

Keine Ruhe mehr. Schnell Blinklicht aus und weiter. Kurs Appalachicola. Wieder Nebelschwaden, Gewitterschauer und jetzt auch noch Böen. Da werden wir zu einer Vogelarche. Mehrere Landvögel gehen bei uns nieder und versuchen sich vor den Regenböen zu schützen. Ein kleines Vögelchen hüpft frech auf dem Kartentisch herum, setzt sich auf die Kartenleuchte. Wir sind ihm völlig schnuppe. Sogar ein Seevogel hockt im Beiboot.

Der nächste Nachmittag findet uns wieder in der Fortsetzung des ICW, den Apalachicola-River hinauf, über die großen Bais. Ein traumhaft schönes Revier. Überall schlohweißer Sand, Kiefernwälder, Eichen, Buchen und die ersten Birken in zartem Grün. Dazwischen noch blühende wilde Magnolien. Wären sie nicht, man könnte sich in die Schären und Fjorde Nordeuropas versetzt fühlen. Vorbei an dem Seebad Panama-City. Unendlich viel Raum. Überall jungfräuliches Land.

Jeden Morgen jetzt dichter, nasser Nebel. Alles schwimmt, aber er hebt sich schon am frühen Vormittag. Jeden Tag sieht und riecht man den Frühling mehr. Neben frischem, hellem Grün breiten sich Olivfarben von knospenden Bäumen und Sträuchern aus. Immer wieder Bootsstege und hübsche Häuser, viele aus Holz. Noch ist hier keine Saison, kaum Verkehr, und die Marinas, an denen wir vorbeifahren, sind ziemlich leer.

Vorbei an *Pensacola,* eine der ältesten, ständig besiedelten Städte des Landes. Spanier, Franzosen, Briten hatten hier ihre Außenposten im Kampf um die Neue Welt. Wir laufen durch Big Lagoon. Hier sind Sanddünen wie auf den Friesischen Inseln.

Und dann laufen wir die nördlichste Bucht des Golfs hinauf, die Mobile Bay. Es ist ein nebliger Morgen. Das Radar läuft. Viele große Echos narren uns. Überall stehen riesige Bohrtürme, die nicht in der Seekarte verzeichnet sind. Das erinnert uns daran, daß der Golf von Mexiko inzwischen eines der wichtigsten Erdöl-Fördergebiete der USA ist. Tausende von Türmen überall über dem flachen Wasser. Das hat natürlich auch die petrochemische Industrie hierher gezogen. Man riecht es. Mit Verlaub – es stinkt. Aber es bringt Geld in die seit dem amerikanischen Bürgerkrieg wirtschaftlich heruntergekommenen Randstaaten. Und Geld stinkt bekanntlich nicht. Auch wir sind dankbar für das billige, gering besteuerte Dieselöl.

Vor lauter Schauen und Reden verpassen wir fast die Fahrwasserverzweigung. Wir müssen statt nach Mobile, das nur ein großer Seehafen ist, in dem wir nicht bleiben können, in den *Dog River,* ein kleines Flüßchen, das in die Mobile Bay mündet. Und jetzt entdecken wir in Kleinschrift auf unserer amerikanischen Seekarte, daß das lange Fahrwasser dorthin nur 1,5 m tief ist. Das ist beinahe unser Tiefgang. Schnelles Berechnen des Tidenstandes. Wir müßten jetzt 30 cm mehr an Wassertiefe haben, aber wichtiger als die Tiefe ist hier die Wirkung des Windes, und die kann nur ein Ortskundiger abschätzen.

Wir nehmen allen Mut zusammen und laufen hinein, starren fasziniert auf die Glimmeranzeige des Echolotes, das uns mit warnendem Heulton nervt, suchen bei der schlechten Sicht die weit entfernten Marker. Aber schließlich wird es tiefer. Eine Brücke klappt hoch, und da ist die Marina – und da ist Louise, die Seele der Marina. Sie umsorgt uns, ebnet uns die Wege, bringt uns mit dem Auto in die Stadt, beschafft alles, was wir so brauchen. Sie bringt morgens die Zeitung, und immer lacht sie fröhlich.

Letzter Aufenthalt vor dem großen Abenteuer »Auf Binnenwasserstraßen mitten durch den Kontinent Amerika«.

Eine Woche liegen wir im »Dog River«, dem »Hundefluß«, dicht bei Mobile am Golf von Mexiko, in der *Grand Mariner Marina.* Groß ist sie gerade nicht, aber groß ist Louise, die Besitzerin. Jeden Gast, der den Mobile River von Norden herunterkam, hat sie vor eine Kladde mit Luftaufnahmen des Flusses gesetzt, damit er seine Erfahrungen hineinschreibt. Ankerplätze, Gefahrenstellen, sonstige Informationen, denn richtige Karten oder Beschreibungen gibt es noch nicht. Es ist eine Menge zusammengekommen. Mehr als einen Tag brauchen wir für die Übertragung in unsere Unterlagen.

Der Mobile River ist das Südende der erst 1985 fertiggestellten Wasserstraße, die den oft nicht schiffbaren Unterlauf des Mississippi umgeht und den Golf von Mexiko mit dem mittleren Mississippi verbindet. Mehr Erde als beim Bau des Suez-Kanals wurde bewegt, und das *Corps of Engineers* als Erbauer feiert den Tenn-Tom-Wasserweg als Jahrhundertwerk.

Mit 26 000 km schiffbaren Wasserstraßen liegt eines der größten Flußsysteme der Erde vor uns. Alleine der Mississippi hat, wenn man wie üblich den Missouri hinzurechnet, mehr als 6000 schiffbare Kilometer.

Die letzte Eiszeit hat mit ihrem kilometerdicken Inlandeis eine Delle in die Mitte dieses Kontinents gedrückt und geschürft. Nur die Randgebirge, im Westen die »Rockies« und im Osten die »Alleghennies« ragen an den Küsten des Pazifik und des Atlantik auf. Von dort fließen die in sich schon gewaltigen Nebenströme in den Mississippi, den »Old Man River«, Vater der Flüsse in der Indianersprache. Sie verbinden die arktische Region mit dem subtropischen Golf von Mexiko. Bis nach Chicago, am südlichsten der Großen Seen, haben wir 2200 km Flüsse, Seen und Kanäle mit 23 Schleusen vor uns.

Hinter uns liegen die üblichen Pflegearbeiten an der MANTA und auf Anraten von Louise ein unvergeßlicher Autoausflug nach »New Orleans«, der Großstadt an der Mississippi-Mündung, dem Zentrum des »Deep South«, des »tiefen Südens«.

Locker gebaute, aber endlos aneinandergereihte Badeorte an der weißen Sandküste des Golfs. Ganz wenige Gäste, noch keine Saison. Dafür platzt die Innenstadt von New Orleans vor Leben. Man hat das Gefühl, in einer schönen alten Stadt am Mittelmeer zu sein. Selbst ein Großteil der Straßennamen – hier gibt es solche – ist spanisch oder französisch; ein Hinweis auf die alte Geschichte dieses Platzes, als nördlicher Außenposten der die Karibik beherrschenden Spanier und als südlichste Etappe der französischen Landnahme von Kanada her. Den Franzosen dienten dabei die Flußsysteme als natürlicher Weg zum Golf von Mexiko.

Urige Restaurants und Bars, in denen handtellergroße Austern zum Drink serviert werden. Oder ein Berg von wohlschmeckenden Flußkrebsen im Korb, in Europa unbezahlbar, zu Billigpreisen. Ein beeindruckendes Stadtzentrum mit schöner Architektur der Jahrhundertwende zwischen gut gestalteten Hochhäusern. Die Schaufenster eleganter Geschäfte an den Straßen. Von der Plaza aus, inmitten der Altstadt, sieht man alte Heckschaufeldampfer auf dem Mississippi. Nur die schwarzen Jazzkapellen dort zeigen, wie weit wir von Europa weg sind.

27. 4. Leinen los, und kurz darauf sind wir im Mobile River. Ganz allein auf den Mündungsarmen dieses Naturflusses, die breit durch die Wildnis mäandern, mit Urwäldern an den Ufern, die durch keinen Damm geschützt sind. Es gibt keine Verkehrszeichen und nur selten einmal ein Seezeichen, eine kleine Tonne, die hoch auf dem Trockenen liegt, oder einen am Baum festgenagelten Marker. Es geht flußauf, »zu Berg« in der Fachsprache. Der Fluß hat einen Wasserstand von drei Metern unter Normal. Der letzte Sommer und auch der Winter waren extrem trocken. So haben wir mit 3 bis 4 km/h nur mäßigen Gegenstrom.

Nach 70 km verzweigt sich der Fluß, der die Grenze zwischen den Staaten Alabama und Mississippi bildet, in zwei Arme, den Tombigbee- und den Alabama River. Den Tombigbee hinauf finden wir bei Einbruch der Dämmerung die einzige Landestelle an diesem Flußabschnitt. Eine winzige schwimmende Holzpier vor einem Steilabfall, mit dünnen Leinen oben an den Bäumen festgemacht. Steil führt eine dicke, verzogene Bretterdiele auf das hohe Kliff. Auf einer Seite sind ein paar Latten angenagelt, und ein Seil ist als Handlauf daran gebunden.

Hier auf *Ladies Landing* empfängt uns Bill, der Besitzer der Anlage. Ein ausgedienter Decksoffizier der Kriegsmarine. Er lebt hier mit seiner Frau in einem Mobilheim in »seinem Wald«, oft von Hochwasser völlig eingeschlossen, über 20 km weg von den nächsten Häusern. Wie kam er hierher? »Ich liebe die Wildnis und beobachte die Tiere, Sie kommen bis an mein Heim. Elche, Hirsche, Rehe, Bären, Wildsschweine, Kojoten, Biber, Otter und vieles mehr.« – »Ja, jagt denn hier niemand?« frage ich. »No, noch keinen Jäger hier gesehen!«

Sumpf, Stinktiere und Giftschlangen machen den Urwald zur grünen Hölle, und Wildfleisch darf man in den USA ohnedies nicht verkaufen. Aber Angler gibt es hier, und als es dunkel wird, setzt Bill ihre roh zusammengezimmerten Boote mit seinem verrosteten Kran ins Wasser. Die ganze Nacht lassen sie unzählige Köder an alten Plastikflaschen über den Boden treiben, und im Morgennebel landen sie ganze Kisten mit »Katzenfisch«, so genannt nach seinen Barten. Aussehen und das wohlschmeckende weiße Fleisch lassen vermuten, daß es sich um eine Art Wels handelt, wie er in der Donau vorkommt.

Weiter erfahren wir von Bill: »Noch in der Zeit der Dampfschiffahrt waren diese Landeplätze Handels- und Verschiffungsplatz für die weit dahinter auf der hohen Prärie liegenden Flecken. Auch Sklaven wurden hier gehandelt. Straßen gab's keine.« Heute zerfallen alle diese alten Plätze, und nur selten wird noch einer genutzt.

Als wir noch ein wenig auf dem Achterdeck sitzen, landet dicht neben uns eine große Eule, aber bald fliegt sie weiter. Unsere Neugier ist ihr lästig.

Der Morgennebel wird durchsichtiger, und weiter geht's, versehen mit den Ratschlägen dieses alten Fahrensmannes:

»Weiter oben sind Schluchten mit engen Windungen, und du wirst Schubeinheiten begegnen, die die ganze Flußbreite brauchen, dich aber nicht rechtzeitig sehen. Du mußt den Funkverkehr auf Kanal 16 abhören, dich melden und fragen, wie du manövrieren sollst. Freilich, sie sprechen *Cajun* (ein hiesiger Dialekt). Sag ihnen einfach, daß du Deutscher bist, daß du sie nicht verstehst, wenn sie nicht klar und deutlich sprechen.«

Gegen Mittag. Der Fluß zieht eine enge S-Kurve durch Hügelland, da schieben sich Schubleichter aus der Waldkulisse. Das Schubschiff ist weder zu sehen noch zu hören. Vier Leichter nebeneinander, und schon schiebt sich die zweite Reihe heraus. Da fasse ich mir ein Herz, greife zum UKW-Hörer und melde mich. Antwort, wie versprochen, unverständlich.

»Sorry, mein englischer Wortschatz ist beschränkt. Die meisten Worte habe ich für den Gebrauch im Restaurant und nur wenige für die Navigation. Versuche bitte, sie zu treffen.« Jetzt kommt die Antwort klar und deutlich: »Gib mir bitte vier Minuten, bis ich um die Biegung bin, und dann passiere mich an Backbord.« Langsam sägt er, rückwärts, vorwärts um die Ecke, stoppt dann und gibt uns freien Raum. Der Schiffer kommt aus dem Ruderhaus und winkt uns freundlich zu, fragt dann über Funk nach dem Woher und Wohin, findet das alles »großartig« und entschwindet hinter der nächsten Kurve.

Diese erste Begegnung ist ein durchschlagender Erfolg. Die Deutschen mit dem beschränkten Englisch sprechen sich wie ein Lauffeuer weiter den Fluß hinauf, und überall weiß man schon von uns, und die zwei oder drei täglichen Gegenkommer geben sich große Mühe beim Sprechen. Wenn's gar zu schwer fällt, geben sie als Antwort auf unsere Anfrage ein internationales Pfeifensignal, das uns den Weg weist, oder sie sagen es einfach durch »one whistle«, »two whistles«, ein oder zwei Pfeifentöne. Geladen haben sie Stammholz, Kalkstein, Kohle, und manchmal ist ein einzelner Tankleichter dabei.

Am frühen Nachmittag die erste Schleuse. Wir haben uns abgefendert und überall Leinen zurechtgelegt. Aber diese Schleusen sind hochmodern, mit Schwimmpollern und Bodenflutung. Immer wieder fragt man uns, ob wir denn dieses Boot wirklich auf eigenem Kiel über den Ozean gebracht haben, und jedesmal führt die Erklärung des Weges zu einem mittleren Aufstand. »Great« ist die Standardformel, und die Schleusenzeit reicht für die Fragerei kaum aus. Alle sind freundlich und ungeheuer hilfsbereit. Allgemein ist der Umgangston von größter Höflichkeit. Auch ein Sportschiffer wird mit *Captain* und *Sir* angeredet. Selbst blöde Fragen finden eine höfliche Antwort und das Bemühen zu verstehen.

Weiterhin endlose Wildnis. Birkenwälder tauchen auf und erinnern daran, daß wir »Nord gemacht« haben. Wilde Magnolien blühen. Über Lichtungen kreisen große Raubvögel. Knallrote Kardinalsvögel, Vögel in hellblauen Farben, gelbe und grüne Vögel flattern vor uns her. Wilde Truthähne und Kanadagänse an den Ufern beäugen uns mit Interesse.

Noch zweimal ankern wir mit Bug- und Heckanker an den Rändern der Fahrrinne, dann sind wir in *Demopolis,* einem Marktflecken mit einer gemeindeeigenen Marina. Ein großer alter Cadillac wird uns zum Einkaufen zur Verfügung gestellt. Die Wege sind halt riesig, die Entfernung zum Supermarkt weit, und fast jede Marina hat solch einen Schlitten für ihre Kunden. Auch hier diese tiefsitzende Freundlichkeit. Immer wieder die Frage, wie man uns helfen kann. Das Privatauto wird angeboten. Unvorstellbar bei uns zu Hause. Aber die Einsamkeit hat die Menschen wohl zu dieser gegenseitigen Hilfsbereitschaft erzogen. Die meisten haben eine Fahrt von vielen Stunden auf sich genommen, um an dieser einzig zugänglichen Stelle des Flusses, der hier mit kleinen Seen verbunden ist, ihr Wochenende zu verbringen. Attraktionen gibt es keine in diesem endlosen, flachhügeligen Waldland. So kommt man hierher, um ein paar Stunden zu angeln, hauptsächlich aber, um sich mit anderen zu unterhalten. So sind wir natürlich wieder die Sensation.

Leinen los und weiter. Vorbei an der Mündung des *Black Warrior River.* Drei Tage lang geht es weiter den Fluß hinauf. Jeden Tag eine Schleuse. Das Land wird höher, der Urwald hört auf, es sind nur noch einzelne Flächen. Mischwald in strahlendem Frühlingsgrün. Steile weiße Kreidekliffs.

Seit Beginn der Reise haben wir immer wieder schnelle Wetterwechsel. Auf zwei oder drei angenehme Frühsommertage folgt schwülheißer Südwind. Die Temperatur steigt auf über 35° C. Dann dreht der Wind sehr schnell auf Nord, eine Kaltfront zieht durch. Fast ununterbrochen schüttender Regen. Schwere Gewitterstürme mit dichtem Blitzfeuerwerk und wildem Krachen. Manchmal Tornados. Kalter Nordwind läßt binnen Stunden die Temperatur auf 11 bis 12° C fallen. Dann muß man wachsam sein, denn die Flüsse treten einfach über die Ufer, können 15 bis 20 km Wildnis überschwemmen, ehe sie sich vor der höher gelegenen Prärie stauen. Die Strömung nimmt rasant zu, und Treibholz schießt den Fluß hinunter. Bei einigen Flüssen werden dann die Wehre abgesenkt, und man fährt über sie hinweg. Geht das Wasser zurück, dann rammen sich Baumstämme und Äste in den Grund, und sie müssen mit Spezialschiffen aus der Fahrrinne entfernt werden. Auch daneben, in den Flächen, die wir zum Ankern brauchen, sind sie eine Gefahr für die Schrauben.

Zwischen Nebelfetzen und strömendem Regen laufen wir die kleine *Toat 'n Float Marina* in West Point, Columbus, an. Wir sind das einzige Boot. Ein Glück, sonst hätten wir kaum hineingepaßt.

Ein Zaungast fährt uns umher, zeigt uns den wie üblich weit entfernten Ort, zu dem das Ganze gehört, und bringt uns zu einem der Patrizierhäuser aus der Zeit vor dem Bürgerkrieg. Man nennt sie »Antebellum-Häuser«. Noch heute könnten diese herrlichen Bauten inmitten wunderschöner Parks die höchsten Ansprüche erfüllen. Einfach prachtvoll, wie man dort vor 150 Jahren gelebt hat. Heute sind die alten Plantagen von Wildnis überwuchert, und der Staat Mississippi wurde zum ärmsten der USA.

Ein Ausflugstag mit dem Marina-PKW. Er ist schon heruntergekommen, aber er fährt. Wir wollen endlich wissen, wie es hinter den Urwäldern aussieht. Endlos fahren wir durch eine hügelige, parkartige Landschaft, mit Wald, Baumgruppen und vielen kleinen Seen. Der Boden ist arm, und er trägt nur eine dünne Grasnarbe. Rinderzucht auf beiden Straßenseiten. Ehe ein Weidezaun zu Ende ist, vergehen bis zu 15 Autominuten, einfach riesig, aber wenig Vieh zu sehen. Seitenwege führen nur in die einzelnen Wohn-, Silo- und Stallanlagen hinein. Sonst geht es ununterbrochen geradeaus, nach dem Muster eines nummerierten Schachbretts. Immer wieder Wälder. Ab und zu ein Wohnhaus. Es gibt kaum einschränkende Vorschriften in diesem dünn besiedelten Land, man baut, wo und wie man will. Stehen mehr als vier Häuser in weiter Nachbarschaft, so ist das ein Ort mit Namen. Oft gibt es keine Ortsschilder, sie stehen im Belieben der Gemeinden. Sie kosten Geld, und kein Fremder verirrt sich normalerweise hierher.

Die Menschen sind unkompliziert, Fremde sind immer willkommen. Ein Marktflecken. Noch einer. Immer dasselbe Bild. Eine Tankstelle, Auto-Schrottplatz, Reparaturwerkstatt, Supermarkt, eine beschränkte Zahl von Wohnhäusern. Das Standbild eines Soldaten mit breitkrempigem Hut, auf sein langes Gewehr gestützt, erstrahlt in frischem Weiß. Blumen und die rote konföderierte Flagge mit ihrem sternverzierten, liegenden blauen Kreuz. Ein Denkmal für die Toten der Südstaaten im Bürgerkrieg 1861 bis 1865. Fast nirgendwo ist das offizielle Sternenbanner zu sehen. Der »Deep South«, der »tiefe Süden«, demonstriert seine Besonderheit.

Drei Tage und drei Schleusen weiter. Herrliche hochgelegene Seenlandschaften. Darin die Midway Marina bei Fulton. Wieder müssen wir dazulernen, und wir erinnern uns an einen amerikanischen Bootsfreund, der uns sagte:

»In den Staaten vergeßt eure Vorstellungen aus Europa. Dieses Land hier besteht aus 50 sehr selbständigen Einzelstaaten, die meist etwa halb so groß sind wie die Bundesrepublik. Sie haben eigene Gesetze und eigene Steuersysteme. Ihre Bevölkerung ist von Herkunft, Sitten und Gebräuchen unterschiedlich. Darum gilt nichts jederzeit und überall.«

Voller Anzug im Lokal erwünscht. Kein Alkohol. Die Bedienung zuckt die Schultern. »Unsere Gemeinde ist trocken.« Es gibt Kaffee, Tee, Limonade, Traubensaft. Eisgekühltes Wasser wird sowieso und überall immer wieder nachgefüllt. Hat man etwas bestellt, gibt es »soviel man trinken kann«. Dann klärt man uns in der Marina auf. Es gibt besondere Kühltaschen für Wein zu kaufen. Die nimmt man mit, bestellt Traubensaft und trinkt dann den mitgebrachten Wein. Niemand prüft den Inhalt der Taschen.

Eine altmodisch wirkende Höflichkeit beherrscht die Umgangsformen. »Toiletten« sucht man vergebens, dafür gibt es *Ruheräume* – Restrooms, sie duften durchdringend nach Deodorant, obwohl sie blitzsauber sind.

Auch Gefängnisse gibt es nicht. Nur »Korrekturinstitute«.

Die Marina gibt uns kostenlos einen alten, aber gut gepflegten Lincoln für eine ganztägige Erkundung des Landes. Wir folgen in unserer »Staatskarosse« dem *Natchez Trail Parkway*. Eine speziell gebaute Autowanderstraße entlang des geschichtlichen Nord-Süd-Trails, den nach den Indianern noch viele Generationen von Einwanderern benutzten. Sogar im Bürgerkrieg war er noch eine Hauptverkehrsader des Südens.

Landschaftlich eine reizvolle Gegend, aber die immer wieder eingelegten Haltepunkte mit Erklärungstafeln und oft auch Wanderwege zeigen, wie unsagbar hart das Leben dieser Menschen war, auf dem Weg durch Sümpfe und Wälder, durch Furten und über die endlose Kette der Hügel. Am Rande eines Waldpfades finden wir zwölf Gräber unbekannter konföderierter Soldaten. Vor jedem Grab Seidenblumen und eine kleine konföderierte Flagge.

Der Weg führt uns zu dem Bürgerkriegs-Schlachtfeld von *Shiloh*. Ein aufwendiger Film über Vorgeschichte und Verlauf der Schlacht. Ein Museum mit Ausrüstungen und Waffen jener Zeit und Vorführungen. Ein 20 km langer Autoweg führt durch das Schlachtfeld. Vom Auto aus lesbare Tafeln mit den örtlichen Details der Schlacht, Denkmäler und Kanonen. Ein Ehrenfriedhof für die gefallenen Yankees. Die konföderierten Toten hat man in ihren Laufgräben verscharrt. Die meisten der Gefallenen sind unbekannt. Dieser Bürgerkrieg hat das Land tief geprägt. Spricht man irgendwo vom »Krieg«, so ist dieser gemeint, keineswegs einer der beiden Weltkriege.

Weiter mit der MANTA den *Tombigbee River* hinauf nach Norden. Die Landschaft ist reizvoll. Überall Altwässer des Oberlaufes. Große Seen, parkartig, trotz ungepflegter Wildnis. Hinein in die eigentliche Kanalstrecke. Dann in die letzte Schleuse des Tombigbee, wie in einen tiefen Schacht. 26 m hinauf, wie in einem Aufzug in atemberaubendem Tempo.

Nach 700 km erstmals stromab, durch eine wundervolle Seenlandschaft in den majestätischen *Tennessee River* und weiter zu Tal. Die Schleusen sind bei dem hohem Wasserstand. geschlossen. Es geht bei starker Strömung durch mächtige Strudel über die abgesenkten Wehre hinweg.

Ankerplätze für die Nacht müssen wir selbst ausfindig machen. Es gibt keine Hinweise. Der Fluß wird immer breiter, und schließlich erweckt er den Eindruck eines langen, etwa 3 km breiten Sees. Am Anfang viele Inseln. Noch muß man sich an die Fahrrinne halten. Viele Bäche und Flüsse münden an den Seiten. Wir sind im *Kentucky Lake.*

Starker Wind, Gewitter und Nebel machen die Reise ungemütlich, deshalb verkriechen wir uns in einer Bachmündung, einem Creek. Na ja, was man halt hier so »Bach« nennt. Vorbei an Giebeln alter Lagerhäuer, die man beim Aufstauen einfach stehen gelassen hat. An einem geschützten, hübschen Platz gehen wir vor Anker.

Der Kentucky Lake ist das bevorzugte Wassersportgebiet des Mittelwestens, mit vielen Marinas. Aber sie liegen für uns ungünstig, weil zu weit von einer Staatsstraße und der nächsten Brücke entfernt. So laufen wir über eine kurze Kanalstrecke in den benachbarten Barkley-See. Er wird vom Cumberland River gebildet, der dem Tennessee River hier ganz nahe kommt. Hier gibt es eine Marina in der »Nähe« des Städtchens *Paducah.*

Für die Weiterfahrt haben wir zwei Schleusen und zwei Flüsse zur Wahl, die beide in den Ohio River münden. Wir werden über Funk beide Schleusen abfragen und dorthin gehen, wo gerade am wenigsten Verkehr ist. Wir sind in der Mitte zwischen beiden Schleusen und in guter Warteposition.

Ja, was man hier so »Nähe« nennt. Der Lieferwagen der Marina bringt uns in einer Stunde Fahrzeit zum Einkaufen – und dann noch einen weiten Weg zum Flugplatz, wo wir uns für ein Spottgeld eine Komfortlimousine mieten. Dann machen wir uns auf den 400 km langen Weg zur nächstgelegenen Großstadt, Lexington. Amerikanische Bootsfreunde haben uns schon vor einem Jahr dorthin, in ihre Heimatstadt, eingeladen.

Die Fahrt führt über die Hauptstadt des Staates Kentucky, *Frankfort.* Wie fast alle Staatshauptstädte ist sie klein, aber alle haben ein *Capitol,* das jenem in Washington ähnlich ist.

Es ist die Zeit der Gemeindewahlen. Auch vor dem kleinsten Ort stehen Wahlschilder. Nicht für Parteien, nur für Personen wird geworben: »Wählt Bob X zum Richter!« – »Wählt Jimmy Y als Staatsanwalt!« – »Wählt Dan Z zum Chef der Verwaltung!«

Nicht nur der Magistrat wird direkt gewählt, sondern auch die Chefs aller Verwaltungen, einschließlich der Polizei. Wer hier komplizierte Verwaltungsverfahren und Vorschriften einführen möchte, müßte seinen Hut nehmen, wäre weg vom Fenster. So ist »Bürgernähe« sicher.

Es folgt ein interessanter Tag in Lexington, einer schönen Stadt, einem Weltmittelpunkt des Pferdesports. Hier sagt man, vielleicht nicht zu unrecht, »Welthauptstadt des Pferdes«.

Reiche Gestüte mit prachtvollen Herrenhäusern. Endlose, weißgestrichene hölzerne Weidezäune. Stallanlagen wie kostbare Wohnhäuser. Ein öffentlicher Reitpark mit Mietställen und einem Museumspalast für die Geschichte des gemeinsamen Weges von Mensch und Pferd. Rennplätze, auf denen in rote, goldbetresste Wappenröcke gekleidete Herolde mit Fanfaren den nächsten Start verkünden. Parks mit vornehmen Stallanlagen für den Verkauf der Rennpferde. Kein Wunder, es werden für so ein Roß auch schon mehr als 2 Millionen Dollar angelegt. Auf den Rennplätzen nicht nur die Reichen und diejenigen, die gerne als reich gelten wollen, sondern auch die, die nur einen Dollar verwetten und eine Pizza oder ein Würstchen essen statt eines Lunchs in einem der eleganten Restaurants (natürlich Jacke und Schlips). Am Rande der Rennbahn Grab und Denkmal eines Rennpferdes, eines Jockeys. Der Pferdekult bestimmt die ganze Stadt, bis in die Auslagen der Juweliere.

Unsere Freunde sind bemüht, uns alles ausführlich zu zeigen. Sie waren es, die uns den Weg vom Golf von Mexiko nach Chicago empfohlen hatten, als wir sie 1987 in Titusville (ICW/Florida) trafen. Sie bestellten für uns ein Appartement im teuersten Hotel des Ortes und Christa und Bud lassen es sich nicht nehmen, alle Kosten dafür zu tragen. Am übernächsten Tag verabschieden sie uns mit vielen guten Wünschen für die Weiterreise.

17. Mai. Frühstart morgens 6 Uhr. Anfrage bei der großen Kentucky-Lake-Schleuse, und wir haben Glück. Nur ein Bergfahrer, sonst ist kein Verkehr gemeldet. Wir laufen zur Schleuse und warten im Oberwasser. Eine Stunde später sind wir unten. Nach einer weiteren Strecke von »nur« 40 km der Zusammenfluß mit dem Ohio River, der hier schon 1500 schiffbare Kilometer »alt« ist. Weiter zu Tal auf diesem mächtigen Fluß mit Strömungsgeschwindigkeiten wie der Rhein am Binger Loch bei Hochwasser. Mehr als 2 km breit schießt er dahin. Gefährlich rumpelt Treibholz an Bordwand und Schrauben. Es ist so dicht, daß man es gar nicht vermeiden kann. Wir können nur die Drehzahl zurücknehmen, und auch so machen wir noch sausende Fahrt. Viele Nebenflüsse, die weiteres Treibholz ausspucken, und herrliche Landschaftsbilder.

Für kleine Fahrzeuge können in diesem System einsamer Flüsse und Seen Wetter und Technik gefährlich werden. Die Coast Guard, die auch für die Seerettung zuständig ist, unterhält weit verteilt Rettungsstationen und einen ständigen Warndienst über UKW-Kanal 16. Nicht selten werden die Schiffer zu erhöhter Aufmerksamkeit angehalten, weil Fahrzeuge oder Personen vermißt werden. Nach 75 km erreichen wir schon mittags die Mündung des Ohio in den Mississippi. Hier am Dreiländereck, wo sich die Grenzen der Staaten Kentucky, Illinois und Missouri treffen, schießen wir in den Mississippi hinein. Klar grenzt sich das braune Wasser des Ohio gegen das graue des Mississippi ab. Gewaltige Strudel. Dann keuchen wir langsam, aber stetig stromauf auf dem »Vater der Flüsse«. Weitere 75 km müssen wir uns noch hinaufboxen, bis wir bei Eintritt der Nacht noch einen sicheren Ankerplatz hinter den hohen und langen Buhnen finden. Die wenigen Orte sind nicht einzusehen. Sie verschwinden hinter hohen Betonmauern. Der Mississippi ist unbezähmbar, Wasserstandsschwankungen bis 10 m gelten als normal.

Die Schubeinheiten, meist jetzt Getreide, sind auf dem Mississippi größer geworden. Vor einem dreimotorigen Schubschiff, fünf Stockwerke hoch, zählen wir 36 beladene Leichter. Langsam mahlen sie den Strom hinauf, um jede Meile kämpfend, oder sie schießen den Strom hinab! Leicht und behende erscheinen dann die Ungetüme.

Ein Güterzug, 150 Waggons lang, meist mit Sattelaufliegern von LKW's beladen, überholt uns am Flußufer. Der Lokführer schwenkt seine Kappe und grüßt uns mit einem langgezogenen Ton seines Dreiklanghorns. Wir tuten zurück. Die Trucks auf den Landstraßen sind fast ausschließlich Sattelschlepper. Für größere Strecken werden die Auflieger auf die Bahn verladen und am Ziel von anderen Fahrzeugen abgeholt. So scheint gut die Hälfte der Fracht aus Sattelaufliegern zu bestehen. Bahn und Straßenverkehr leben in Symbiose, in einer engen Lebensgemeinschaft, in der jeder vom anderen abhängig ist. Personenzüge sind ganz selten. Der Personenverkehr auf Langstrecke ist den Fluzeugen und Überlandbussen vorbehalten.

Zwei weitere Tage bis zur einzigen Anlegestelle in diesem Flußabschnitt. Ein paar in Stromlee verankerte alte Pontons. Eine Tankstelle. Das ist alles, außer den wirklich liebenswerten Eigentümern von *Hoppie's Marina.* Sie besorgen uns einen Mietwagen zur Besichtigung von St. Louis, der Millionenstadt am Mississippi. Aus einem Pelzhandelsplatz hat sie sich im letzten Jahrhundert zu einem Verkehrszentrum ersten Ranges und zu einer kosmopolitischen Stadt entwickelt. Sie hat Probleme; ihre zahlungskräftigen Einwohner sind ins Umland abgewandert. Der billig gewordene Wohnraum hat eine überalterte schwarze Bevölkerung wie ein Magnet angezogen. Diese lebt zu einem guten Teil von der Wohlfahrt, und wenn das für den Drogenkonsum nicht reicht, wird geklaut. So sieht man es wenigstens auf dem Lande, wo auch heute noch auf der Straße die Schlüssel im Auto stecken, die Münzen für die Mautstraße offen daliegen und die Haustüren nachts offen sind.

Abgesehen davon bietet die Stadt eine tolle Kulisse. Parks, durch die man mit dem Auto »wandert«. Liebevoll restaurierte Geschäftsviertel aus der Jahrhundertwende am Fluß zwischen modernen Hochhäusern und der fast 200 m hohe Torbogen aus silbern glänzenden Stahlblechen, der die Stadt als »Tor zum Westen« symbolisieren soll. 1960 bis 1965 erbaut zur Erinnerung an all jene, die auszogen, die neuen Westgebiete der USA als Siedler oder Abenteurer zu erobern. Schon Ende des 17. Jahrhunderts haben Franzosen hier gesiedelt. Sie nannten die Siedlung zu Ehren Ludwigs XIV *St. Louis.* Sie kamen von Kanada über die Großen Seen, auf demselben Weg, den wir nun entgegengesetzt hinauffahren. Sie kamen in der Hoffnung, über den Mississippi einen Weg in den Pazifik zu finen, längst bevor die Wanderung aus den britischen Kolonien dieses Land erreichte.

Weiter geht's mit der MANTA den Mississippi hinauf, vobei an der strahlenden Kulisse von St. Louis, vorbei an der Missouri-Mündung und der des *Illinois River,* bis wir in einem Nebenarm ankern können. Frühmorgens weiter, bald sind wir vor der ersten Schleuse. Starker Berufsverkehr. So ein Schubverband braucht zwei Stunden für das Durchschleusen, weil diese zig Einheiten nicht mit einer Schleusung durchzubringen sind. Sie müssen auseinandergenommen und wieder zusammengesetzt werden. Für uns erstaunlich: Dazwischen wird eine Schleusung für Yachten eingelegt! Niemand mault, im Gegenteil, freundschaftliche Höflichkeit überall. Auch die US-Yachten, mit denen wir schleusen, sind diszipliniert geführt. Führerscheine für Sportboote oder Patente sind unbekannt. Ebenso Schleusengebühren. DerBootssport wird gefördert.

Die Siloanlagen am Ufer mehren sich, werden immer größer. Wir sind jetzt im »Getreidegürtel«, einem der größten Anbaugebiete der Erde. Der Wald lockert auf und macht Maisfeldern Platz, die oft kilometerlang und ebenso breit sind. Ungünstige Bodenflächen werden einfach ausgespart. So bleibt der parkartige Charakter der Landschaft erhalten.

Zwei Tage später kommen wir spät abends in *Peoria* an, einer Großstadt, die vom Bau lebt. Der weltgrößte Hersteller von Erdbewegungsmaschinen beschäftigt hier 60 000 Menschen. Sportboote begleiten uns, um einen guten Ankerplatz für uns zu finden. Die sind sehr knapp auf dieser Strecke. Kaum haben wir Anker geworfen, da schleppen begeisterte Bootsfahrer Zeitungsleute an. Es wird eine lange Nacht.

Am nächsten Morgen eine Folge von Seen, die zu den schönsten gehören, die wir je gesehen haben.

Einen Tag später laufen wir in den *Des Plaines River* und nähern uns Chicago, Dort soll es keine freien Liegeplätze geben. Wir müssen aber einen guten Platz für die MANTA finden, wir wollen heimfliegen. Am Rande des Des Plaines, am Übergang zu einem Binnensee, finden wir einen ruhigen und sicheren Platz in der winzigen *Bay Hill Marina.* Nur vier Boote können hier unterkommen. Sie liegt 100 Straßenkilometer, 80 Flußkilometer von Chicago entfernt.

Ein Mietauto wird bestellt und gebracht, und auf geht's nach Chicago, zum Reisebüro und zur Besichtigung.

Die Stadt am Südende des Lake Michigan hat drei Millionen Einwohner, mit Umland sieben. Ein Zentrum von Hochhäusern. Keine nackten Spiegelflächen, sondern schöne altmodische Architektur. Hier wurden Ende des letzten Jahrhunderts die ersten Hochhäuser der Welt erbaut, und sie stehen noch. Die Stadt ist nicht nur herrlich anzuschauen, sie hat auch einen großen urbanen Kern. Schöne Geschäfte, urige Restaurants, Theater, Museen, und sie ist voller Leben. Wunderschöne Parks und Condominiums mit Eigentumswohnungen an der Seeuferstraße. Kastanien, Flieder, Azaleen, Tulpen, alles blüht gleichzeitig. Zeichen für lange, strenge Winter. Auch jetzt, Ende Mai, ist die Natur gegenüber dem Umland noch zurück, denn der See hat erst eine Oberflächentemperatur von 11° C. Natürlich zahlreiche Marinas für Hunderte von Booten, alle voll belegt. Die Lincoln Avenue hat europäisches Flair, es gibt Spezialitätengeschäfte aus allen europäischen Ländern. Auch deutsche Wurst und Brot bis zum Pumpernickel, daneben Münchner Bierkneipen. Eine Stadt zum Wohlfühlen.

Wir fahren noch 120 km weiter der Küste entlang nach Norden und übernachten in Milwaukee. Man hat einen Teil der Altstadt einfach umgelegt und einen neuen Stadtkern gebaut. Wunderschön zum Hinschauen, aber er ist zu locker bebaut, so fehlt urbanes Leben. Dafür gibt es um so schönere Wohnviertel am See entlang. Die Architektur ist schwerer, bodenständiger als in Florida, aber genauso abwechslungsreich.

Zurück zur MANTA. Packen und alles fertigmachen für die Heimreise am 10. Juni.

Kapitel 14

Durch die Großen Seen

Am 26. Juli sind wir zurück von unserem Heimatbesuch. Unsere Haut hat die rote Sioux-Färbung verloren, und wir bringen ein paar Pfund mehr auf die Waage. Ja, ja, die heimatlichen Kneipen! Wir haben entschieden, daß von nun an gehungert wird. Natürlich nur nach US-Manier. Saftige Steaks und feine Meeresfrüchte mit Salat und Gemüse. Kein Alkohol.

Wegen unseres umfangreichen Gepäcks, angefüllt mit Ersatzteilen, Staubsauger, Bohrmaschine und unserem reparierten alten Funkwetterschreiber, hatten wir uns schon von zu Hause telefonisch eine Limousine gemietet. So nennt man hier die ellenlangen Luxuskutschen, die hinten Platz haben für sechs Personen vis-à-vis, innen Barschrank und Fernseher, Lederbezüge und Wurzelholz. Das ist mit rund 100 Mark für über 100 km billiger als ein Taxi. So gleiten wir durch Regen und tropisch schwüle Hitze bis auf den Rasen direkt vor die MANTA.

Am nächsten Tag melden wir uns zurück, freudig begrüßt vom Personal und dem großen schwarzen Marinahund, der uns dabei fast umwirft. Doch dann fängt der Ernst des Lebens an. Nachdem die Lackierer den in Auftrag gegebenen Holzschutz mit Varnish wegen der ständigen Regengüsse nicht angefangen hatten, müssen wir selber ran. Es geht nur langsam weiter in Hitze und Regenschauern, und schon platscht uns Regen auf den frisch gestrichenen Mast. Zehn Jahre alte Farbschichten müssen wir nun mühsam herunterholen, neu streichen. Wir schuften ohne Ende. Nachts können wir in dieser Treibhaustemperatur nur mit Ventilatoren schlafen. Dann schlägt das Wetter um. Mitten in der Nacht reißt der Rand eines Tornados unter knallendem Blitzschlag unser Sonnenverdeck weg und knickt die starken Stahlrohre des Untergestells wie Streichhölzer. Im Wolkenbruch stemmen wir uns gegen den Wind und sichern die MANTA mit schweren Tauen am Steg. Der hält Gott sei Dank. Morgens saukalt und strahlender Sonnenschein. Wir holen die Deckbetten raus und heizen.

Nach zehn langen Arbeitstagen starten wir die Fahrt nach Chicago. Über Schleusen erreichen wir den *Sanitary Ship Canal* und 25 km weiter den *Calumet Canal*. Dieser führt mitten durch das Zentrum dieser Millionenstadt, in die wir uns richtig verliebt haben. Dann geht es durch die letzte Schleuse in den Michigan-See, auf den molengeschützten Ankerplatz vor der beeindruckenden Hochhauskulisse. Morgens verlegen in den kommunalen Yachthafen, in dem man uns einen Platz reserviert hat. Taxi. Rein in die Stadt, und dann stolpern wir über deutschstämmige handwerkliche Brauereien, die das Bier, das sie ausschenken, selbst brauen. Schon steht, taufrisch, ein leckerer Fleischkäse mit deutschen Bratkartoffeln und Spiegelei vor uns. Daneben ein Krug frisches, schäumendes Bier. Unsere Moral ist zusammengebrochen, von alkoholfreiem Hungern keine Rede mehr. Wir kaufen noch schnell einen ganzen Korb Vollkornbrot und sonstige Spezialitäten in einem deutschen Laden, und dann nichts wie weg. Diese Stadt verträgt sich nicht mit unseren Vorsätzen.

Einen ganzen Tag fahren wir nach Nordost zur gegenüberliegenden Küste und, weil sonniges, ruhiges Wetter ist, haben wir Zeit, mit dem Sextanten Sonnenstandlinien zu nehmen. Da aber kommt Frust über uns, und wir müssen an jenen sagenhaften britischen Seekadetten denken, dem der Navigationslehrer nach Lösen seiner Aufgabe feierlich verkündet: »Nehmen sie die Mütze ab! Sie sind in der Westminster-Abtei.« Wir waren noch schlimmer dran; wir fanden uns auf einem Maisacker, tief im Land, in der Mitte zwischen Milwaukee und Chicago.

Wunderschön ist diese über 500 km lange Ostküste des Sees. Feiner Sandstrand überall. Dahinter hohe Dünen, zunächst mit Wald bestanden. Weiter im Norden dann Wanderdünen, die am Ende bis zu 300 m Höhe anwachsen. Niemand versucht, sie aufzuhalten, selbst für die Launen der Natur ist Platz. Endlose Mischwälder im Hinterland. In einigem Abstand immer wieder seenartige Flußmündungen mit hübschen kleinen Badeorten. Es gibt nur wenige Hotels und kein Gedränge. Die meisten Leute mieten eines der Holzhäuser, die an den Seen und hinter der Küste im Wald stehen, und sie essen in den vielen kleinen Restaurants, die man überall findet. Das Wasser des Sees ist sauber und klar, die Temperatur im August bei 20°C, in den Flußmündungen und den vielen Inlandseen um einiges wärmer. Das Klima ist angenehm. Auf großen Lichtungen im Hinterland werden Obst, Spargel und Gemüse angebaut. Die Farmer sind sichtbar wohlhabender als im »Getreidegürtel«. Es ist Obsternte, und sie verkaufen an die wenigen Passanten Früchte, die einem das Wasser im Munde zusammenlaufen lassen.

Die Winter hier sind übrigens bitterkalt, und die Schiffahrt wird meist schon im Dezember eingestellt, weil es die mächtigen Eisbrecher der Coast Guard, die man jetzt besichtigen kann, nicht mehr schaffen. Dann leben die kleinen Badeorte von Winterurlaubern und Wochenendgästen, die hier Ski laufen. Die Ausrüstung kann man mieten, und es gibt Loipen und leichte Abfahrten. Vor allem aber Schneemobile, eine Art Motorski, die mit 40 Sachen über den Schnee brausen. Es ist halt weit bis zur nächsten Bar.

Jetzt ist Hauptferienzeit, doch die Millionen Menschen, die aus dem immensen Industriegebiet Chicago/Detroit ausschwärmen, lassen die Badeorte hier nicht überquellen. In diesem endlosen Kontinent verlieren sie sich.

Durch die Straße von *Mackinaw* geht es in den *Lake Huron.* In den Engen drängt sich die Schiffahrt zusammen. Wir begegnen, 3000 km vom Atlantik entfernt, großen Seeschiffen, die in den *Lake Superior* laufen, um an den Erzgruben im Norden zu laden oder zu löschen. Einige laufen nach Chicago.

Die Küsten des Lake Huron, im Osten kanadisch, im Westen USA, sind nicht so lieblich. Sie sind für den Sportschiffer eher abweisend. Nur wenige Häfen und wenig brauchbare Ankerplätze. So jagen wir über *Cheboygan, Presque Isle Harbour, Tawas Bay* und *Harbour Beach* 450 km nach Süden und ohne Aufenthalt über den Huron River in den *Lake St. Clair* und am nächsten Tag in den Detroit River. In Detroit machen wir fest. Besichtigung der *Mo-Town,* wie sie die Amerikaner nennen. Diese Stadt lebt nur von den drei großen Automobilkonzernen General Motors, Ford und Chrysler. Als Ford 1913 als erster die Fließbandfertigung einführte, sank die Produktionszeit für das berühmte T-Modell von 14 Stunden auf 93 Minuten, und der Verkaufspreis sank von 950 $ auf für breite Bevölkerungsschichten erschwingliche 295 $. Das Land der endlosen Wege erlebte eine Motorisierungswelle ohnegleichen. Ford führte den 8-Stunden-Tag ein und zahlte 2½ mal so viel Lohn wie andere Industrien. Detroit wurde zu einer Art Goldgräberstadt. Von überall strömten Menschen herbei und siedelten sich an, wo sie gerade Platz fanden. Der Zustrom war nicht zu bremsen; zeitweise lagen bis zu 40 000 Arbeitsgesuche auf den Schreibtischen der Ford-Personalstelle. Die übrigen Industrien konnten nicht mithalten und wanderten ab.

Niemals war den US-Bürgern das Auto mehr als ein unentbehrliches Fortbewegungsmittel. Als der Markt in den 60er Jahren gesättigt war, suchte man dennoch, den Absatz mit einer Vielzahl von Luxusmodellen zu beleben. Das ging in's Auge, und als der Benzinpreis-Schock hinzukam, stand die Automobilindustrie vor dem finanziellen Debakel. Erst jetzt rappelt man sich mit neuen Typen, die dem internationalen Trend entsprechen, wieder auf. Mit Bangen verfolgt jedermann die Produktionszahlen und den Absatz der internationalen Konkurrenz.

All das hat die Millionenstadt geprägt. Sie hat keinen Kern. Sie bleibt eine lockere Ansammlung von Häusern, Hütten und Fabriken. Sie ist das, was wir Europäer uns fälschlich unter einer amerikanischen Großstadt vorstellen. Ein Ausbund an Häßlichkeit. Endlos zieht sie sich über die Horizonte. Die Bevölkerung ist hier überwiegend schwarz, die sozialen Probleme sind immens, und entsprechend hoch ist die Kriminalität.

Wegen des Wochenendes ist die Marina voller Menschen, und wir bekommen viele Einladungen. Immer wieder müssen wir all diese Freundlichkeit mit höflichen Entschuldigungen abweisen. Das bedauern wir selbst am meisten. Dennoch, täten wir es nicht, wäre uns ein Winter im Eis sicher.

Montags werfen wir früh morgens die Leinen los und sind zwei Stunden später an der Mündung des Detroit River. Nun ist dichter Nebel. Viele Seezeichen stehen an der Fahrrinne in den Lake Erie, aber Lage und Bezeichnung decken sich nicht mit der Seekarte. Amerikanische Seekarten sind billig, aber niemand nimmt, so wie die deutschen Vertriebsstellen, Berichtigungen bis zum Tag des Verkaufs vor. Man kauft die Karten halt einfach in der nächsten Marina, und dort wird man auf zwischenzeitliche Veränderungen aufmerksam gemacht.

Wir hatten uns die Kartensätze schon in Florida kommen lassen. Da stimmt vieles nicht mehr. Mühsam vergleichen wir Radarmessungen mit der Karte und versuchen, uns die Köpfe der Seezeichenexperten des *Corps of Engineers* zu zerbrechen, warum sie wohl was geändert haben. Langsam gehen wir mit dem Strom den von uns nachempfundenen Weg. Dann formt sich aus dem Nebel heraus ein großer runder Leuchtturm. Das kann nur die Ansteuerungsmarke sein.

Wir sind im Lake Erie. Jetzt hangeln wir uns an den Grenztonnen entlang, die mitten im See die Grenze zwischen den USA und Kanada bezeichnen. Später liegt eine Kette von Inseln und Untiefen voraus. Die betonnte Schiffahrtsstraße verläuft entlang der amerikanischen Küste. Hier dagegen gibt es nur wenige, kleine Seezeichen, die im Radar kaum auszumachen sind. Am frühen Nachmittag dann Sichtbesserung. Wir sind an der vorausberechneten Stelle, aber nun haben wir genug und ankern in der *Put in Bay* auf *South Bass Island.* Das ist ein Glückstreffer.

Die Insel ist ein Ausflugszentrum. Im Sommer gehen Schnellfähren zum US-Festland. Um die Bucht herum eine gemütliche kleine Ortschaft aus der Gründerzeit. Eine Menge Bootshäfen und Nachtclubs, Restaurants auf den Piers. Musik liegt in der Luft. Schöne, gepflegte Anlagen und Strände. Nur wenige Besucher, nicht nur, weil Montag ist; die Saison geht zu Ende. In wenigen Wochen ist großes »Neujahrsfest« mit Feuerwerk. So nennt man das Fest zum Saisonende. Einwohner und Gäste werden feiern. Sie sehen sich erst im nächsten Frühsommer wieder. Bis dahin sind die Inseln abgeschnitten. Nur ein kleines Flugzeug hält bei gutem Wetter die Verbindung zum Festland aufrecht. Keiner scheint unter dieser Aussicht zu leiden. Das war und ist halt einfach so. Man wird Löcher in das dicke Eis hacken, kleine

Hütten mit Öfen darüberstellen und angeln. Keiner verläßt die Inseln. Man »erholt sich vom Streß der Saison«. Die Preise sind gesalzen; der Erlös reicht für den ganzen Winter.

Frühmorgens Anker auf. Wir brauchen Brennstoff. Aber in den Marinas, die auf Kleinmengen spezialisiert sind, ist es uns mit 50% Aufschlag auf den Tankstellenpreis zu teuer. So laufen wir am frühen Nachmittag die Großstadt Cleveland an und fragen bei einem Kutter der Coast Guard über Funk an, ob und wo wir einen Tankwagen bekommen können. Sie lotsen uns in den nagelneuen, von Parks und Hochhäusern umgebenen Stadthafen, in dem nur ein Ausflugsschiff liegt, und übergeben uns dem Kapitän. Der ruft das Reedereibüro. Der Reeder macht uns einen Besuch, ordert den Tankwagen und wickelt alles für uns ab. Wir machen keinen Finger krumm, außer, daß wir einen sensationell niedrigen Preis bezahlen.

Der weitgereiste Reeder sieht die Zukunft dieser Region der Hütten- und Stahlwerke und des Maschinenbaus mit Sorge. »Den Bogen des Wohlstands hat man hier vorzeitig überspannt,« meint er. »Schwellen- und Entwicklungsländer haben die in der Folge viel zu hohen Preise für die lohnintensiven Fertigungen ausgenutzt, um die Produktion an sich zu reißen. Sogar die lohnintensiven Fertigungen im Computerbereich. Die Industriezentren veröden, und wir werden von Arbeitslosigkeit und sozialen Problemen überwältigt, wenn die Menschen nicht wach werden.«

»Gibt es keine anderen Entwicklungen, die Entlastung bringen könnten?« frage ich. »Alle sprechen von Zukunftsindustrien, aber die beschäftigen nur hochspezialisierte Menschen. Dagegen stehen Freizeit und Sozialleistungen als Ersatz für produktive Arbeit, wie Brot und Spiele im alten Rom. Armut für alle wäre nur eine glimpfliche Folge. Das Problem scheint jetzt vielen hier mehr und mehr bewußt zu werden.«

Dann ist die Cognac-Flasche leer, und nur die Lampen an den Hochhäusern beleuchten das kühle Achterdeck.

»Was sind wir ihnen schuldig für die vielen Telefongespräche und die Autofahrten?« – »Cleveland in guter Erinnerung behalten.« Das können wir versprechen.

Es folgt eine lange, rauhe Fahrt bis Buffalo. Der See zeigt ein wenig von dem, was er kann. Das Wetter setzt zu einem seiner hier so extremen Sprünge an.

Buffalo am Eingang des *Niagara River,* mit einer großen und großzügig ausgebauten Marina vor der Kulisse gepflegter Häuser und Eigentumswohnungen, die irgendwie ans Mittelmeer erinnern. Hochhäuser dahinter. Die Außenmole der Marina ist ein öffentlicher Park auf einer schmalen, langgestreckten Halbinsel. Die Planer haben Yachten wohl mit Ausflugsdampfern verwechselt. Wir liegen an einer Spundwand mit tiefen Höhlen, in die unsere Fender gut hineinpassen. Wir müssen die fast schon vergessenen langen Bohlen unter der Gangway losmachen und über die Fender legen, damit die Scheuerleisten von der Spundwand frei bleiben.

Freitagmorgen. Etwas hier seltenes steht bevor. Ein langes Wochenende, Montag ist *Labour Day,* traditionell das Ende des Sommers und letzter Ferientag. Die Winterfahrpläne treten in Kraft. Die Öffnungszeiten der Museen und Gärten ändern sich. Die Marinas werden leer. Das Land scheint in den »Winterschlaf« zu fallen.

20 km bis zu den weltberühmten Niagarafällen. Es ist schwer, einen Mietwagen zu bekommen. Der letzte Sommertag wird alle auf die Beine stellen. Aber das Wetter macht nicht mit. Wir ziehen eine gruselige Wetter-

karte aus dem Fax. Gewitter, wolkenbruchartige Regenfälle und Sturm aus NW sind angekündigt. Wir besichtigen die Stadt, und machen uns auf den Weg zu den Fällen.

Hinter den Fällen schießt der Niagara River durch eine tiefe, 20 km lange Schlucht durch die Landbrücke zwischen dem Lake Erie und dem Lake Ontario. Das Westufer ist kanadisch, das Ostufer Territorium der USA. Beiderseits parkartige Anlagen mit Rad- und Wanderwegen bis zu den Fällen, von denen der Fluß um die »Geiseninsel« herum 60 m donnernd in die Tiefe stürzt. Wasserschleier und Gischt behindern den Blick auf das gigantische Naturschauspiel. Heute ist es besonders schlimm. Der Sturm reißt ganze Wasservorhänge ab, treibt sie uns ins Gesicht. Zeitweise wolkenbruchartiger Regen. Die Besucherzahlen sind ein Negativrekord für ein Labour Day-Wochenende, so kommen wir ohne Warteschlange auf einen der kanadischen Kutter, die an den amerikanischen Fällen vorbei in die kanadischen hufeisenförmigen *Horseshoe Falls* hineinfahren. Am Ende sehen wir nur noch Wasservorhänge über und Gischt unter uns. Der Kutter tanzt unangenehm. Obwohl wir einiges gewohnt sind, haben wir das Gefühl, es sei Zeit, umzukehren. Mit Motoren voll voraus schaukelt der Kutter auf der Stelle, Wasserfluten laufen an unserem Ölzeug herunter. Der Hemdkragen ist naß wie ein voller Waschlappen. Die Augen brennen. Doch dann ist unser Grusel-Soll erfüllt, der Kutter wendet und schießt hinunter zu seinem Anlegeplatz.

Noch einen Gang durch das Zentrum der US-Stadt *Niagara Falls,* die eine Zwillingsschwester gleichen Namens auf der kanadischen Seite hat. Viele Hotels. Einkaufszentren mit einer Menge Kitsch *Made in Peoples Republic of China.* Sonst nichts bemerkenswert, wie auch die Fälle auf der US-Seite nicht gerade das sind, was diesem Platz zu Weltberühmtheit verholfen hat. Das war die kanadische Seite mit ihren *Horseshoe Falls,* dem großen Staatspark und den Attraktionen eines Rummelplatzes. Ständig fahren dort laut hupende Konvois von Hochzeitsgesellschaften vorbei, und man trifft überall auf Brautpaare. Ein amerikanisches Hochzeitsparadies.

Im Hafen von Buffalo ist inzwischen der Teufel los. Die MANTA bockt wie ein Rodeopferd und reißt an ihren Leinen. 3 m hohe Wellen brechen über die Mole, und der Schwell läuft bis in die hinterste Hafenecke. Wir kommen nur mit Schwierigkeiten an Bord und richten uns auf eine schlimme Nacht ein. Doch plötzlich flaut der Sturm ab, und das Wasser beruhigt sich schnell. Es läuft auf den Seen keine langanhaltende Dünung.

Wir können weiter nach *Port Colbourne* zum *Welland-Kanal.* Dieser umgeht die Fälle auf der amerikanischen Seite. Er überwindet das Gefälle zwischen dem Erie und dem östlichsten der Großen Seen, dem Ontario. Es herrscht starker Seeschiffsverkehr. Der Welland ist mit seinen 262 × 25 m großen Schleusen der Flaschenhals für die Seeschiffahrt. Viele Massengutfrachter sind auf den Erztransport in den oberen Seen beschränkt. Die Erzausfuhr ist wegen hoher Frachtraten auf kleineren Schiffen behindert.

Für uns wird die Kanaldurchfahrt zur Geduldsprobe. Wir schleusen im Konvoi mit zwei Segelbooten. Eines ist neu und gehorcht dem Eigner noch nicht so recht. Wir müssen es immer einfangen und beim Schleusen längsseits nehmen. Aber das kostet Zeit. Die Kanallotsen halten uns zweimal an, damit der Berufsverkehr passieren kann. So ist es Nacht, bis wir den Kanal hinter uns haben.

Dann nach Toronto. Hier wohnt Norman. Wir hatten ihn vor vielen Jahren in Madeira als Einhandsegler kennengelernt. Immer wieder hat er uns eingeladen, ist nun »happy«, daß wir doch noch kommen. Er weist uns über Funk ein. Lautstark begrüßt uns ein kanadischer Polizist in waschechtem Schwäbisch, es sind viele Deutsche hier. Deutschstämmige Einwohner und Touristen, immer wieder hören wir deutsch reden.

Toronto ist eine höchst attraktive Stadt. Sie soll die reichste Kanadas sein. Grundlage ist das breite Spektrum an Gewerbe und Industrie, von der Landwirtschaft bis zum Bergbau, vom Maschinenbau bis zur Computerfertigung. Zentrum des Handels und der Banken. Imposante Hochhausarchitektur neben eher kleinstädtisch anmutenden Straßenzügen. Goldene, himmelwärts strebende Türme und efeubedeckte viktorianische Villen. Viele breite Flußtäler durchziehen die Stadt, sind als Parks oder Stadtautobahnen genutzt. Menschen aus aller Welt leben hier. Die Stadt ist blitzsauber, ohne steril zu wirken.

Wir liegen an einer der herrlichen lagunenartigen Inseln, die, ausgebaut zu einem Natur- und Freizeitpark, den Hafen von Toronto schützen. Hinter uns die Hochhauskulisse der Innenstadt. Um uns ein gepflegter Park mit vielen halbzahmen Wildtieren, einem Minidorf im Stil der Gründerzeit als Kinderspielplatz und Grillplätzen Nichts fehlt. Eine Rundfahrbahn bringt die Besucher zu den Anlegestellen der drei Fähren.

Zehn Tage bleiben wir in Toronto. Eine lange Zeit für »fahrendes Volk«.

Am 17. September nehmen wir Abschied von unseren Freunden. Es ist schon saukalt bei strahlendem Sonnenschein; aber wenn der Wind einschläft, kommt man ins Schwitzen. Wir fahren quer über den Ontario-See nach Oswego, dem Beginn des Oswego-Kanals. Der US-Papierkrieg setzt uns fest. Das Zoll- und *Immigration*-Personal ist furchtbar nett, aber was hilft's. Eine europäische Yacht auf diesem Wege in die USA? Das gab's wohl noch nicht, und so müssen die Formulare erst beschafft werden.

Dann fahren wir den Oswego-Fluß hinauf. Er ist von waldreichem Hügelland, von Parks und schönen Villen gesäumt. In *Three Rivers Point* treffen wir auf den Erie-Kanal. Er verbindet den Hudson River mit dem Lake Erie und ermöglicht den Schiffsverkehr zwischen New York und den amerikanischen Küsten der Großen Seen, ohne kanadisches Gebiet zu berühren. Einst hat er New York zur Weltmetropole gemacht. Heute wird er mit großem Aufwand für die Sportschiffahrt erhalten und verbessert.

Seit Tagen verfolgen wir auf unseren Wetterfax-Karten den Hurrican *Hugo*. Erst hat er die Virgin Islands und Puerto Rico verwüstet, dabei gegen die Regel nichts an Kraft eingebüßt. Dann bricht er über South Carolina herein. Die gesamte Versorgung ist dort zusammengebrochen, nur über Funk bestehen noch Verbindungen. Dann zeigt seine Zugbahn genau auf den Erie-Kanal. Ein Schleusenwärter warnt uns.

»Was sollen wir tun?« Antwort: »Ich habe gelernt, wie ich diese Schleuse bedienen muß. Ich schließe die Fluttore im Kanal und gehe dann in den Schutzraum! Was du tun sollst? Ja, weißt du, du hast gelernt, mit deinem Schiff umzugehen. Du bist der Kapitän. Sorry.« Schulterzucken.

Der Wetterdienst rät über Funk, einen Lebensmittelvorrat und Kerzen hinzulegen. Wo vorhanden, Schutzräume aufzusuchen. Mit Hochwasser zu rechnen. Die vielen Ratschläge sind wenig hilfreich für uns.

Schließlich bricht *Hugo* beim Zusammenstoß mit kalten Luftmassen zusammen. Die Folge ist tropischer Regen. Jetzt ist das Schleusen doppelte Arbeit. Erst wird das Schutztor gehoben. Dann laufen wir unter dieser Guillotine durch bis vor die Schleuse. Schleusungsvorgang und wieder

Schutztor.

Dann klart es auf, und wir fahren durch eine schöne Flußlandschaft, die Schleusentreppe des Erie-Kanals hinunter, in den majestätisch durchs Gebirge schwingenden Hudson.

New York, Ausgangspunkt unserer zweijährigen Reise durch die Mitte dieses unendlichen amerikanischen Kontinents mit seinen vielen Gesichtern, ist erreicht. Eine gute Werft, die die MANTA für die im nächsten Jahr geplante Rückreise nach Europa fit machen soll, hat man uns in Florida empfohlen. So liegen nach bisher 5000 sm noch 1300 sm nach Süden vor uns. Kein Neuland. Doch South Carolina ist durch den Hurrikan *Hugo* sehr zerstört, der Intracoastal Waterway unterbrochen. Die Einfahrten von See versandet. Keine Karte stimmt mehr, und wir müssen sehen, wie wir zurechtkommen.

Kapitel 15
Non Stop nach Norden

Februar 1990. Nach einer Schönheitskur in Florida glänzt die MANTA nun in strahlendem Weiß und mit einem nagelneuen Teakdeck.

Nach drei Jahren Reise durch Eis und Hitze hatten ein paar Rostfähnchen gezeigt, daß die MANTA ein eisernes Boot war. Pardon, ein Boot aus Eisen. Das Deck wiederum hatte 20 Jahre unser gefühlloses Getrampel und Eishakken bei vielen Winterfahrten in Europa ertragen, ehe es zur Dauerbeschäftigung des Skippers wurde. Während wir im Winter zu Hause waren, hatte die Mannschaft von *Huckins Boatyard* in Jacksonville an der Nordgrenze Floridas daran gearbeitet, oder sie konnten nicht, wegen Kälte, Schnee oder Regen. Erfahrene Schipper wissen schon, was nun kommt. Nacharbeit! Weil der einzige Kerl, der das Boot wirklich genau kannte, zu Hause hinter dem Ofen geschnurrt hatte wie ein alter Kater.

In zwei Wochen will unser Sohn mit Frau und Söhnchen seinen Urlaub bei uns verbringen. Also wurzeln wir mit, um fertig zu werden. Eingestaubt von Holzmehl verkündet mir Annemarie, daß ich morgen schon wieder Geburtstag habe. Teufel, wie die Zeit vergeht. Wir feiern auf den Knien, deckschleifend, in Wolken von Holzmehl.

Selbst Dieters erste Urlaubswoche vergeht noch mit harter Arbeit. Er checkt die Maschinen und die Technik. Auch er – ölverschmiert – sieht aus wie ein Maschinenkuli. Zu allem versagt auch noch die Heizung, und die Nächte sind bitterkalt. Dazu reißen uns Güterzüge mit LKW-Huckepack aus dem Schlaf. Kaum 50 m neben uns donnern sie über die alte, eiserne Flußbrücke. Bei der Probefahrt fegt uns der Sturm die Abdeckplane unwiederbringlich in den stark strömenden Fluß. Sonst alles o.k.

Dann steht das Werftpersonal an der Pier, winkt Abschied. Hörner tönen. »Gute Reise!« Sie alle haben selbst Boote, und sie träumen von einer großen Reise. So verlassen wir gute Freunde, die immer mehr von uns hören wollten. Wir sind etwas nachdenklich. Schon wieder Abschiedsschmerz?

Noch zwei Wochen bleiben wir in Florida. Das Land steht schon jetzt in berauschender Blüte.

Am 15. März ist Dieters Zeit um. Anfang Juni will er wieder zu uns kommen, nach Neufundland. Mit Seglerfreunden hatten wir das Problem diskutiert, wie wir mit unserer beschränkten Tankkapazität zurück nach Europa kommen. Ein Weg schälte sich heraus. Von St. Johns, der Hauptstadt Neufundlands, zu den Azoren. Das ist machbar, wenn wir in diesem rauhen, mit Eisbergen und Treibeis gespickten Seegebiet 1000 Liter Reservebrennstoff an Deck fahren können. Das Seewetteramt in Hamburg hatte abgeraten. »Gefährliches Gebiet. Eis. Nebel. Stürme. Ihr müßt 500 Meilen weiter im Süden starten.« Aber wie wir auch rechnen, dafür reicht unser Brennstoff nicht.

Wir müssen jetzt, ohne zu zögern, den weiten Weg nach Norden machen. Wenn wir die Überfahrt Mitte bis Ende Juni nicht schaffen, dann können uns die Hurrikane treffen. Russisches Roulette. Bis Neufundland liegen weit über 2000 sm vor uns. Wir haben Nebel, Regen und eine Kette von Frühjahrsstürmen zu erwarten, die eine hohe See aufwerfen, und immer von Norden. So müssen wir mit Zwangspausen rechnen. Also vorwärts!

Zwei Tage später fahren wir den ICW zum ersten Mal nach Norden. Kaum haben wir die Grenze Floridas hinter uns, keine Blüten mehr. Regen, kalter, stürmischer Wind. Kein frisches Grün. Trotz der immergrünen Bäume erscheint jetzt alles grau und winterkahl.

Wir passieren *Savannah,* Georgia, die alte Südstaatenstadt, von der aus 1819 das erste Dampfschiff gleichen Namens den Atlantik überquert hat. *Beaufort,* South Carolina, lebendes Museum für den Glanz und Reichtum der Südstaaten vor dem Bürgerkrieg. *Hilton Head,* die ebenso schöne wie berühmte Insel der Dollar-Millionäre. Dann kommen wir in die Schneise, die der Hurrikan *Hugo* vor sechs Monaten gerissen hatte. Umgeknickte Bäume. Abgerissene Äste. Abgedeckte Dächer. Räumkolonnen beseitigen das tote Holz, das Schädlinge anzieht, die den Rest der Wälder vernichten könnten. Dazu die Angst vor Selbstentzündung im Sommer. Die Arbeit ist sehr schwierig, denn hier sind viele Sümpfe, aber kein Weg und kein Steg.

Charleston, eine der reichsten und schönsten alten Städte der Südstaaten, hat schwere Hurrikanschäden erlitten. Vor allem auch durch das Seewasser, das um 10 m angestiegen war. Nur eine Marina von vielen ist noch in Betrieb. Auch dort schwere Schäden. Strom gibt es noch nicht. Ein Teil der beschädigten Boote steht und liegt auf Land herum, Beschläge herausgerissen, Löcher im Rumpf. Alles vom Wasser verdorben.

In der Stadt werden T-Shirts verkauft mit dem Aufdruck: »Wir haben *Hugo* überlebt.« Das eine oder andere Lokal ist wieder geöffnet. Leben regt sich wieder, aber es wird lange dauern, bis die Spuren des Unglücks getilgt sind.

Immer grausiger wird *Hugos* Spur der Vernichtung nördlich von Charleston. Es steht kein Stein mehr auf dem anderen. Sogar die Büsche sind mit ihren Wurzeln aus dem Boden herausgerissen. Ein unvorstellbares Inferno hat hier gehaust. Da und dort sieht man Menschen, die versuchen, wenigstens die Trümmer von den Grundstücken zu räumen, auf denen einmal ihr Haus stand. Auf knisternden Scheiterhaufen verbrennen sie das Bruchholz. Hier standen dicht an dicht Bootsstege neben dem ICW. Nichts ist geblieben außer den Wracks, die im Land liegen. Am Rand des ICW ein Kran-Ponton, hoch gefüllt mit den Trümmern ehemaliger Segel- und Motorboote.

Bevor es dunkel wird, laufen wir in den kleinen Fischereihafen *McClellanville* ein. Die Fischfabrik und der Fischmarkt, gleich am Anfang, sind sperrige Trümmerhaufen. Einsam thront eine geborstene Kloschüssel auf einer umgestürzten Wand. Die Stege der ehemaligen Marina total Bruch. Nur vor der wiedereröffneten Tankstelle sind ein paar Meter notdürftig repariert. Aber außer einigen Fischern kommt niemand hierher. Der Tankwart ist glücklich über die paar Dollar Einnahmen. Er haust in einem beschädigten Wohnwagen. Ein von Salzwasser verdorbenes Sofa steht davor. Statt der abgebrochenen Beine Ziegelsteine.

Im Ort wird aufgeräumt. Ein College, weit weg, hat eine Gruppe von Schülern hierher gesandt. Sie haben vorläufig Probleme mit ihrer Unterkunft. Sie nageln an ihren Holzhütten, es fehlt an allem. Mitten im Ort liegt ein massiver Fischkutter, halb zugedeckt von einem Dach. Weiter im Norden werden die Trümmer weniger. Die Schneise der Vernichtung ist »nur« 60 km breit.

Der *Waccamah River.* Einen ganzen Tag geht es nun durch wunderschöne Wasserlandschaften. Der Vorfrühling liegt im Wettlauf mit uns jetzt zeitweise Kopf an Kopf. Die ersten grünen Spitzen im Buschwerk unter den hohen immergrünen Bäumen, von denen lange Moosflechten herabhängen.

Der ICW führt jetzt durch breite Lagunen, von langen, schmalen Sandinseln gegen die See geschützt. Endlos zieht sich der Badeort *Myrtle Beach* auf der gleichnamigen Insel hin.

North Carolina. Die subtropische Fauna tritt zurück. Immer breiter wird der Abstand zwischen der Küste und den vorgelagerten Inseln. Regen, Nebel, Kälte. Wieder haben wir den Frühling überholt. Es geht weiter über die vielen miteinander verbundenen Flußmündungen und riesigen Sunde, über Norfolk in die Chesapeake Bay. Da bricht bei starkem Seegang unser Steuerrad und wir laufen mit der Fernsteuerung des Autopiloten die nächste Werft an. Trotz vorösterlichen Hochbetriebs besorgt uns der Boss persönlich ein fast identisches Rad. Den von uns in Baltimore bestellten Plastik-Zusatztank für die spätere Atlantiküberquerung läßt er ebenfalls kommen und paßt ihn betriebsbereit an.

Über die Delaware Bay geht es dann für zwei Tage hinaus in den Atlantik.

Dann reckt die eiserne Lady ihre goldglänzende Fackel hoch in den tiefblauen Frühlingshimmel. Die Freiheitsstatue. Wieder sind wir in New York, am Schnittpunkt unserer Reisen in der Neuen Welt.

Wir drehen auf die *Battery* zu, die nahe Südspitze Manhattans. Mit dem Flutstrom schießen wir den dort mündenden East River hinauf, an der Einmündung des Harlem River vorbei und durch das berüchtigte »Höllentor«. Die letzte Brücke, und wir sind im *Long Island Sound.* 90 sm ist er lang, 20 sm breit. Er ist das Revier der Freizeitkapitäne aus dem Großraum New York.

3. Mai. Atlantik-Dünung, Nebelbänke, keine Fernsicht, um uns gurgelnde, schäumende Wirbel einer reißenden Strömung. Wir steuern unter Radarhilfe durch die bei den Sportschiffern Neu-Englands so berüchtigte Enge am östlichen Ende des Long Island Sound. Ihr Name – *The Race* – kommt von den rasenden Gezeitenströmen, die hier buchstäblich hindurchrauschen. Immer wieder schnellt die Kompaßrose nach beiden Seiten. Wie ein nervöses Rennpferd versucht die MANTA auszubrechen. Wenn ich sie zurückzwinge, spüre ich trotz der starken hydraulischen Ruderpumpe Tonnen von Gegendruck am Rad. Annemarie konnte es nicht mehr halten, da habe ich den Platz am Radarschirm mit ihr getauscht. Immer wieder halblaute Ruderkommandos und Kursänderungen. So schießen wir durch die Watte. Was uns beunruhigt, sind die vielen Hummerfallen, die hier überall auf Grund liegen, bevorzugt im Strom. Die kleinen weißen Plastikschwimmer sind schwer zu erkennen. Oft tauchen sie in der Strömung unter. Dann schwimmt die Leine meterlang dicht unter der Wasseroberfläche und gerät in die Schrauben. Sie spult sich zwischen Propeller und Ruder zu einem dicken, steifen Bündel auf, ehe der schwere Stahlkorb abreißt. Das Fahrzeug kann dabei manövrierunfähig werden. Dann hilft nur hinuntertauchen ins eiskalte Wasser und versuchen, den Ballen mit einem Sägemesser durchzutrennen! Das ist gefährliche Arbeit. Hier im Race und bei dieser Sicht muß man einfach Glück haben.

Bei der Fahrt durch den Long Island Sound waren wir von Küste zu Küste gependelt. Im Süden, zum Staat New York gehörend, die Insel Long Island mit ihren tiefen, landschaftlich reizvollen Buchten. Im Norden die endlose Reihe ineinandergewachsener Städte. Neben dem Raum New York *Stamford, Norwalk, Bridgeport, New Haven, New London,* die zu Connecticut gehören.

Bei *Landfall Navigation* in *Greenwich,* New York, hatten wir uns wieder Karten und Bücher beschafft. Bis hinauf ins ferne Neufundland und über den großen Teich. Immer wieder staunten wir, wie Captain Marx mit der Sicherheit eines Traumwandlers in die flachen Züge seiner Stahlschränke griff und stets die richtige Karte auf den Tisch legte. Den wesentlichen Inhalt der Handbücher und die Seekartenübersicht hatte er im Kopf.

»Das solltest du meiden, weil...! Hier solltest du hin. Da ist... Hier gibt es noch diese und jene Karten. Das Geld kannst du dir sparen, denn...!« Mit einem riesigen Paket von Karten und Büchern und versehen mit guten Wünschen sind wir abgezogen. Dieses Material ist hier billig. Eine private *Non-Profit-Organisation,* die dem Wettbewerb unterworfen ist, hat es geschaffen. Die *Woods Hole Oceanographic Institution.* Die kleine Insel Woods Hole ist nicht weit weg. Da wollen wir jetzt hinschippern.

Die weißleuchtenden Punkte und Flächen auf dem Radarschirm bleiben zurück, Funkechos von Land und Felsen. Wir haben das Race passiert. Unsere Fahrt über Grund wird langsamer.

Im Nordosten liegt jetzt der nach Norden offene Halbmond der Halbinsel *Cape Cod.* Sie schützt die gleichnamige Bay gegen Winde von Ost über Süd bis Südwest. Bei Nordsturm aber ist sie eine böse Falle. Auf ihrer Südwestseite bildet die Kette der Elisabeth-Inseln zusammen mit der Festlandküste im Westen die *Buzzards Bay.* Eine der Inseln ist *Woods Hole.* Weiter östlich liegen die großen Inseln *Martha's Vineyard* und *Nantucket.* Sie umschließen mit Cape Cod den Nantucket Sound. Wir sind im Feriengebiet der Skipper aus New York und den Neu-England-Staaten, von Connecticut bis Maine. Juli/August ist in den vielen kleinen Häfen kaum ein Platz zu bekommen. Jetzt aber sind die Ferienattraktionen verlassen und öde.

Die Sonnenscheibe ist durch wabernden Nebel zu sehen, und langsam löst sie ihn auf. Tiefblauer Himmel, blaues Meer und grüne Küsten. Vor uns liegt *Cuttyhunk,* die südlichste der Elisabeth-Inseln. Wir laufen die felsige Küste hinauf nach Nordost. Kein Windhauch. Die See ist spiegelglatt. Dann nervt uns die versteckte Woods-Hole-Passage mit ihrem gewundenen, stark strömenden Fahrwasser. Verschiedene Wasserwege, unübersichtliche Betonnung. Schließlich öffnet sich der schmale, langgestreckte Naturhafen.

An der *public wharf,* dem kostenfreienSteiger, den es in jedem öffentlichen Hafen dieses Kontinents gibt, finden wir nach einigem Suchen einen freien Platz. Wir haben kaum mehr als eine Stunde Zeit. Am Ende der Bay durchschneidet der Cape Cod-Kanal die Wurzel der Halbinsel. Wir müssen ihn noch bei Ebbe passieren. Wenn wir die Zeit verpassen, ist unser Tagesziel, der Naturhafen von Plymouth, Massachusetts, nicht mehr erreichbar. Die schmalen, verzweigten und stark strömenden Rinnen, die dort hineinführen, sind nachts für Ortsunkundige gefährlich, so verkündet unser Seehandbuch. Für morgen abend aber ist schweres Wetter mit stürmischem Nordwind angesagt.

Ein weißhaariger Pensionär, Seemann des *Oceanographic Institute,* nimmt unsere Leinen an. »Eine Stunde habt ihr? Das schaffen wir!« Er fährt uns mit dem Auto durch den Ort. Sein ganzes Berufsleben hat er hier und auf See verbracht. Auch heute noch ist er mit Leib und Seele dem Institut verbunden. So ist er ein idealer Führer.

Auf dieser Insel sind die Schwerpunkte ozeanographischer Forschung der USA konzentriert:

Der *US Marine National Fishery Service* zur Erforschung der Fischerei-Ressourcen und der Fangtechniken.

Der *US Geological Survey* für die marinegeologische Forschung.

Das *Marinegeologische Laboratorium* für Marine-Biomedizin, Biophysik und Ökologie.

Und vor allem die *Woods Hole Oceanographic Institution,* eine Stiftung, ein »non-profit« Unternehmen, das durch seine Bilder und Informationen von den Wracks der *Titanic* und der *Bismarck* weltberühmt wurde. Biologen, Chemiker, Geologen, Geophysiker und Ingenieure betreiben hier gemeinsam Auftragsforschung in allen Bereichen der Ozeanographie und der maritimen Technik. Die Gesellschaft hat ihre Forschungsschiffe und ihr Tauchboot selbst entwickelt.

»Wer hat die Erkundung der Wracks in Auftrag gegeben?« frage ich unseren Führer. Er lacht: »Non-Profit heißt ja nicht, daß wir kostenlos arbeiten, daß unsere Schiffe und unser Gerät nichts kosten. Da müssen viele Millionen verdient werden, um das alles zu bezahlen. Wir brauchen dafür potente Auftraggeber und auch Spenden der Bürger. Dafür müssen wir werben. War das nicht ein großartiger Werbegag? Er hat unser Können demonstriert und weltweit bekannt gemacht. Die Pressefotos und die Filme haben dann sogar noch einen großen Teil des Aufwands wieder eingespielt.«

Er fährt uns durch den Hafen, in dem 13 Forschungsschiffe beheimatet sind. In der Ortschaft dienen mehr als 50 Gebäude und mehr als 1000 Mitarbeiter der Forschung. Dazu sind etwa 500 Studierende ganzjährig auf der Insel. Im Sommer werden Seminare veranstaltet, zu denen Wissenschaftler aus aller Welt anreisen. Dann ist hier Großstadtverkehr.

Unser Führer erzählt aus seiner aktiven Zeit. Was uns dabei besonders auffällt, ist die offene Zusammenarbeit privater und staatlicher Einrichtungen. Sie haben einen regen Austausch von Personal und Einrichtungen, gemeinsame Bibliotheken, Gremien, die die Ergebnisse der Forschung koordinieren. Das scheint alles ziemlich reibungslos zu funktionieren. Kein Beamter muß seine hoheitlichen Funktionen verteidigen. Alles im Ort ist einfach und schlicht. Sogar das Empfangsgebäude, in das er uns jetzt führt. Dort wird die Arbeit der Oceanographic Institution in Schrift, Wort und Bild sowie durch Ausstellungsstücke erläutert. Über die Entdeckung der beiden berühmten Wracks wird ein endlos laufender Video-Film gezeigt. Die Technik, die da eingesetzt wurde, scheint einem Zukunftsroman entnommen.

Nach einer Stunde und zehn Minuten legen wir ab. Amerikanisches Tempo. Wir rauschen durch den Cape Cod-Kanal. Das spart uns einen langen Fahrtag um die vom Atlantik umtosten Felsen und Klippen an der Ost- und Nordseite der Halbinsel.

Unser amerikanischer Yachtführer liest sich jetzt merkwürdig doppelzüngig: Einerseits: »Du tust jetzt den Schritt in ein Paradies der Seefahrt mit seiner großartigen Küste, ihren tiefen, schmalen Mündungsbuchten, ihren Fjorden mit den tausend Inseln und Felsen, mit ihren endlosen rauschenden Wäldern und den hübschen Orten und Städtchen. In den Geburtsort der maritimen Vergangenheit, seiner Geschichte, seiner Legenden. In die Heimat der berühmtesten Segelschiffe der Welt wie »Flying Cloud«, »Sovereign of the Seas« und »Lightning« sowie der berühmten »Fishing Schooners«, die schon zu ihrer Zeit die berüchtigten *Grand Banks* mitten im Winter befischten.«

Andererseits: »Nach Norden zunehmend tödliche Gefahr durch eisiges Wasser, in dem man ohne Spezialanzug nur Minuten überlebt. Täglich Nebelbänke, die sich frühestens am späten Nachmittag auflösen, oft aber tagelang anhalten. »A pea souper« – ein Topf mit Erbsensuppe. Anhaltende Stürme, die den tobenden Atlantik auch in anscheinend geschützte Buchten treiben. Gezeiten von ständig zunehmender Höhe mit reißenden Strömungen in den Engen. Ein Gebiet, das mangelnde Erfahrung, saloppe Seemannschaft oder ungenügende Ausrüstung niemals vergibt.«

So vorgewarnt laufen wir mit mäßigem Südwest und ruhiger See nach Norden. Es ist Mittag, die Cirrocumulus- und Cirrusbewölkung strahlend blauem Himmel gewichen. Das Thermometer zeigt 7°C. Dann fahren wir eine Stunde durch die trickreiche Einfahrt und liegen gegen 19 Uhr in einer Marina in Plymouth fest.

Morgens kommt der vorhergesagte Sturm. Die Flagge am Heck knattert im schneidend kalten Nordwind. Regenschauer prasseln auf Deck. Atemwolken. Die Leinen sind steif. Ich muß nach draußen, Leinen und Fender kontrollieren. Wolken von Möven flattern auf, kreisen, segeln im Sturmwind und füllen die Luft mit ihrem mißtönenden, ärgerlichen Kreischen. Einen ganzen Winter lang war dies ihr alleiniges Revier; die Schwimmsteiger aus Beton sind total voll mit Mövenkot, Muschelsplittern und Steinen. Das Leitungswasser ist schon angeschlossen, so mache ich mich erst mal an die mühsame Arbeit, die Schwimmer mit dem Schrubber für menschlichen Gebrauch umzuwidmen. In einem Abstand, der keine Hochachtung vor meiner Geschwindigkeit ausdrückt, schweben sie wieder ein. Sie sind groß wie junge Gänse. Die Steine benutzen sie als Werkzeug, um die Muscheln aufzuschlagen, die sie erst mal auf den Betonboden legen. Langsam macht meine mühsame Arbeit Fortschritte, doch da setzen sich die Biester wieder hinter mich. Weitermachen hat keinen Zweck. Wir bringen noch Leinen und Fender aus, dann machen wir uns auf den Weg durch knirschende und krachende Muschelschalen und durch den Mövendreck. Einen Fußabtreter auszulegen, ist sinnlos. Möven können alles gebrauchen, zerren alles weg. Wenn wir zurückkommen, müssen wir sehen, wie wir den Kot von unseren Sohlen abkriegen.

Dann stehen wir an Deck der »Mayflower II«, einer authentischen Replik des Schiffes, das hier im Herbst 1620 die berühmten »Pilgerväter« abgesetzt hat. Auf diese ersten Einwanderer gründet sich die amerikanische Geschichte. Auch der Nachbau wurde in England gebaut und 1957 über den Atlantik hierher gesegelt.

Am Fallreep hatte uns eine Dame in der sportlich-eleganten Tracht des *National Park Service* mit den Worten empfangen: »Nicht weit von hier befindet sich noch die *Plantation,* eine Nachbildung der Siedlung von 1627 auf historischem Boden. Sie wurde vor einigen Tagen für die diesjährige Saison geöffnet. Beides sind lebende Museen, und die Menschen darin sprechen die Sprache ihrer Zeit.« Es wird uns nicht klar, was sie damit meint, aber bald werden wir es wissen.

Ehrfürchtig starren wir in die kräftigen Masten und Stengen des nur 38,5 × 9,5 m großen Schiffes mit den zu Ausgucks ausgebauten »Eselshäuptern«. Starren zu 100 Tauen, die die Masten elastisch am Rumpf verspannen, zu den Rahen, zu den vielen Leinen des laufenden Gutes für die Segelführung, die, chaotisch für den Laien, bis hinunter zu den Belegnägeln reichen, wo sie festgemacht sind. Alles ist an seinem Platz. Die gesamte Ausrüstung eines Schiffes jener Zeit. Alles ist vertrauenerweckend massiv. Die »Mayflower« könnte Segel setzen und, wenn der Wind günstig wäre, Plymouth morgen verlassen.

Mit dem wiegenden Schritt seiner Seebeine kommt ein Seemann in altertümlicher Tracht auf uns zu. Er raucht ein *Kalumet,* eine indianische Friedenspfeife. »Das habe ich bei diesen braunen, stinkenden Indianern eingetauscht, aber dieser Rauch ist gut und gesund. Sie nennen das Zeug ›*Tabak*‹.«

Dann erklärt er uns die Technik des Segelns auf einem Schiff »seiner« Zeit. Wirklich, dazu braucht man eine zahlreiche Crew, die Tod und Teufel nicht fürchtet. Dann kommt er auf die Atlantiküberquerung mit der ungewöhnlichen Fracht zu sprechen.

»102 Engländer, Männer, Frauen und Kinder, haben wir im Herbst hierher gesegelt. Dauernd haben sie gekotzt und gebetet. Unsere Seemannskost haben sie nicht vertragen und Durchfall bekommen. Statt ihre Notdurft im Netz unter dem Klüverbaum zu verrichten, haben sie in Eimer gemacht. Den Gestank und Dreck kannst du dir einfach nicht vorstellen. Jetzt sollen wir hier mit dem Werkzeug und den Vorräten warten, bis sie sich Hütten gebaut haben. Teilweise schlafen sie auch noch hier.«

Er führt uns ins Zwischendeck. Eine unvorstellbare Enge muß hier geherrscht haben zwischen Kanonen, all den Werkzeugen, die man für einen Neubeginn in der Wildnis braucht, und dem Saatgut, von dem das Überleben abhing. Dazu noch Haustiere und eine 12 m lange Schaluppe. Da sitzen auch noch zwei junge Frauen in der Tracht ihrer Zeit, mit einem Häubchen auf dem Haar und nähen an einem leinenen Brusttuch. Schmal und erschreckend blaß wirken sie in dem dämmrigen Licht.

»Gott hat uns begleitet. Er wird uns auch helfen, den Winter zu überstehen«, meint eine von ihnen. Noch ein Blick in die Lasten, die im unteren Deck gestapelt sind, und wir gehen ins Achterkastell. In der geräumigen Kajüte ein feiner Herr. Schwarzer Tuchanzug mit weißer Halskrause. Breitkrempiger schwarzer Hut. Er liest einer Frau aus einem Buch vor. Auch sie ist reicher gekleidet. Ich frage ihn, was er da liest. »Ich bin der Prediger. Ich lese meiner Frau aus der Bibel vor.« Von ihm erfahre ich: »Die meisten von uns sind Puritaner. Wegen unseres Glaubens wollte man uns in England ins Gefängnis werfen. Da hat Gott uns erleuchtet und uns den Weg in die Neue Welt gewiesen. Wir selbst leben in Armut, aber englische Kaufleute haben Überfahrt, Werkzeug und Vorräte gewährt gegen das Versprechen, die Früchte und Reichtümer dieses Landes nur auf ihre Schiffe zu verladen.«

»66 schreckliche Tage waren wir auf See. Sturm und widrige Winde haben uns immer wieder zurückgeworfen. Es schien, als wolle Gott diese fluchende und lästernde Mannschaft bestrafen, aber er hat seine Hand über uns gehalten. Vier Wochen lang haben wir dann mit unserer Schaluppe gesucht, bis der Herr uns diesen Platz gewiesen hat, der unserer Heimat so ähnlich ist. Die meisten von uns sind jetzt an Land, um Unterkünfte zu bauen. Der Kapitän hat uns gesagt, die Winter seinen hier schrecklich, stürmisch und kalt. Der Herr wird uns beschützen, und wir wollen hier leben zu seinem Wohlgefallen.«

Auf Deck treffen wir wieder den Seemann. Ich frage ihn nach seinem Beruf und wo er lebt. »Ich bin ein englischer Seemann und segle, solange ich denken kann. Aber wie und von wo kommst du denn hierher?« Ich zeige auf die MANTA, die in Sichtweite an ihren Leinen zerrt. »;Mit dem Motorboot aus Deutschland.« Er reißt die Augen auf und nimmt staunend die Pfeife aus dem Mund. »Ja, wo hast du denn deine Masten und deine Segel?« Ich schüttle den Kopf: »Nein, das Motorboot da! Kein Segler!« Er sieht mich intensiv an. »Gott sei bei uns. Hast du die Ungeheuer des Meeres gezähmt, daß sie dich hierher geschleppt haben?«

Jetzt wissen wir, was mit »Sie sprechen die Sprache ihrer Zeit« gemeint war.

Wir spazieren durch Plymouth, *America's Hometown.* Im Sommer ein geschäftiges Städtchen. Es lebt hauptsächlich vom Fremdenverkehr. Viele Restaurants und Motels. Ein großer Stein wird wie eine Reliquie verehrt. Ein Denkmal ist darüber errichtet. Die Pilgerväter sollen über diesen Stein an Land gestiegen sein. Als Fachleute das bezweifeln, entscheidet der Präsident: »Es ist nicht wichtig, ob die *Pilgrims* ihren Fuß auf diesen Stein gesetzt haben. Wichtig ist, daß die Geschichte der Nation auf Fels gegründet ist!«

Ein Taxi bringt uns von der Innenstadt in die einige Kilometer entfernte *Plantation.* In einem gepflegten Park finden wir hinter einer Wand von Palisaden eine Gruppe winziger schilfgedeckter Blockhäuser und Bretterhütten. Trotz des gräßlichen Wetters arbeiten Menschen in der Tracht und mit den Werkzeugen des 17. Jahrhunderts an der Frühjahrsbestellung kleiner, mit Stammholz eingefaßter Beete. Die Hütten sind voll eingerichtet, bis zum Bettzeug und Geschirr. Alles sieht bewohnt aus. Die Küchenfeuer brennen und verbreiten etwas Wärme, aber auch Holzrauch. Die Bewohner sitzen um das wärmende Feuer. Die Gespräche drehen sich um den Alltag der Siedler. Nur 50 von ihnen haben den ersten Winter überlebt. Hoher Schnee. Gefrorener Boden. Hunger. Mühseliges Roden, um Platz zu schaffen für die Frühjahrsbestellung: »Wir vertrauen auf Gott. Er wird es richten, daß der Samen, den wir in den Boden versenken, aufgeht und reiche Früchte trägt.« Und die schlechten Fruchtstände, die entstehen, wenn man die Ernte im selben Boden wieder als Saat verwendet? »Gott ist der Herr über die Erde, und er ist der Herr über Leben und Tod.«

Die Frauen kochen an Kesseln, die an Ketten über dem Feuer hängen. Wir fragen eine, was sie da drin hat. »Schweinebauch und Bohnen. Das koche ich so lange, bis es eine Paste gibt. Das hält sich.« Ein Seminar über frühamerikanische Hauswirtschaft folgt.

Alle sehen sich auf merkwürdige Weise ähnlich. Schmale, blasse Gesichter unter den weißen Häubchen und über der bauschigen Kleidung. Ob das nur die Tracht ausmacht? Ob das eine Sekte ist, die es gottgefällig findet, hier das Leben ihrer Vorfahren zu leben? Schauspieler im Sommerengagement? Wir finden es nicht heraus.

Wir laufen 40 sm nördlich in den weitläufigen Naturhafen von Boston mit seinen verzweigten Flußmündungen ein, am Flughafen vorbei. In Minutenabständen schweben über uns die riesigen Donnervögel. Wir fahren vorbei an der Hochhauskulisse der Innenstadt. An den Ufern geschäftiges Treiben. Schiffe und Fähren kreuzen unseren Weg. Die von uns ausgewählte Marina können wir nicht finden. Der Lageplan im Yachtführer stimmt nicht. Über Funk weist man uns ein. Von den über 100 Liegeplätzen ist ein einziger frei. Bei näherem Hinsehen sind die meisten Plätze von Wohnschiffen besetzt, so festgemacht und verkabelt, daß sie gar nicht auslaufen können. Viele haben keine Motoren mehr. Gegen die Eisgefahr sind Tauchpumpen eingesetzt, die von unten wärmeres Flußwasser an die Oberfläche bringen. Wohnungen sind knapp und teuer hier in Boston.

Nicht weit ist es zur die Segelfregatte *Constitution,* 1794 erbaut, einem der ersten Kriegsschiffe der US-Marine. Sie steht noch heute als »im Dienst« auf der Flottenliste. Die Mannschaft, in den Uniformen der damaligen Zeit, führt Besucher durch das gepflegte, in allen Details erhaltene Schiff. Die langen Reihen der Kanonen hängen sauber ausgerichtet an ihren Taljen und

Leinen. Die Mannschaftsräume, Offizierskajüten, der Operationsraum des Chirurgen, alles sieht aus, als hätte die Mannschaft Landgang. Die Weltmacht USA ist eine Seemacht, und überall erkennt man das Bemühen, eine Flottentradition aufzubauen.

Hier ist auch eine Fährstation zur Innenstadt. Das Hochhauszentrum könnte, von einigen gepflegten Traditionsgebäuden abgesehen, auch New York oder Chicago sein. Daneben finden wir ausgesprochen hübsche, architektonisch gut gestaltete Wohnbezirke mit englischem Einschlag. Eine sanierte Altstadt mit quirligem Leben auf den Straßen. Boston ist stolz auf seine Tradition als »Wiege der Freiheit«. Hier nahm der amerikanische Unabhängigkeitskrieg seinen Ausgang, und hier fand die erste Schlacht dieser »Revolution«, wie die Amerikaner sagen, statt. Eine Truppe revolutionärer Freischärler nahm reißaus vor den Peletons der regulären englischen Armee. Die »nationale Tradition« will es aber, daß ihnen die Munition ausgegangen war. Ein mächtiges Denkmal bezeichnet *Bunker Hill,* den Hügel, an dem diese ersten Schüsse fielen.

Alle wichtigen Traditionsgebäude sind für Fußgänger mit einem dicken roten Strich auf den Wegen verbunden. Beschreibungen werden kostenlos verteilt. Trolleybusse mit vielen Anhängern führen ebenfalls über diesen Weg und weit durch die Innenstadt. Erläuterungen gibt es über Tonband.

Am 9. Mai, dem Jahrestag des Reisebeginns vor drei Jahren, laufen wir bei Hochwasser in den *Bleyman-Kanal* ein, der den Weg von der Massachusetts Bay in den Golf von Maine verkürzt. Die niedrige Brücke am Anfang ist erst erkennbar, wenn man schon davorsteht. Doch sie klappt schnell auf, bevor uns Wind und Strom in Schwierigkeiten bringen. Hinter einem engen Kanalstück öffnet sich eine idyllische Welt. Wasserarme, kleine bergige Inseln mit Sommerhäusern. Auf den Wasserflächen an Moorings viele Motor- und Segelboote, bis dicht an die gewundene Fahrrinne. Immer neue Ausblicke, immer neue Schönheit. Ein kleines Fischerdorf. Eine Bootswerft. Es folgt ein sehr flaches Kanalstück, aber jetzt, bei Hochwasser, gibt es keine Probleme. Eine lange Rinne durch den Sand der Küste, der auf beiden Seiten weißlich durch das Wasser schimmert, führt in die offene See.

Nach einer Stunde Slalom um Hummerfallen passieren wir die Staatsgrenze nach New Hampshire und sind kurz darauf in *Portsmouth.* Eine alte und hübsch restaurierte Kleinstadt, die zur Zeit des Holzexportes vor der Jahrhundertwende ein lebhafter Hafen war. Rundfahrten macht man hier mit der Kutsche. Im Kostüm des letzten Jahrhunderts, mit dem Stetson-Hut auf dem Kopf, fährt uns der Kutscher durch seine geliebte Stadt und erklärt uns ihre wechselvolle Geschichte.

Mit steifem achterlichem Wind und 2 m Wellenhöhe rauschen wir am nächsten Tag nach Maine und nach *Portland* hinein, der nördlichsten US-Stadt an der Atlantikküste. Regengüsse prasseln herab. Die Sicht ist schlecht. Das Fahrwasser schlägt Haken. Vorbei an der alten Festung und wieder im rechten Winkel um eine Ecke. Über Funk werden wir in die *De Millio's Marina* eingewiesen. Unser Liegeplatz ist sehr offen bei diesem steifen Wind. Salzwasser klatscht am Bug, drischt über die Schwimmer. Die reißen an ihren Ketten und donnern an die eisernen Dalben. Im Hafen schaukeln die Boote. Heute Nacht wird der Wind auf Nord drehen. Dann sind wir froh, daß wir in dieser Ecke liegen.

Eine dumpfe Nebelsirene läßt die Scheiben immer wieder zittern. Ein knallroter Rumpf schiebt sich durch den Dunst. Bald sind die hohen weißen

Buchstaben auf der Bordwand klar auszumachen. Überall laufen Menschen zusammen, stoßen sich mit ihren Regenschirmen. Das Nantucket-Feuerschiff mit eigener Kraft auf seiner letzten Reise. Hier ist sein letzter Heimathafen als Museumsschiff. Wehmütig schauen wir dem alten Schiff nach, das so unendlich viel erlebt hat. Die Wellen der Einwanderer mit ihrer Hoffnung auf ein besseres Leben. Die schnellen, stolzen Passagierschiffe der Jahrhundertwende. Die Truppentransporter und die unzähligen Frachtschiffe auf ihrem Weg nach New York.

Der Nordsturm hält uns fest. Die Stadt hat keine besonderen Attraktionen. Doch, eine habe ich vergessen. Das zur Marina gehörige Restaurantschiff mit seinen drei Decks. Platz nur auf Vorbestellung. Wer sonst nichts hat, sollte wenigstens gut essen. Das ist nicht das Motto der Stadt, aber die Einwohner halten sich daran, wir auch!

Maine, nördlichster US-Staat an der Atlantikküste. Wir mieten ein Auto und fahren ins Landesinnere durch die *White Mountains.* Dieses Land hat viel europäisches Flair. Die Häuser stehen dicht beisammen oder sind aneinandergebaut. Blumenkästen schmücken die Fenster. Sanft schwingen die Höhen, und in den Tälern rauschen die Bäche. Die Straßen führen eng und gewunden an ihnen entlang, sie sind nicht kerzengerade in die Landschaft geschnitten. Birkenwälder glänzen weißlich statt der Farben des Frühlings, und in geschützten Tälern schimmert das erste Grün, blühen Osterglocken und Tulpen. An der Talstation zum 2000 m hohen *Mount Washington* stehen Skifahrer Schlange.

Zurück zur Küste. *Kennebunkport,* der Sommersitz des US-Präsidenten Bush. Nur ein schmaler Flußhafen, der ins Land schneidet, aber er ist eingefaßt von großen Kapitänshäusern aus dem vorigen Jahrhundert mit ihrem Schmuck, ihrer reichen Architektur. Damals haben noch die Kapitäne mit ihren eigenen kleinen Segelschiffen den Überseehandel betrieben, und sie sind dabei wohlhabend geworden.

Weiter die Küste hinauf nach Norden. Hier beginnen die schroffen und zerrissenen Küstenformationen, die so typisch sind für Maine. Die vielen Flüsse sind bis tief in die Berglandschaft hinein schiffbar. Tausend und abertausend Inselchen und Klippen sind vorgelagert. Dichte Nadelwälder. Berauschende Blicke von den Höhen über Land und Wasser.

Der hübsche Ausflugsort *Bath.* Wir haben Hunger, kaufen einen Hamburger und essen ihn am Steuer. Der Belag: Ein Baby-Hummer. Wir sind uns einig. Wenn die Hummer schlauer wären, würden sie nach Kanada auswandern. Dort darf nur in jeweils festgelegten Küstenabschnitten, turnusmäßig wechselnd und nur für acht Wochen im Jahr Hummer gefangen werden. Hier werden bald keine mehr sein. »Na ja,« sagen die Leute hier, »dann werden sie eben importiert.«

»Wenn die Inseln und Landspitzen hinter dir im Nebel verschwinden, dann liegen andere voraus. Laß dich durch Nebel nicht von deiner Fahrtplanung abbringen. Nebel ist hier einfach ein Fakt des Lebens.« So zu lesen in unserem Yachtführer vor dem Abschnitt über die Küste von Maine.

Weiter mit der MANTA durch die unvergeßlich schöne Welt der Flüsse, Inseln und Schären.

Booth Bay und *Campen.* Hübsche kleine Ausflugsorte mit Häfen, die schon jetzt von den Fischerbooten und Ausflugsschonern fast voll belegt sind. Und hier sind dann im Sommer noch Regatten. Kleine Gaststätten mit Blick auf Hafen und Meer, drumherum viele Läden in den alten Blockhäusern. Wir haben Mühe, einen geeigneten Platz zu bekommen. Alles ist alt, und es geht eng zu. Nur mit Tricks können wir uns auf die Liegeplätze mogeln.

Es ist Sonnabend, 19. Mai, und wir liegen in dem kleinen, nach Süden offenen Nordost-Hafen von *Mount Desert,* der letzten bewohnten US-Insel. Es weht ein kalter, steifer Ostwind, doch den zähen, dichten Nebel hat er nicht vertrieben. Gestern 16 Uhr Ortszeit haben wir hier festgemacht. Mitten in Tannenwäldern, die bis an die Ufer reichen. Ihr harziger Duft ist überall. Dichtbei ein Ausflugsort mit kleinen Läden und Gaststätten, fast alle noch geschlossen. Ein Hotel-Restaurant im deutschen Stil, von Tannen umgeben, mit Blick auf Meer und Hafen. Die Gäste in der typischen Kleidung von Wanderern.

Die Konturen der Tannen sind unscharf, die zweite Reihe ist schon hinter dem schmutzig-weißen Nebelvorhang. Es tropft überall. In unserem Windschatten und dicht am warmen Auspuff unserer Bordheizung kauert ein Pärchen Wildenten. Wenn wir vorbeigehen, rücken die Tierchen nur vorsichtig zur Seite. Vertreiben lassen sie sich nicht. Außer uns und einigen an Bojen festgemachten Fischerbooten liegt nur noch ein Schiff an der Marina-Pier. Hoch ragt sein wuchtiger schwarzer Bug über unser Achterschiff. »Sun Ray«, Sonnenstrahl, steht dort in dicken weißen Lettern. Im Want die Flagge mit dem schwarzen Kreuz auf weißem Grund. Ein Schiff der Seefahrtmission für die geistliche Betreuung der über die Inseln verstreuten Fischer. »Vertrau auf Gott« steht über der Kapelle im Mittelschiff. Zweifellos, das ist wichtig in dieser nebelverhangenen, sturmzerzausten Inselwelt, aber dabei wollen wir es nicht belassen. So studieren wir unsere Karten und Handbücher.

Diese wunderschöne Insel, so erfahren wir, hat ihren Namen von dem französischen Entdecker Samuel Champlain, dem seine Zeit viel von ihrem Wissen über den Norden des Kontinents verdankte. »Insel der öden Berge« hat er sie getauft, als er die Schneekappen über ihren Höhen sah. Der elf km lange Fjord *Soames Sound* schneidet mitten in die Insel. An seinem Ufer steigen bis 250 m hohe Felswände aus dem Wasser.

Kurz danach endet der Yachtführer mit Bemerkungen zum Abschrecken Neugieriger. »Hier endet die Zivilisation. Weiter hinauf nach Norden ist der beste Yachtführer die Erfahrung. Du wirst sehr gute Kenntnisse in der Navigationspraxis brauchen. Du mußt dein Boot voll kennen und beherrschen, und du mußt wissen, wie es sich unter allen Wetterbedingungen verhält. Du brauchst genügend handwerkliche Fähigkeiten und Teile, um Reparaturen selbst durchzuführen. Bedenke, daß der Gezeitenhub von hier 5 m bis zum Ende der *Bay of Fundy,* die hier beginnt, auf 18 m steigt. Bei starkem Wind können auch noch 2 m dazukommen. Geeignete Reisezeit ist Mitte Juli bis Mitte August. Prüfe zuerst, ob diese Voraussetzungen gegeben sind.«

Tatsächlich hört hier endgültig auf, was ein US-Skipper unter Zivilisation versteht: Marinas dicht an dicht, mit Strom, Telefon, Fernsehen aus der Steckdose. Mit gutem Trinkwasser und mit allen technischen Diensten von Motor- bis zum Elektronikservice. Mit Yachtzubehör, Teilen und Seekarten. Lebensmittel allererster Qualität direkt vor der Nase oder Auto für den Einkauf kostenlos.

Unsere Probleme liegen auf einem anderen Feld. Der nächste brauchbare Hafen ist Yarmouth auf der kanadischen Halbinsel Nova Scotia, Fährstation für die Fähre nach Maine, USA. Er ist in den offiziellen Seehandbüchern ausreichend beschrieben. Doch von da an gibt es nur noch das dünne

Heftchen eines privaten Autors. Im Vorwort bittet er um Erfahrungsberichte. Die Briefe, die ihn erreichten, hat er im Anschluß auszugsweise widergegeben. Leider widerspricht sich da vieles. Letztlich werden wir uns verhalten müssen wie die Igel bei der Liebe, vorsichtig!

Es wird lange dauern, bis wir wieder Brennstoff bekommen. Also klappen wir unsere Bücher zu. Anruf bei der Bunkerstation der Fischer im Südwesthafen. Ablegen. Ununterbrochener dichter Nebel. Radarfahrt um die Insel und Klippen in den Südwesthafen. Die Schwimmer der Bunkerstation sind dem steifen Ostwind ausgesetzt. Eine kurze See klatscht an die Bordwand, es spritzt bis zum Füllstutzen auf der anderen Seite. Sprühregen.

Zurück. Ablegen, behindert durch Wind, Festmachetonnen und Hummerfallen mit ihren Schwimmleinen. Tonnen suchen. Die Leuchtpunkte der kleinen Inseln auf dem Radar taufen. Kein Problem – die Portugiesen haben das schon gemacht, und es war immer richtig, doch sie benutzten kein Radar, um aus dem Geflimmere das richtige Loch zu erraten. Da nimmt vor uns der schwarze Rumpf der »Sun Ray« langsam feste Konturen an. Leinen fest. Die Entchen hatten sich in den Schutz der Kirche begeben. Jetzt kommen sie leise schnatternd wieder an ihren alten, wärmeren Platz zurück.

Wetterkarten aufnehmen und studieren. Warten auf Wetterbesserung.

Kapitel 16
Endspurt

Der Wetterschreiber tickert, haspelt lange Streifen Silberpapier ab. Surrealistische Kringel und Zeichen sind eingebrannt. Isobaren, Fronten, Windpfeile, Wettererscheinungen. Dann halte ich die Karten in der Hand, betrachte sie mit der Lupe. Zugstraßen der Hochs und Tiefs, Isobarenabstände, Vergleich der Wetterlage mit den Vorhersagen. Die Meteorologen rechnen mit der Fortdauer der Ostwindlage. Etwa 100 sm nur sind es bis Yarmouth, aber während der Überfahrt haben wir mit 5 Knoten seitlichem Strom aus der Bay of Fundy zu rechnen. Genau dagegen steht starker Wind. Ein gefährlicher Kochtopf. Wieder nichts. Noch sind wir im Zeitplan, aber der Weg bis Neufundland ist noch weit. Die Eiskarte zeigt geschlossene Treibeisfelder und Eisberge bis südöstlich bzw. südlich von Neufundland. Auch das kann noch zu erheblichen Zeitverlusten führen.

Das Warten nervt. Langeweile kommt trotzdem nicht auf. In einem zweckentfremdeten Kassenbuch habe ich Schmierölverbrauch, Ölwechselzeiten, Checklisten für die Technik. Aha, Abschmieren ist fällig. Batterien sind aufzufüllen. In der Enge der Batterieräume keine bequeme Arbeit. Auch erledigt. Auf der nächsten Kassenbuchseite fängt die Bruchliste an. Vor zwei Wochen war ich ganz happy. Streichkonzert: Erledigt! Erledigt! Inzwischen ist das Papier immer länger bekritzelt. Im Klo tropft Salzwasser, läuft zu Annemaries Freude in den Kleiderschrank dahinter. Schrauben abgerissen. Rostspuren. Lackschäden. Undichte Stellen und Flecken im Teakdeck. Plastikkante am Brotkorb abgerissen. Wasser im Küchenboiler läuft schlecht. Schmutzwasserablauf im Eignerraum saubermachen. Irgend etwas stimmt nicht mit der Schmutzwasserpumpe; die Sicherung fliegt immer wieder raus. Beinahe wäre der Schmutzwassertank in die Bilge übergelaufen. Böse Bescherung. So geht das weiter, gleichgültig, ob man fährt oder liegt, und so vergehen die Tage. Auch für später ist keine Arbeitslosigkeit in Aussicht. Dazu die ständige Hausarbeit. Sie ist hier wahrlich nicht einfacher als zu Hause.

Tageslicht hat uns geweckt. Ich hocke unlustig auf meiner Koje. Sehe auf die Uhr. Zu hell für die Uhrzeit!? Unter der runtergeklappten Seeschlagblende schiele ich durchs Bulleye nach draußen. Nebel ist weg, also Wetteränderung. Das treibt mich den Niedergang hinauf zum Ruderhaus. Wetterempfänger einschalten, neuestes Ortswetter. Heute mäßiger Nordwest. Das Tief ist abgezogen. Das ist das Startsignal!

Wir machen los. Slalom um die Inseln, Klippen, Hummerfallen bis hinaus auf 60 m Wassertiefe. Dann neue Gefahren. Stangen mit einer Scheibe und Radarreflektor. Lange Treibangeln mit mächtigen Haken schwimmen da in Stromrichtung. Noch schlimmer als Hummerkörbe. Dann sind wir auf freier See. Es herrscht NE 3–4, 1 m Wellenhöhe, gute Sicht, bedeckter Himmel. Ruhiges Wetter. Langsam werden die hohen Berge auf Mount Desert kleiner. Um 15 Uhr verschwindet dieser letzte Vorsprung der USA hinter der Kimm. Abstand 50 sm.

Marschfahrt mit 30° Stromvorhalt, um den rasanten Ebbstrom, der von der Backbordseite aus der Bay of Fundy in den offenen Atlantik schießt, auszugleichen. Fahrt durchs Wasser und Fahrt über Grund differieren erheblich. Stromgeschwindigkeit und Richtung habe ich einem kanadischen Stromatlas entnommen. Ob ich die lange, mit Fachausdrücken gespickte Erläuterung richtig übersetzt und interpretiert habe? Es wird Nacht, und dann wabert Nebel vor unseren Positionslichtern. Der Nordostwind nimmt, durch die Landmasse von *Nova Scotia* verstärkt, immer mehr zu. Er steht gegen den Strom. Die MANTA bockt. Brecher rammen dumpf gegen die Bordwand. Kaskaden von Seewasser überschütten uns.

Endlich leuchtet die Landmasse der Felsküste von *Nova Scotia* auf dem Radar. 3 sm Abstand. Der Loran-Empfänger meint 5 sm. Das Fahrwasser in den Hafen zieht sich hinter Felsen fast 4 sm weit hin. Die Einfahrt ist verdeckt, die Befeuerung der Ansteuerungstonnen in der Suppe nicht erkennbar. Auf dem Radar gehen die Tonnen in den Echos der aufgewühlten See unter. Annemarie kann mir jetzt nicht helfen. Sie muß Kurs halten, und das schwache Kompaßlicht genügt, ihre Nachtsicht zu begrenzen. Dann huscht ein fahler Lichtfinger durch den Nebel. Das starke Feuer an der Einfahrt zum Hafen Yarmouth. Langsam schieben wir uns schräg zum Gezeitenstrom in die schmale Fahrrinne. Fahrwassertonnen zeichnen sich im Radarschirm ab. Hoffentlich kommt uns keine Fähre entgegen. Tonnen zählen, auf der Karte abstreichen mit der kleinen Stableuchte im Mund. Zweimal knickt die Rinne ab. Noch ein Leuchtturm. Das starke Licht dringt schwach durch den Nebel. Feuertakt stoppen. Unsere Position stimmt. Schließlich öffnet sich auf dem Radarschirm eine schwarze Fläche. An Steuerbord erkenne ich die klobigen Radarechos der Pier. Das Wasser steht jetzt fast 5 m über Kartennull. Die Sände und Klippen, die den langen, schmalen Hafen begrenzen, sind jetzt überspült. Ich sehe eine Reihe schwacher Echos. Nach dem Abstand von den Piers müssen das Begrenzungstonnen sein. Weiter zum Hafenende ist ein Ankerplatz. Kurz nach Mitternacht fällt unser Anker auf 8 m Wasser.

Frühmorgens wecken. Ich muß zu Zoll und Einwanderungsbehörde, die auch für die Ausreise aus USA zuständig ist. Beiboot runter. 30 m neben uns Lehm, Steine. Motor anwerfen, und da sehe ich die Bescherung, den Schwimmer einer Hummerfalle. Leine unterm Rumpf. Ich ziehe und zerre, und ich habe schließlich Glück. Sie hat sich nicht in der Schraube vertörnt. Wir sind nur beim Gezeitenwechsel drübergeschwoit. Dann schleppe ich mit dem Beiboot den Korb beiseite. Verdammt schwer, das Ding!

Auf der anderen Seite ein stark verfallener Steiger. Darüber eine alte, schiefe Bretterbude. »Halifax – Yarmouth Steamship Company« sagt die schon reichlich abgeblätterte Schrift. Na ja, das ist schon lange her. Rechts und links verrottete Fischkutter. Da wird sich keiner hinlegen. Ich klettere die schiefen, in den verwitterten Holzbalken eingelassenen Stahlsprossen hinauf, werfe mich bäuchlings auf die Pier, weil der Griff fehlt. Klettere durch einen zerrissenen Zaun, stapfe durch einen alten Friedhof mit umgefallenen Grabsteinen. Dann bin ich auf der Straße und frage nach dem Zoll. Zwei wissen es nicht. Der dritte führt mich einen langen Weg zum Fährgebäude. Darin suche ich den Zoll. Erst lande ich in der Damentoilette, dann stehe ich plötzlich mitten im Zollbüro vor der Fährpier. Auch falsch. Ein Arbeiter mit orangefarbenem Helm und Overall führt mich durch die Gänge. Auf seinem Rücken prangt der Namen der Fähre. Dann stehe ich vor der Schranke. Zwei junge Damen in Zolluniform lächeln mich an. Eine Yacht? Mein Gott, das haben wir noch nie gehabt. Der Vorsteher muß bei. Dann geht es doch schnell. Unsere Pässe werden auch gleich gestempelt. Ich klaube die Abrisse der *Immigration Cards* auf und bin wieder draußen.

Sonnenuntergang auf dem Lake-Huron.

oben: Man spricht schwäbisch in Toronto – zumindest bei der Polizei.
unten: Hurrikan »Hugos« Markenzeichen: Mc Clellanville liegt in Trümmern.

oben: Die Replik der »Mayflower« in Plymouth, Massachusetts. Nach etwa zwei Monaten Überfahrt landeten hier 1620 die Pilgerväter. Fast die Hälfte der 102 Passagiere starb im schrecklichen ersten Winter.
unten: Das Freilichtmuseum verschafft einen Eindruck von den ersten Siedlungsjahren.

Boston – an Bord der »Constitution« tragen die Matrosen historische Uniform: in Erinnerung an die Einsätze der Fregatte im Krieg gegen die Royal Navy 1812–1815.
rechte Seite: Cape Breton, St. Peter-Kanal; Südzufahrt zum Bras d'Or Lake.

oben: Langsam treibt der Riese im Labradorstrom nach Süden.
unten: Wieder auf offener See.
rechte Seite: Flores, Azoren; eine bezaubernde Blumeninsel mitten im Atlantik.

Sie hat es sich verdient; die MANTA verewigt zwischen den Emblemen der Hochseesegler in Horta, Azoren.

Klatschender Regenschauer. Damit habe ich nicht gerechnet. Kein Ölzeug. Ich suche nach einem Unterstellplatz, da sehe ich einen mächtigen Hochseekutter. Er läuft in den Hafenschlauch hinein. Ich habe plötzlich das Gefühl, der will genau auf mein armes Schlauchboot. Beine in die Hand nehmen. Rennen, so schnell ein alter Weißkopf das eben kann, und komme doch zu spät. Da sehe ich einen Matrosen auf der Pier mit der Leine meines Schlauchbootes in der Hand. Er sucht eine Stelle zum Festmachen und turnt wie ein Artist um die Scheuerleiste am Heck, macht das Beiboot vor der Brücke fest. Ich entschuldige mich, er winkt nur ab. Stapelt Fischkisten, damit ich leichter auf die Reeling komme und hängt auf der anderen Seite ein Fallreep auf. Ein baumlanger Matrose in Helm und Overall steht vor mir: »Der Kapitän möchte dich kennenlernen. Hast du einen Augenblick Zeit?«

Ich habe. Der Arbeitsraum ist massiv und geschmackvoll eingerichtet. Ein Kontrast zu dem Kutter mit seinen vielen Rostplacken und Rostfahnen. Er spürt meine Gedanken:

»Wir ernten Jakobsmuscheln. Solange die Saison dauert, sind wir fast ständig draußen. Dann kommt der Kahn auf die Werft.« Woher und Wohin. Ein paar Informationen über die Küsten auf unserem künftigen Weg. Ein paar Ratschläge. Eine von seinen Seekarten schenkt er mir. Genau die haben wir nicht, und er meint, je nach Wetterverhältnis könnten wir die doch brauchen. Dazu eine kleine kanadische Gezeitentabelle, auf der die Werte für die Häfen an der Ostküste von Nova Scotia fertig berechnet sind. 1 kg Fisch und 3 kg riesiger, ausgelöster Jakobsmuscheln gibt er auch noch mit. »Für die Bordfrau«. Ich lade ihn zu einem Drink an Bord ein.

Zur vereinbarten Zeit hole ich ihn mit dem Beiboot. Dann sitzt er in unserer Kajüte vor einem deutschen Rheinwein, den Annemarie ausgegraben hat. Einen langen Weg hat der hinter sich. Wir sprechen über die Fischerei in Kanada. Ich wundere mich, daß es hier, anders als in USA, außer im arbeitsaufwendigen Hummerfang keine selbständigen Fischer mehr gibt.

Er meint: »Die Regierung hat die Fangzeiten eng begrenzt, da war der Fang für die unabhängigen Fischer unrentabel. Meine Reederei hat, wie andere große Reedereien, ihre Lizenzen aufgekauft. Wir fangen rund um die Uhr mit modernem Gerät – and we make money! «

Ob bei seiner Fangtechnik nicht auch Hummer ins Netz gehen? »Das schon, aber die müssen wir über Bord werfen. Der Fischereischutz kontrolliert das. Die kommen bewaffnet an Bord.«

Ich frage ihn, ob die Fischerei in den USA nicht freier und der Fisch billiger sei? Da reagiert er emotional: »Da darfst du mich nicht fragen. Ich will mit denen nichts zu tun haben. Auf meinem Parka trage ich eine kanadische Flagge.« Er hat wohl in fremden Häfen Probleme gehabt, aber ich will nicht weiter nachhaken.

Dann sprechen wir noch über nautische Probleme an der Nova-Scotia-Küste. Vieles auf unseren Karten scheint ungenau.

Nebel, Nebel. Ununterbrochen starre ich auf den Radarschirm, denn Hummerboote sind trotz der dicken Suppe an der Arbeit. Die Echos der kleinen Boote sind so schwach, daß ich sie erst ausmachen kann, wenn ich schon im Nahbereich bin, und dann muß ich sofort reagieren. Das Problem dabei ist die nur relative Bewegung auf meinem Schirm. Die MANTA, der sich tatsächlich mit Marschfahrt bewegende Bildmittelpunkt, steht still. Die Bewegung der Echos ist relativ zu dem eigenen Kurs und der eigenen

Geschwindigkeit, die nicht angezeigt werden. Nur die Vorauslinie zeigt die momentane Bewegungsrichtung des eigenen Fahrzeugs.

Annemarie ist am Ruder. Ich muß mich voll und ganz auf sie verlassen. Nur sie kennt Kurs und Geschwindigkeit, und sie muß meine Ruderanweisungen umsetzen. Zum Ausbügeln eines Mißverständnisses bliebe hier keine Zeit. Ich habe ohnehin nur eine Minute, um zu raten, wie die Hummerkutter fahren. Und wir haben Glück!

Nur ein einziges Mal kommt einer so nahe, daß ich ihn optisch wie durch eine Mattscheibe sehen kann. Er fährt. Sein Radar läuft. Alle Mann arbeiten auf dem Achterdeck. Niemand am Ruder. Die rechnen nicht mit anderen Fahrzeugen. Wie die in der Suppe wohl ihre Fallen finden?

Von Yarmouth kommend, hatten wir uns vor vier Tagen um die langgestreckte Halbinsel *Cape Sable Island* gekämpft. Steile, durcheinanderlaufende See, teilweise keine Fahrt mehr über Grund. Es schien, als wolle der Leuchtturm an der Spitze von Cape Sable für immer bei uns bleiben. Dann mußten wir zwei Tage bei orgelndem Nordwind in dem weit ins Land geschnittenen Sund von *Shelburne* vor Anker bleiben. Gestern dann die lange Fahrt nach *Lunenburg,* aber es war eine richtige Vergnügungsreise bei klarer Sicht und ruhigem, sonnigem Frühlingswetter. Der Weg führte durch herrliche Wälder tief ins Land hinein zum Ankerplatz vor dem idyllischen Städtchen, das von Deutschen und Schweizern gegründet wurde. Seine bunten Holzhäuser schmiegen sich an den Vorderhang eines langgestreckten Höhenzuges. Zum Abschluß ein Bummel durch die alten Straßen. Ein Blick in die einfachen Holzkirchen und ins »Fisheries Museum of the Atlantic«. Es war ein herrlicher Tag.

Die Szene auf dem Radarschirm ändert sich. Land. Striche und Punkte einer Radarmarke über einer Tonne. Funkverkehr im UKW-Gerät. Wir sind in der Ansteuerung des Hafens von *Halifax.* Ein Verkehrstrennungsgebiet. Ein- und auslaufende Schiffe haben getrennte Verkehrswege. Von Land wird der Verkehr über ein Radarleitsystem gesteuert. Große, schillernd weiße Lichter wandern über den schwarzen Radarschirm: ein- und auslaufende Schiffe. Wir melden uns über Funk bei der Radarleitstelle, gliedern uns in den Verkehr ein. Dann hebt sich der Nebel und fast übergangslos strahlt die Sonne vom blauen, mit weißen Quellwolken getupften Himmel. Wir passieren die Enge von *McNabbs Island.* Über uns droht jetzt die mächtige Zitadelle, die mit ihren Vorwerken Hafen und Innenstadt beherrscht.

Halifax ist eine Tochter des Krieges, und der Krieg hat sie fast ausgelöscht, als im Dezember 1917 das französische Munitiosschiff *Mont Blanc* mit einem Frachter kollidierte. Die schwerste vor der Hiroshima-Bombe von Menschen ausgelöste Explosion vernichtete den größten Teil der Stadt. 2000 Tote und unzählige Schwerverletzte hat das Inferno gekostet. Noch immer ist hier eine Marinebasis. Aber Kanada, einer der größten Flächenstaaten der Erde, betont gerne seine Friedensliebe, unterhält kaum Streitkräfte und verbirgt sich hinter dem Rücken der ungeliebten Weltmacht USA.

Die Tradition der Stadt als Handelshafen haben die vom englischen König mit Kaperbriefen belehnten Piraten begründet. Mitten im Frieden überfielen sie französische Handelsschiffe und verhökerten hier ihre Beute. So entwickelte sie sich zu einer turbulenten Hafenstadt mit Werften, Lagerhallen, Märkten, Tavernen und Bordellen.

Der Stadtkern liegt auf einer Halbinsel, die einem gestreckten Oval ähnelt. In ihrem Norden der ausgedehnte See des *Bedford Basin.* Im Südosten die Reede. Dazwischen der enge Wasserweg der *Narrows,* die beide verbindet. Im Südwesten der Nordwestarm des Hafens, die tief ins Land schneidende westliche Begrenzung der Innenstadt. Wir laufen jetzt in Richtung der von zwei Hochbrücken überspannten Narrows. Vorbei an dem stilgerecht renovierten Hafenzentrum, dem Seefahrtsmuseum und seinen Kais, an denen viele alte Schiffe festgemacht sind, und unter den Brücken hindurch zum Städtchen *Dartmouth* am anderen Ufer. Nirgends ein geeigneter Liegeplatz.

Jetzt gibt es nur noch zwei Clubs im Nordwestarm, die Gäste aufnehmen, »soweit der Platz reicht«. Die *Nova Scotia Yacht Squadroon,* hervorgegangen aus dem Royal Halifax Yachtclub von 1837, und der *Armdale Yachtclub.* Er liegt ganz am Ende des Nordwestarms. Der erstere, so meint der Autor unseres Yacht Guide sei »wie Großvaters Axt mit 2 Schneiden und 3 Stielen«(!?). Wir glauben zu wissen, was er meint.

Wir laufen in den Nordwestarm ein. Es ist Samstag. Viele Boote sind schon im Wasser und liegen vor ihren Moorings. Reger Betrieb auch bei den »Königlichen«. Aber in Anbetracht der eben beschriebenen seltsamen »Axt« laufen wir lieber erstmal weiter zum Armdale Yachtclub am Ende des Sundes. Die Spezialkarte für diesen landschaftlich schönen, zwischen bewaldeten Höhen eingebetteten Wasserweg haben wir nicht. Doch andere Skipper bemerken unser unsicheres Dahinschleichen und weisen uns hilfsbereit ein.

Noch liegt kein Boot an den Festmachetonnen des Yachtclubs. So dürfen wir an dem massiven Landesteg für die Beiboote festmachen, Clubmitglieder nehmen unsere Leinen an.

Im Clubhaus die Ahnenreihe der Clubcommodores. Weiße Schirmmützen, blaue Jacken, Kinn am Kragen, Blick in die nebelhafte Zukunft. Darüber thront die Königin in glitzerndem Ornat. Ehrentafeln, schillernde Pokale auf Samt. Eine Weihestätte. In jedem Satz des Personals ist ein militärisch respektvolles »Sir« eingeflochten. Die »Axt« also auch hier?

All das liegt auf einer winzigen Insel mit bedrückender Vergangenheit. Von den napoleonischen Kriegen bis zum erstenWeltkrieg war sie ein Gefängnis für Kriegsgefangene. Die alten Zellenblocks dienen jetzt dem Club als Werkstätten und Ausrüstungslager.

Dann stehen unsere Helfer auf dem Steg, fragen nach dem Woher und Wohin, können es erst gar nicht fassen und finden dann alles »great – great«.

Wir laden sie zu einem Drink an Bord. Alle diskutieren, sind in Sorge und Unruhe. Einer faßt es für uns so zusammen:

»Kanada wird auseinanderbrechen. Jetzt, jede Woche, jeden Monat kann es passieren. Die »französische« Provinz wird aus dem Staatsverband austreten. Dann sind wir hier ohne Verbindung mit dem Zentrum des Landes. Was soll dann aus uns werden? Nur als Beispiel: Schon längst ist französisch zweite Amtssprache. Sogar die Marmeladengläser sind zweisprachig beschriftet. Jetzt wollen sie sogar den Handel verbieten, wenn Waren englische Aufschriften tragen. Unendlich viele Sonderrechte haben sie schon, und sie wollen immer noch mehr und drohen dabei ständig mit dem Austritt aus dem Staatsverband! Wo soll das alles nur noch hin?«

Ein Tal aus rötlichem Schlamm bis hin zu fernen blauen Bergen. Wir stehen 20 m hoch über dem Rand eines endlosen Schlammlochs. Mit unserem Mietauto sind wir auf den Verladekai eines Steinbruchs bei *Hanstport* an der Nordseite von Nova Scotia gefahren. Unser Blick geht über das *Minas-Bassin,* den äußersten Zipfel der Bay of Fundy. Es ist Niedrigwasser, der Wasserspiegel 15 m gefallen, die tiefe Bucht, an der wir stehen, ist leergelaufen. Nur rötlicher Schlamm, soweit das Auge reicht. Die Bagger hinter uns stehen jetzt still, sie warten auf das nächste Schiff, das bei dem folgenden Hochwasser hier festmachen wird. Schon bald wird dann der Schiffsboden auf dem roten Matsch festsitzen. Die Bagger aber werden ihre donnernden Steinladungen ohne Unterbrechungen in den Rumpf schütten bis zum nächsten oder übernächsten Hochwasser. Hier sind die höchsten Gezeiten der Welt. So heißt es in unserem Handbuch.

Alle sprachen von der Apfelblüte. Nicht nur der Disc-Jockey im Rundfunk. Auch Jenny, die hübsche Clubsekretärin, Bill, der athletische Service-Manager. Sogar Paul und Sam, die beiden Mechaniker, steckten ihre ölverschmierten Köpfe aus einem Bootsrumpf, um mir von der Apfelblüte zu erzählen. Natürlich unter respektvollem Hinzufügen des »Sir« als Anrede. Ich hatte versucht klarzumachen, daß ich Charles bin. Es half nichts, es blieb beim »Sir«. In einer Woche soll sie sein, die Apfelblüte. So lange Zeit haben wir nicht. Deshalb versuchen wir heute schon, einen rosa Schimmer zu erhaschen.

Wir fahren die Provinzstraße 221. Immer wieder französische Ortsnamen. Hier ist, 50 km lang und wenige Kilometer tief, uraltes französisches Siedlungsgebiet. Ich frage eine junge Frau nach den schönsten Wegen, frage in englisch. Die Antwort kommt in französischer Sprache, aber ich bin zu ungeübt, um alles zu verstehen.

»Könnten wir nicht englisch...?« Erst als ich zu erkennen gebe, daß ich aus Deutschland komme, Zögern, ein langer Blick: »Ich kann es ja einmal versuchen.« Und dann kommt eine fast akzentfreie Rede in englisch.

»Wissen Sie«, sagt die junge Frau, »theoretisch ist dieses Land zweisprachig, aber diese arroganten Briten sind einfach nicht willens, unsere Sprache zu lernen...«

Ihr Blick war böse bei den Gedanken über die Briten, aber ihr Rat war gut. Es war keine Apfelblüte, es waren Birnen. Endlose Reihen von Spalierobst. Felder mit jungen Bäumen. Alle in vollem, strahlendem Weiß. Dies hier ist dem Alten Land bei Hamburg sehr ähnlich. Was fehlt, ist der Reichtum der Farmhäuser. Zurück durch die Berge. 50 km weit nur Wildnis, Buschsteppe, Wald, felsiger Karst, Hochmoore und immer wieder Seeflächen. Keine einzige Siedlung.

Am nächsten Morgen sind wir in der Zitadelle. Dicke Granitwände, Gräben, Redouten, Bastionen, Vorwerke. Sie ist wohl eine der mächtigsten Festungen des 19. Jahrhunderts. 1749 besetzten die Briten die Halbinsel und erbauten an dieser Stelle zuerst ein hölzernes Fort, um von hier aus die französische Feste Louisbourg zu erobern. Dann ist die Festung unaufhörlich gewachsen, bis sie zum Zentrum der britischen Militärmacht in der Neuen Welt wurde. Gibraltar des Nordens ist sie in einem Touristenprospekt getauft. Im Festungshof exerzieren schottische Gardeschützen in ihren malerischen Kilts. Lautstarke Kommandos. Knallende Gewehrgriffe. Alles exakt, wie man das von Berufssoldaten einer Paradetruppe erwartet. Aber wieso schottische Garden in Halifax? Der Museumswärter klärt uns auf. Es sind Studenten der fünf Universitäten von Halifax.

Im Museum Tonbildschauen über die Entwicklung der Militärtechnologie. Geschichte der britischen Siege mit Schlachtenlärm, Kanonendonner und Hurra. Heldenverehrung. Genau 12 Uhr mittags kracht ein Kanonenschuß. Die Kanoniere tragen blaue, rot paspelierte Uniformen, runde schirmlose rot-blaue Mützen. Mit Luntenhalter und Ladestock marschieren sie an uns vorbei. Historisches Museum oder britischer Nationalismus in Reinkultur?

Vier Tage lagen wir in Halifax fest. Ein eiskalter, stürmischer Wind fegte aus Nordost. Dann springt der Wind um auf Südwest. Noch immer ist er stark bis stürmisch, aber der Himmel ist klar, die Sicht gut. Um 6 Uhr morgens machen wir los. Bei achterlicher See kommen wir schnell vorwärts, aber es ist kein reines Vergnügen.

Einmalig ist unser letzter Ankerplatz auf Nova Scotia, die *Spanish Ship Bay*. Wir fahren durch Inseln und Wälder. Immer neue Wasserflächen. Hohe Tannen säumen die Ufer. Eine bei aller Schönheit nervenzehrende Enge, und wir liegen in einem Tal vor einer kleinen Siedlung. Der Wind hat nachgelassen, und es ist so still, daß wir in hunderten von Metern Entfernung Menschen sprechen hören.

Bei Beginn der Morgendämmerung sind wir wieder in Fahrt. Mitreißendes Farbenspiel der am wolkenlosen Himmel aufgehenden Sonne. Es bläst noch immer aus Südwest. Vorbei an *Cap Canso,* der äußersten Nordostspitze von Nova Scotia. Über die *Chedabucto Bay,* vorbei an der »Isle Madame«, dann die Insel *Cape Breton*. St. Peter's Schleuse und Kanal, und wir sind in einem Wunder der Natur inmitten dieses eisigen Meeres.

Wärme. Überall schwellendes Frühlingsgrün. Wir liegen an der Kanalpier am Anfang des *Bras d'Or Lake.* Irgendwie habe ich das Gefühl, ich sei 1000 sm weiter im Süden. Ein knorriger alter Fischer gesellt sich zu uns, an seiner Seite ein junger versehrter Indianer. Der ist fast 20, aber er spielt wie ein Kind mit unverhohlener Freude.

»Das ist mein Freund«, sagt der Fischer, »er kommt jeden Tag aus dem Indianerreservat da drüben auf der Insel zu mir. Wie Vieh haben sie die eingezäunt. Voriges Jahr hat ihn ein Auto überfahren. Diese Menschen kannst du bei Nacht und Nebel irgendwo im Lande aussetzen, und du kannst sicher sein, daß sie den Weg zurückfinden. Die Geschwindigkeit eines Autos auf der Landstraße aber, das können sie nicht abschätzen. Die Engländer haben sie um ihre Existenz gebracht. Jetzt sprechen sie von dem gottgegebenen Lebensrecht der Indianer und werfen ihnen etwas Futter vor, wie Schweinen im Koben. Mit uns Franzosen haben sie auch kurzen Prozeß gemacht. Wer ihre Lebensart nicht annehmen wollte, der wurde in die französischen Kolonien am Mississippi verschleppt. Heute ist das bedeutend besser. Du kannst hier als Franco-Kanadier immerhin Fischer, Bauer oder Holzarbeiter werden. Mehr ist nicht drin, wenn du katholisch bist oder einen französischen Akzent hast.«

Die lange Rede hält er uns in akzentfreiem Englisch. Dann steht ein Junge, der aus der Schule kommt, mit seiner Tasche an der Pier und staunt unser Boot an. Er will wissen, woher wir kommen. »Aus Amerika?«

Für Kanadier ist das USA, und dort bezeichnen sich die Leute ja auch mit dem Anspruch auf Ausschließlichkeit als Amerikaner. »Alles, was die wissen, ist to make money. Aber wir hier, wir wollen leben«, meint er großspurig.

Wie einen Frühlingstraum empfinden wir den Bras d'Or Lake. Wir gleiten durch Buchten, Sunde, Inseln und durch grüne Wälder. Dann machen wir an der *public wharf,* der blitzsauberen öffentlichen Pier des kleinen Ausflugsortes *Baddeck* fest.

Pfingstsonntag, 4. Juni. Starker Wind peitscht uns kalten Regen ins Gesicht. Wir gehen auf das Festungstor von *Louisbourg* zu. Unseren Mietwagen haben wir nach zwei Stunden Fahrt zur Ostküste der Insel auf dem

Parkplatz vor der Festung gelassen. Zwei französische Soldaten – Pike, blaugraue Uniformen mit blauen Aufschlägen und Pelerine – lassen uns durchs Tor passieren. Ihre Brustschilder aus Messing, die sie an der Halskette tragen, weisen sie als Wachsoldaten der Kolonialarmee Ludwigs XV. aus.

Die Briten hatten Stadt und Festung 1758 geschleift. Jetzt hat man auf alten Grundmauern nach alten Karten und Plänen etwa ein Viertel wieder aufgebaut, zeitgetreu bis ins kleinste Detail. Was herauskam ist, so glaube ich, ein recht realistisches Bild des Lebens in der Mitte des 18. Jahrhunderts. Das Artilleriezeughaus. Die Waffenschmiede. Lagerhäuser mit Fässern, Ballen und Kannen. Die Garnisonsbäckerei mit brennendem, prasselndem Reisig im Backofen. Die Wehrmauer am Hafen mit ihren befestigten Toren und Landungsbrücken. Die Bürgerhäuser mit Einrichtung und Ausstattung im Stil der Zeit. Die Kasernen, die Offiziersquartiere, die Bastionen und Wachhäuser. Sogar die Taverne, in der auf Zinntellern, von Frauen in Tracht, Speisen der damaligen Zeit serviert werden. Überall arbeiten Menschen in der Kleidung des 18. Jahrhunderts. Viele von ihnen sind Studenten. Sie erklären und führen. Es menschelt wie vor 250 Jahren. Der uniformierte Bäcker bietet aus einem Korb »hier selbstgebackenes Brot« an, das er im nächsten Ort erstanden hat. Nach »Originalrezepten« und natürlich zu Mondpreisen. Der Garnisonsschreiber verscherbelt »Originalstücke« aus den wissenschaftlichen Grabungen vor dem Wiederaufbau.

Man erfährt hier, befreit von britischem Nationalpathos, welch armseliges Leben die Soldaten jener Zeit wirklich führten. Leben konnten sie nur durch zusätzliche Lohnarbeit, und das reichte auch nicht aus, um eine Familie zu gründen. Selbst die Offiziere lebten weitgehend von Nebenverdiensten.

Auf der Bastion steht in Wind und Wetter der Korporal der Wache, die Pike in den Boden gestemmt. Im Nebenberuf ist er Student der Nationalökonomie. Seine Semesterferien decken sich mit den »Betriebszeiten« der Festung. Mit dem Job verdient er sein Studiengeld. Er ist bedrückt. »Ständig sprechen mich Leute in französischer Sprache an, und dann sind sie tief enttäuscht, weil ich kein Wort verstehe. Was kann ich denn dafür? Man hat mir niemals Französisch beigebracht.« Das hier ist ein Wallfahrtsort der Franco-Kanadier.

Ein neuer Fahrtag ist angebrochen. Gestern abend um 18 Uhr 08 hatten wir in Baddock die Leinen losgeworfen. Wir mußten den 35 km langen und sehr engen Schlund nach Hochwasser und mit auslaufendem Strom passieren. Er verbindet *Bras d'Or Lake* mit der *Cabot Street* und ist wegen seiner reißenden Strömungen berüchtigt.

Die Seestraße, die zwischen Cape Breton und Neufundland in den St.-Lorenz- Golf führt, ist nach John Cabot benannt, dem italienischen Seefahrer in englischen Diensten, der diese Küsten 1497 entdeckte.

Wir überqueren sie jetzt in Richtung auf die Südostspitze Neufundlands. Nach den letzten Eiskarten ist die Straße bis auf ein paar Eisberge dicht südlich Neufundlands eisfrei.

Gegen Mitternacht stehen wir nordöstlich der Insel Cape Breton. Lange Zeit sind wir fast parallel zu der dicht besiedelten Küste westlich und östlich der Hafenstadt *Sidney* gefahren. Die Befeuerung und das Lichtermeer dieses wirtschaftlichen Zentrums der Insel mit seinen Kohlenminen waren klar und deutlich zu erkennen. Das verführt dazu, seltener auf den Radarschirm zu starren. Diese nächtliche Küste ist eben eine tolle Schau.

Als ich mich mal wieder zu einem Blick in das »Heimkino« zwinge, ist da plötzlich ein dicker, weißer Fleck in kaum drei Meilen Abstand. Ein Schiff!?

Ich suche die Positionslichter gegen den hellen Hintergrund zu erkennen. Nichts! Der Fleck aber nähert sich rasant. Also ein Schiff! Optisch einfach nichts erkennbar. Doch da! Eine schnelle Fähre schiebt sich aus einer Nebelbank. Nebel ist eben allgegenwärtig hier. Selbst am Tag erkennt man diese Nebelbänke erst sehr spät. Es bleibt dann nicht einmal die Zeit, das Radar warmlaufen zu lassen. Es muß ununterbrochen in Betrieb bleiben.

Seit 5 Uhr morgens fahren wir in dichtem Nebel. Die Dünung ist lang und rund, wir spüren sie trotz 3 m Höhe kaum. Unser Fahrtziel ist die französische Inselgruppe *St. Pierre-Miquelon* vor der Südostküste Neufundlands. Einziger Stützpunkt, der der französischen Fischereiflotte auf den fischreichen Neufundlandbänken nach der Niederlage Napoleons verblieb. Sie besteht aus drei Inseln. Im Norden *Miquelon.* Sie ist mit der südlicher gelegenen *Langlade* durch eine schmale, bei Hochwasser überspülte Landbrücke verbunden. Die Enge *La Baie* wiederum trennt sie von *St. Pierre,* der Hauptinsel. Die nördliche Gruppe, fast 45 km lang, ist kaum besiedelt. Ödland und kahle Berge. Nur wenige Fischerplätze. An den Küsten keine brauchbaren Häfen. Auf St. Pierre dagegen ist mit der gleichnamigen Stadt und ihrem Naturhafen das Wirtschaftszentrum.

Den Landfall erwarte ich gegen 16 Uhr 30. Dann sind wir voll mit der Navigation beschäftigt. Es wird langsam Zeit, daß ich mich vorbereite. Seekarte, Studium der Ansteuerung und ihrer Hindernisse, Seehandbuch, außergewöhnliche Probleme, Liegeplätze und besondere Vorschriften im Hafen, Radarechos, Küstenansichten, Gezeitenkalender, Stand der Gezeit beim Einlaufen ausrechnen. Funkhandbuch, Funkfrequenzen und Dienstzeit der Verkehrsleitstelle. Wieder Seekarte, Ansteuerungen und Hafenpläne studieren. Die muß ich einfach im Kopf haben. Erst recht bei Nebel. Annemarie sieht einen Turm. Ich habe noch immer kein Landecho im Radar. Es ist der Leuchtturm auf der kleinen Landspitze *Cap Petit de Miquelon.* Wirklich, da steht er klar und deutlich, im Nichts. Dann taucht er wieder im Nebel unter.

16 Uhr 20, vor uns die Enge *La Baie.* Kantig zeichnen sich die Felsen und Konturen der beiden Inseln ab. Direkt hinter uns steht wie eine Wand der Nebel. Eine Stunde später sind wir an dem Liegeplatz, den die Verkehrsleitstelle uns zugewiesen hat. Und siehe da, hier herrschen europäische Sitten. Ich habe die Leinen noch nicht fest, da steht schon der Zollbeamte neben mir. Die Einwohner hätten ihren Ursprung haupsächlich in der Normandie, der Bretagne und dem Baskenland, erzählt er mir. Bis 1976 sei dies noch eine französische Kolonie gewesen. Jetzt wähle man Abgeordnete in die *Assemblée Nationale* und in den Senat in Paris. Eine Hilfe für den notleidenden Außenposten sei das nicht gewesen.

»Sehen Sie sich nur den Hafen an. Nur zwei Schiffe liegen hier, und die bringen Versorgungsgüter. Aber das, wissen Sie, ist ein geschäftiger Tag. Oft sind hier nur die Hafenratten.«

Am nächsten Tag ist der Hafen leer. Er sieht aus, als ob sogar die Hafenratten darben. Es ist bedeckt, feuchtkalt und die Insel macht einen winterlichen Eindruck. Alles nur felsiger roter Karst. Kein Baum. Kein grünes Gras. Selbst die Häuser, die um die Hafenbucht herum stehen, erscheinen farblos. Etwas über 5000 Einwohner hat der Ort. Nur Tante-Emma-Läden mit dem Preisniveau von Paris. Kaum Gaststätten. In der Nähe des Hafens ist eine Fremdenverkehrs-Stelle. Da sitzt eine junge Frau mit einem Faltprospekt über die Insel. Gefragt nach den Attraktionen antwortet sie:

»Unser Friedhof. Den dürfen Sie nicht versäumen. Er ist etwas Einmaliges. Jedes Grab hat eine Gruft mit Fenstern.« Warum, weiß sie nicht. Von wo der Fremdenverkehr hierher kommt, frage ich weiter. »Wir haben einen Flugplatz, und im Sommer werden Kanadier meist für Tagesausflüge eingeflogen.« Aha. Die wollen also mal in Frankreich spazieren gehen. Das kann ich mir schon vorstellen. Dann gehen wir am Hafen entlang. Viele offene Fischerboote sind vor den Geräteschuppen an Land gezogen. Die Winschtrommeln werden mit Handspaken gedreht wie vor 200 Jahren. Teilweise sind sie verrottet. Nur wenige alte Leute werkeln herum. Alles scheint öde und trostlos.

Seit heute früh 5 Uhr sind wir wieder in Fahrt. Ein steifer Norder hat den Nebel weggeblasen. Es ist empfindlich kalt. Der von der Coast Guard ausgestrahlte Wetterbericht warnt vor Eisbergen und Treibeis auf dieser Strecke. Ein neues Problem, aber wir haben gute Sicht. Fahrtziel ist die Hauptstadt Neufundlands, *St. John's.* Startloch für unsere Atlantiküberquerung, diesmal Richtung Heimat.

Neufundland. Kanadische Insel vor dem St.-Lorenz-Golf. Größte Ausdehnung Nord-Süd und Ost-West ca 550×500 km. Ihre zerrissenen Küsten umschließen eine Fläche von fast einem Drittel des vereinigten Deutschland. Trotzdem leben hier nur 35000 Menschen, ein Großteil davon im Raum St. John's. Zur Vorbereitung der Überfahrt gibt es dort noch viel zu tun, aber wir werden rechtzeitig ankommen.

Vorgestern abend hatte ein kanadisches Segelboot auf einem Überführungstörn von Halifax nach St. John's wegen des starken Norders im Hafen Schutz gesucht. Drei harte Burschen, eingepackt in dicke rote Überlebensanzüge, wie Astronauten. Lange vor uns waren sie schon wieder ausgelaufen. Auf meine Frage, wie er denn in der Nacht mit dem Eis fertig wird, antwortet der Skipper: »No problem. Wir werden die Segel bergen, unter Motor können wir schneller reagieren. Ich werde am Bug an Deck liegen, Ausschau halten und mit der Taschenlampe den Weg anzeigen.« So weit im Süden hat das Eis eine besondere Struktur. Die Berge »kalben« ständig, oder sie brechen auseinander. Viele im Radar unauffällige Eisstücke entstehen dadurch, oft weit weg von radarauffälligen Eisbergen. Die besondere Vorsicht ist also gerechtfertigt. Auf eine lange Nacht gespannter Aufmerksamkeit, die zudem noch durch Untiefen vor der Küste abgelenkt ist, haben wir eigentlich keine rechte Lust. Ich studiere die Karte, wälze das Seehandbuch. In ein paar Stunden, noch vor Dunkelheit, können wir die *Trespassy-Bucht* erreichen. Dort ist ein Sund mit einem geschützten Ankerplatz. Das geht aber nur mit einer besonderen Genehmigung der Zollbehörde, denn wir kommen aus einem EG-Land. Funkgespräch mit St. John's über Grenzwelle. »Genehmigung erteilt!« schnarrt der Leiter der Zollstelle nach einem Angriff auf sein mitleidiges Herz. Wir werden also am Rande der Wildnis ankern. Morgen sind es dann noch 90 sm, und ruhiges Wetter ist angesagt.

Jetzt liegen wir schon zwei Wochen in St. John's, am Ende des langgestreckten Naturhafens, unmittelbar neben dem Stadtzentrum. Die Fahrt von Trepassy hierher war schön. Ruhiges Wetter, tiefblauer Himmel, gute Fernsicht, schimmernd weiße Eisberge. Hohe Felsklippen. Riesige Wale bliesen ihre in der Kälte dampfenden Fontänen dicht am Boot.

Hinter uns liegen eine lange Reihe von Fischkuttern in »Päckchen« aufeinander. Sie warten auf den *Caplin,* einen sprottenartigen Fisch. In der bevorstehenden Laichzeit kommen die Tiere in riesigen Schwärmen, werfen sich in den vielen tiefen Buchten zur Eiablage und Besamung an die Strände. Obwohl die Einwohner mit den Händen die Fische einfach in Eimer einsammeln, stehen sie nicht auf den Speisekarten der Restaurants. Sie sollen tranig schmecken, doch in Japan gilt der Rogen als Delikatesse. Ein japanisches Kühlschiff liegt schon hier, das den Rogen aufkaufen wird. Der Rest ist Abfall, bestenfalls Fischmehl. Es herrscht gespannte Ruhe an der Fischereifront. Im Radio werden die Fangtermine bekanntgegeben, und man feilscht noch um die Preise. In den Ruderhäusern der Kutter stehen stinkende und rußende Ölöfen. Täglich versuchen wir, die zähen Rußflecken zu entfernen, die bis zu den Teppichen im Vorschiff fliegen. Der große Parkplatz nebenan ist mit Schlacke befestigt. Der Wind weht das Zeug auf die Pier und auf unsere Decks. Wir liegen an ölverschmierten Lastwagenreifen, in die wir, trotz des maulenden Hafenmeisters, lange Vierkanthölzer gesetzt haben. Mit vielen Leinen sind sie an der Pier festgezurrt. Vor die Fender haben wir unsere langen Reibhölzer gesetzt, und so gleiten wir, Holz auf Holz, mit der Tide hinauf und hinunter. Das Hafenwasser ist eisig und ölig. Die Außentemperatur wechselt zwischen 2 und 29° C. Nebel, Dauerregen, Sonne, Schwüle...

Viele Freunde haben wir hier inzwischen. Mitglieder der beiden Clubs in der *Conception Bay* westlich von uns haben uns besucht. Hermann, der Eigentümer einer Reparatur-Werft auf der Pier, und seine Frau sind Hamburger. Ulrich ist Meisterkoch und Leiter des *Food Service* am Marine-Institut. Er bildet die künftigen Smutjes aus, kocht wohlschmeckende Gerichte aus Fischen und Meerestieren, die bisher nicht für die Ernährung genutzt wurden und macht sie populär. Nebenher hat er die 500 Mitarbeiter des Institutes zu versorgen.

Der deutsche Konsul hat uns auch besucht. Seit kurzem ist das deutsche Honorarkonsulat in St. John's Stützpunkt von Trans-Ocean. Wir sind das erste TO-Boot am Stützpunkt, setzen an seinem Haus gemeinsam den TO-Stander und feiern die Einweihung. Hermann hat mit uns in einem feinen Restaurant getafelt, wir haben über die Heimat gesprochen. Ulrich hat uns gleich das ganze Marineinstitut zu Füßen gelegt. Großer Bahnhof mit Besichtigung. Die Ausbildungswerkstätten, Einrichtungen zur Ausbildung der Nautiker, Anlagen zur Überprüfung von Netzen. Die Food-Forschung stellte uns ihre Fortschritte vor, eine neue Kaviarsorte aus einem bisher ungenutzten Fisch. Dann zeigte uns Ulrich seine Lehrküche. Ein Menü mit vielen Gängen folgte. Fünf Jungköche hüpften, von Ulrichs scharfblickenden Augen dirigiert, um uns herum.

Viel Arbeit. Ich will keine Bruchliste über den Atlantik schippern. Auch manches, was vielleicht versagen könnte, wird ausgebaut, unter die Lupe genommen, auch auf Verdacht.

Hermann hat auf meinen Wunsch die Ruderhydraulik ausbauen lassen, weil ich befürchtete, die Manschetten könnten hart sein. Falscher Verdacht, Manschetten vom Zerlegen futsch, neue Manschetten aus Bordvorrat. Ölwechsel, Batterien auffüllen, Elektrik, Autopilot, Bilgepumpen checken und so weiter. Hinter dem Segelmacher herrennen, der den Auftrag hat, den neuen 1000 l- Brennstoffsack an Deck unverrückbar festzulaschen. Dann komme ich dahinter, warum er so lange braucht. Mit Erfindergabe hat er einen zweiten Sack entwickelt, in den der erste zuschnürbar hineinpaßt.

»Wenn der Sack nicht mehr ganz voll ist, haut er dir bei grober See alles kaputt, geht über Bord, nicht ohne euch vorher mit Dieselöl zu segnen«, sinniert er.

Tatsächlich wollen wir ihn erst nach zwei Tagen leermachen. Bis dahin soll er voll bleiben. Macht nichts. Kap-Horn-Mentalität ist besser als Denkfaulheit. Es wird jetzt halt ein bißchen länger dauern, bis alles fertig ist.

Zwischendurch war ich auf der Eisstation der Coast Guard. Dort arbeitet einer der harten Burschen von dem Segelboot, das in St. Pierre bei uns längsseits lag. So einfach hatten die es in der bewußten Nacht denn doch nicht. Sie waren erst kurz vor uns angekommen. Ja, und die Eislage ist besch...eiden. Die Temperaturen über den arktischen Gletschern und dem Packeis waren in diesem Winter höher als normal. Das hat zu einer Eisdrift vor Neufundland geführt wie seit 20 Jahren nicht mehr. Fast 20 schwere Schiffsunfälle in Verbindung mit Eis hat es dieses Jahr schon gegeben. Wir messen an der Eiskarte herum.

Ein über 500 sm breites Feld von Eisbergen, Growlern und Treibeis hat der kalte Labradorstrom in unseren Weg geschwemmt. Erst der in Gegenrichtung einsetzende warme Golfstrom hat mit diesen Eistrümmern aufgeräumt. Daß einzelne Berge auch diese Trennlinie der gegenläufigen Ströme noch weit überschreiten, das sei immer drin, sagt der Meteorologe.

An der Pier liegt ein Eisbrecher der Coast Guard. Seine Station ist in der Labradorsee und in der Davisstraße, immer am Rande des Packeises. Ich spreche mit dem Kapitän. »Wir fahren im Eis auf Sicht, nachts mit aufgeblendeten Scheinwerfern und nicht über 6 kn Fahrt.« Bei Dunkelheit sieht er sich unsere Scheinwerfer an. »Die sind gut! Bei Nebel laßt ihr euch treiben.« Er hat meine Moral wieder aufgerichtet.

Neues Problem. Immer wieder habe ich Mengen von Wasser in den Bilgen. Was ist das? Wir suchen und suchen. Stellen unsere schweren Ersatzteilvorräte auf den Kopf, um an die Wasser- und Abwasserleitungen zu kommen. Ich krabbele im Maschinenraum herum, verbiege mich wie eine Schlange, um in jede Ecke ein Auge zu werfen. Um Gottes Willen, ein Leck? Lange dauert es, bis wir dahinterkommen. Da unten ist es kälter als in einem Kühlschrank. Immer, wenn draußen die Temperatur in die Höhe schnellt, läuft das Schwitzwasser, läuft und läuft in Bächen. Das ist es also, was uns erschreckt hat, Schiffsschweiß!

Dazwischen machen wir mit dem Leihwagen einen Abstecher an die *Conception Bay,* trinken einen Kaffee auf Ulrichs Segelboot, essen bei ihm zu Hause riesige Steaks und trinken seinen selbstgemachten Wein.

Dann fahren wir über Land. In St. John's beginnt der *Trans-Canada-Highway.* Er führt bis zum Pazifik. Wir folgen ihm bis zur Ostküste der zweiten Bay, die hier einschneidet. Unbesiedeltes, bergiges Land. Unermeßliche Wälder, Karst, Wildnis, Seen. Die Küste hinauf nach Norden liegen einzelne Orte mit so wohlklingenden Namen wie Herzensfreude, Herzenswunsch, Herzenszufriedenheit. Früher gab es hier einmal Minen, eine Eisenbahn. Hier war der Endpunkt des Transatlantik-Kabels. Versunkene Zeiten. Nur ein paar Fotos in der Taverne erinnern noch daran. Der Rückweg führt uns an der Westküste der Conception Bay entlang. Jetzt wissen wir noch besser, warum die Clubs da drüben an der Gegenküste liegen. Das ist ein Traumrevier. Geschützt vor der starken Atlantikdünung gibt es hier zauberhafte Buchten, zwischen Wäldern und Höhenzügen eingebettet. Kleine Orte, deren Kirchen sich im Wasser spiegeln.

Heute – 24. Juni – ist St. John's Day, der Tag des Namenspatrons der Stadt. Ein langer Festzug. Ein bißchen Jux, doch der größte Teil des Zuges ist britisch ernst. Kapellen mit Militärmärschen vor den Veteranen mit ihren Fahnen. Vor Kindern und Jugendlichen in Uniformen, die der britischen

Marine und Luftwaffe nachempfunden sind, werfen Tambourmajore ihre Stöcke in die Höhe. Trommeln wirbeln. Dudelsäcke, Paukenschlegel fliegen hoch in die Luft. An irgendetwas erinnert mich das doch — na ja. Wie diese Demonstration des britischen Nationalismus wohl auf die Franco-Kanadier wirkt, die es hier in Mengen gibt? Ist das Hintergrundproblem in Nordirland ähnlich beschaffen?

Wir telefonieren mit Dieter und mit unserem Freund Norman, dem Einhandsegler aus Toronto. Dieter kommt morgen, spätabends, Norman am 29. morgens 5 Uhr. Bis dahin müssen wir startklar sein. Beide sind knapp an Zeit. Für sie ist es keine Ferienfahrt. Sie wollen die Überfahrt bis zu den Azoren mit uns machen, dann müssen sie gleich wieder weg. Wir kennen das, denn Uff – schwer ist der Beruf. So wollen wir möglichst bei Normans Ankunft die Leinen loswerfen.

Kapitel 17
Rolling home

Pünktlich war Dieter angekommen. Wir hatten ihm noch ein bißchen von der faszinierenden Landschaft gezeigt. Von den kleinen Fischerdörfern mit ihren urigen Stegen und Holzhütten in oft winzigen, felsigen Buchten. Dann das steile *Kap Spear,* hoch über dem Atlantik.

»Sie sind hier an der äußersten Ostspitze Amerikas«, sagt uns die hübsche Studentin, auch hier in der Tracht des Nationalpark-Service. »Sie sind jetzt der erste Mensch in Amerika oder auch der letzte – ganz wie sie das fühlen.«

Sie hat sich tief in ihren Anorak gemummelt. Ein eisiger Wind weht hier an der Küste. Hinter uns schwere Geschütze der Küstenartillerie aus dem zweiten Weltkrieg. Deutsche U-Boote hatten den Krieg bis vor die Tore Kanadas getragen. In den verfallenen Kasematten rinnt Wasser. Am Fuße des Felsens blasen Wale. Dichtbei ein Schlauchboot mit einem Kamerateam. Laufende Außenbordmotore. Die Wale kümmern sich nicht darum.

Die Wetterkarten sind kein schöner Anblick. Ständig ziehen kräftige Tiefs vor der Küste nach Norden. Es sieht wirklich böse aus. Ein Anruf beim Seewetteramt in Hamburg. Warten, nächste Woche wieder anrufen, und raus aus dem Eis, weiter südlich starten. Aber das geht ja nicht, der Brennstoff reicht einfach nicht. 1100 sm, mehr sind nicht drin, ich will die eiserne Reserve nicht anfassen. Vielleicht hat die Coast Guard-Wetterstation eine günstigere Auskunft.

Nein! Sturmwarnung! Nichts läuft!

Am 29. Juni landet Norman mit Direktflug von Toronto um 5 Uhr in St. John's. »Willst du erst die gute oder die schlechte Nachricht, Norman?« – »Die Gute.« »Unser Frühstückstisch ist gedeckt. Es gibt feine Sachen bei uns, bis hin zu Spiegeleiern mit Speck.« Die schlechte Nachricht: »Die Wetterlage!« – »Das gibt's doch nicht«, sagt Norman. »Auf, gehen wir zur Coast Guard.«

Er will wohl einen Stoß mit denen reden. Das letzte Mal, als er die Cabot-Straße passiert hatte, bekam er von St. John's grünes Licht. Wind NE 10 kn. Segelwetter. Dann mußte er die Segel bergen. Neun Windstärken. Das Funkgespräch mit der Coast Guard kann ich mir ausmalen. Ich kenne Norman. Die Antwort: »Eine rein örtliche Störung.« Nun will er nicht mehr alles glauben, zumal er am Vorabend im Fernsehen eine günstige Wetterkarte gesehen hatte. Als freundliches Vorgespräch läßt er sich erstmal die letzte Eiskarte geben. Er holt gerade Luft, und ich weiß was jetzt kommt, da klappert der Fernschreiber. Ich frage schnell dazwischen: »Gibt's was Neues?« – »Moment mal – ja, die Sturmwarnung ist aufgehoben.« Norman klappt den Mund zu. Dann wieder auf. »Was machen wir noch hier? Let's go! Nichts wie raus aus diesem Rattenloch, aus dieser Wetterküche. Ehe der nächste Shit losgeht, müssen wir unterm Azorenhoch sein.« O.K., er kennt diese Gegend wirklich besser als ich.

Schnellstart. Wir fahren zwischen den hohen, steilen Felsen der langen, schmalen Hafeneinfahrt, da tönt hoch über uns lang anhaltend ein Horn. Ferngläser nach oben. Da stehen Hermann und seine Frau auf dem Felsen und winken Abschied.

Um 12 Uhr sind wir losgefahren – um 18 Uhr 45 verschwindet die hohe Küste Neufundlands endgültig hinter dem Horizont. Wir fühlen Wehmut.

Wir haben unsere Uhren 2½ Stunden vorgestellt, auf die Zonenzeit des Null-Meridians, Zeitbasis der nautischen Bücher. Die Wache wechselt alle vier Stunden. Annemarie und ich von 20 Uhr bis Mitternacht. Dieter und Norman gehen die Hundewache von Mitternacht bis 4 Uhr, und dann sind wir wieder dran. Die Zeiten wechseln nicht. Dieter sagt, das sei der Seniorenrabatt. Unter Tag geht das lockerer. Ist einer müde, nimmt ein anderer seine Wache. Letztlich gleicht sich das wieder aus. Außerdem ist die Tagwache bei klarer Sicht kein Problem.

Die erste Nachtfahrt, mit vorausgerichteten Scheinwerfern, ist eine Pleite. Das Vordeck blendet derartig, daß sie keine Hilfe sind. Also starren wir mit unseren Marinegläsern ohne abzusetzen in die Nacht. Sie verstärken das bißchen Licht ein wenig. Das ständige Vorausstarren macht nervig, die Augen tränen. Wir laufen mit reduzierter Fahrt.

Es wird Tag, und der Wind weht aus SW. Von Steuerbord laufen 2 m Dünung an, aber die Wellen sind rund und wir können wieder volle Marschfahrt laufen. Wasser 2°C, Luft 4°C. Bei Sonnenaufgang zieht sich eine zerfaserte Cirrusbewölkung über den ganzen Himmel. Ein Wetterzeichen; das nächste Schlechtwettergebiet zieht auf uns zu. Schon zeigt der Fax 6 m Wellenhöhe, aber noch weit im Süden. Ob wir den Schirm des Azorenhochs erreichen, ehe uns das Wetter erwischt?

Obwohl das Seegebiet nach der Eiskarte mit Bergen und Growlern gespickt ist, haben wir noch kein Eis gesehen, weder als Echo auf dem Radarschirm, noch mit den Nachtgläsern. Aber das ist natürlich kein Wunder, denn wenn das Restlicht für 100 m gut war, dann war das viel...

Da, um 17 Uhr, sichten wir einen riesigen Eisberg. Er liegt 7 sm weg von unserer Kurslinie. Dieter kennt Eisberge hautnah nur von unseren Filmen und Fotos. Selbst Norman hat noch keinen in natura gesehen. Immer wieder betrachten sie ihn mit den Ferngläsern, dann sehen sie mich an. Minimaler Seegang, schwachwindig, gute Sicht, die Sonne scheint. Also: Kurs Eisberg.

Ein schimmernder, glitzernder Eisriese. Keine scharfen Kanten mehr. Alles ist gerundet, abgetaut von Sonne und Regen. Ein Greis. Aber das tut der Begeisterung nichts. Fotorunde. Ich rufe die Coast Guard-Station in St. John's über Kurzwelle. Norman gibt die Koordinaten und die Abmessungen des Berges durch. Er ist jetzt für den Funkverkehr in englischer Sprache zuständig. Er macht die Arbeit, und ich balanciere die Verantwortung. So angenehme Arbeitsteilung gab's bisher nicht.

Zurück auf Kurs. Wir sind noch keine Meile weg, da verschwindet der alte Riese plötzlich und unerwartet im Nebel. Niemand hatte die Nebelbank kommen sehen. Schnell sind auch wir in der Suppe.

Jetzt ist es am hellen Tag duster. Immerhin, die Sicht ist noch etwa 100 m. Bei sofortiger Reaktion muß das reichen für eine einschneidende Kursänderung, um Growlern und Eisstücken auszuweichen. Eisberge aber müssen wir im Radar erkennen. Die Wache ist jetzt gefordert. Selbst wenn man bei einer schweren Kollision noch trocken in die Rettungsinsel käme, würde man in dieser Eisregion nicht lange überleben.

Um Mitternacht stehen wir auf 45°25'N – 46°00'W, es ist schwachwindig, Dünung von Steuerbord. Heute, in der zweiten Nacht, geht es mit der Sicht zunächst ganz gut. Dieter und Norman haben sich als Erfinder betätigt. Scheinwerfer in den Himmel gerichtet, geht Norman aufs Vorschiff und schätzt die Sichtweite im Streulicht. Zufrieden kommt er ins Ruderhaus.

»Mensch, das reicht dicke! Warum ist uns das nicht schon gestern eingefallen?«

Kaum zwei Stunden nach Mitternacht wache ich auf. Mein Gott! Die Motoren stehen, nur die See klatscht an die Bordwand. Ich stürze ins Ruderhaus. Das Licht ist an, die Wache sitzt gemütlich auf der Bank. »Was ist?« – »Dicke Suppe, nichts mehr zu sehen, wir treiben!« Wir haben viel Glück und treiben nur anderthalb Stunden. Dann geht es mit verminderter Fahrt weiter.

9 Uhr. Der potendichte Nebel hat sich gelichtet, aber immer wieder weitflächige Nebelfelder. Norman schläft in seiner Koje. Da versammeln wir uns. Gefüllte Sektgläser hinter dem Rücken. »Norman!!« Er blinzelt. Setzt sich auf. Wundert sich über das Komitee, das die Wachstation verlassen hat. Er ist noch nicht richtig wach. »Norman, wir haben zwei Dinge zu feiern.« Ich präsentiere ihm ein Glas Sekt. Er reißt die Augen auf, denn sonst gilt in Fahrt die 0-Promille Grenze. »Erstens haben wir eine Schnapszahl – 45° Nord und 45° West. Zweitens, wir haben den Rand der Eisdrift überschritten. Na, denn Prost!«

Später spielt der Loranempfänger verrückt. Er kann keine Position mehr errechnen. Die Sender sind zu schwach geworden. Schon gestern um diese Zeit war er automatisch von der Labradorkette auf die Ostkanadakette umgesprungen. Von da an war die Loranposition unsicher. Jetzt müssen wir mit dem SatNav arbeiten. Für den Notfall haben Norman und ich auch jeder noch einen Sextanten mit den nötigen Büchern und Tabellen.

12 Uhr Wachwechsel. Wir essen noch zusammen, balancieren Teller und Tassen, sitzen in dicken Pullovern, Ich frage Norman: »Was ist los mit dir, du hast einen ganz roten Kopf!?« – »Ich weiß auch nicht, mir ist irgendwie heiß.« Ja! Mir auch. Ich reiße die Ruderhaustür auf. Da fällt mir's auf. Warme Luft. Über 20° C! Klar, wir schwimmen im Golfstrom. Draußen sehe ich durchsichtige bunte Gegenstände auf dem Wasser treiben, wie türkis gemusterte Kunststoffbälle oder Plastiktüten. Portugiesische Galeeren. Statt Eis Segelquallen! Gefährliche Dinger. Sie leben nur im warmen Seewasser. Das ist der Beweis.

Annemarie holt Vorräte aus der Bilge. Präsentiert uns eine eiskalte Colaflasche, an der das Schwitzwasser runterläuft. Im Maschinenraum schmiere ich ab. Kontrolliere die Wasserabscheider. Auch an denen tropft das Schwitzwasser. Der Brennstoff ist noch eiskalt, die Innenwände sind warm. Totaler Umschlag.

Im Laufe des Nachmittags nehmen Wind und Seegang ständig zu. Die See geht hoch, wir müssen die Fahrt zurücknehmen. Unser Brennstoffsack wabbelt mit seinen 1000 Litern ungut auf dem Achterdeck hin und her. Die Wetterkarten melden ein neues kräftiges Tief im Anmarsch. Es kann nur schlechter werden. Gut 1000 Liter sind inzwischen verbraucht. Wir können den Inhalt des Wabbelsacks in die Tanks umfüllen. Immerhin, der Segelmacher hat gute Arbeit geleistet. An den äußeren, roten Sack hat er auf einer langen Bahn breite Gurte genäht, mit massiven Spannern und mit Ratschen zum Nachziehen. Die Apparatur ist ganz unten an den Relingsstützen und Pollern festgezurrt. Trotzdem, ehe es noch rauher wird – es sind jetzt 5 m Wellenhöhe angesagt – muß der Sack weg! Wir schließen den vorbereiteten langen Plastikschlauch an die Tülle. Peilstutzen im Maschinenraum auf, da paßt der Schlauch gerade rein. Das alles ist ausprobiert. Drei Mann hocken auf dem wabbelnden Dieselbett. Hahn auf. Nichts. Noch keine fünf Zentimeter steigt der Brennstoff im Schlauch. Verdammt. Denkfehler. Nach weiteren vergeblichen Versuchen hole ich den Schlauch wieder hoch. Sauge mit dem Mund an. Das schmeckt zwar nicht köstlich, hilft aber. Jetzt muß ich mit dem abgeknickten Schlauchende wieder in den Maschinenraum. Schnell den Schlauch in den Stutzen gesteckt, und ich stehe unter einer Dusche von Dieselöl. Hände um die Öffnung pressen. Lappen drum. Nichts hilft. Schon sind gute 30 l Sprit in der Bilge, da sieht Norman meine Not. Stellt den Hahn ab. Ich tropfe von Dieselöl. Hemd, Hose, Schuhe, alles voll. Dann macht Norman den Hahn langsam halb auf. Gott sei Dank, jetzt geht's. Nie hätte ich gedacht, daß ein physikalischer Heber so einen Druck entwickeln kann. Drei Mann sitzen auf dem wabbelnden Dieselbett und versuchen, es mit ihrer schwachen Kraft in Schach zu halten. Ganz langsam läuft das Ding jetzt leer, bis es sich von selbst zu einem zerknitterten Knäuel zusammenfaltet.

Um Mitternacht stehen wir auf 44°08'N – 42°21'W, Wind und Seegang haben ständig zugenommen. Nach 3 Stunden ist es hell, aber die Sicht ist schlecht. Schwere Schauerböen fegen über die aufgewühlte See. 4 m hohe Wellenfronten laufen in kurzen Abständen auf uns zu. Wenn wir oben sind, rammen die weißen Kämme die Bordwand, die See klatscht hoch bis übers Ruderhaus und fegt als zerfetzte Gischt weiter. Dann fallen wir tief hinunter und in schwindelerregendem Tempo geht es wieder hoch. Dennoch haben wir genau den richtigen Starttermin erwischt. Auf der Fax-Seegangskarte sind die Wellen vor und hinter uns noch 2 m höher.

Heute ist »Bergfest«. Wir fahren jetzt nicht mehr von Amerika weg, sondern auf Europa, die Azoren zu. Die Hälfte des Weges liegt hinter uns. Gala-Abendessen. Annemarie spendiert die letzten saftigen US-Steaks mit Gemüse und gratinierten Kartoffeln aus der Dose.

Nicht lange nach Mitternacht. Unser fünfter Fahrtag ist angebrochen und ich bin gerade eingeschlafen, da wache ich plötzlich wieder auf. Was war das? Und wieder! Das Boot macht bockige Bewegungen. Hoch, ins Ruderhaus. Dieter steht am Ruder, dreht mit der Hand das Rad. Also Autopilot ausgefallen! Ein Relais festgebrannt. Klar, die bockigen Bewegungen. Annemarie sucht die Ersatzrelais. Sie ist der Lagerverwalter. Abstoppen. Runter in den heißen Maschinenraum. An den Relaiskasten kommt man über die Backbordbatteriebank weg, zwischen Heizung und Maschine durch, ans vordere Schott... Dort sitzt der Kasten, noch teilweise von einem Heizungsschlauch verdeckt. Dieter erbarmt sich, tauscht die Relais aus. Nach einer Stunde Stop funktioniert der Autopilot wieder. Weiter!

Heute vormittag haben wir das erste Schiff gesehen. Ein Großtanker auf Südamerika-Route. Zuerst tauchte sein Brückenhaus über der Kimm auf, wuchs zu der Größe eines Hochhauses aus dem Wasser, bis der schwarze Rumpf auftauchte. Dann verschwand das Schiff nach Südwesten wieder im Dunst.

Wir sind jetzt unter dem Schirm des Azorenhochs, die See beruhigt sich langsam und wir machen volle Marschfahrt bei sonnigem Wetter. Heute ist die Außentemperatur schon auf 30° C geklettert. Draußen in der Sonne ist es heiß und im Ruderhaus kann man es nur aushalten, weil die Sonnenblenden heruntergeklappt und die Vorhänge auf der Sonnenseite zu sind – soweit sich das wegen der freien Sicht vertreten läßt. Dazu haben wir eine Luftschaufel aus Leichtmetall am hinteren Rand des Ruderhausluks mit den Riegeln, die sonst das jetzt offene Luk halten, eingeklinkt. Der Fahrtwind erzeugt so einen Luftstrom im Ruderhaus.

Der sechste Fahrtag ist angebrochen, es wird nun Zeit, daß wir uns auf den Landfall vorbereiten. Nach dem Funkpeiler liegt das starke Funkfeuer auf

Flores genau voraus. Als erste Insel der Azoren müßte demnach Flores in Sicht kommen. Wenn die Sichtigkeit so bleibt, in etwa sechs Stunden. Ich habe die Mittagsposition abgekoppelt. Damit muß ich jetzt in die Küstenkarte der Azoren. Seit dem Auslaufen von St. John's haben wir keine Seekarte mehr benutzt. Die Maßstäbe der Seekarten im freien Nordatlantik sind einfach zu klein. Wassertiefen und Tiefenlinien sind alles, was sie für die Strecke zeigen. So bin ich auf Leerkarten übergegangen, *Plotting Sheets.* Weiße Blätter mit einem Koordinatenkreuz in der Mitte. Die Koordinatennetze habe ich mit Hilfe einer Breitentabelle selbst eingezeichnet. Auf diese Weise haben wir für die Strecke fünf Karten statt einer, mit entsprechend größeren Maßstäben. Auf diesen Karten habe ich einen Großkreis nach Flores eingetragen mit Wegpunkten für je 1° Kursänderung in entsprechenden Abständen.

18 Uhr. Sonne, schwach windig, ruhige See. Voraus ist eine Struktur über der Kimm. Wolken? Dunst? Flores? Wir beobachten angestrengt. Quälend langsam zeichnen sich schärfere Konturen ab. In blauer Ferne wächst die steile Landmasse von Flores über die Kimm. 15° an Backbord gewinnt ein steiler Kegel immer mehr Konturen, die Nachbarinsel *Corvo.*

Um 20 Uhr 35 haben wir die Seestraße zwischen den Inseln erreicht. Steuerbord voraus der Leuchtturm von *Punta do Albanaz* auf Flores. Querab an der Küste unter den hohen Vulkankegeln von Flores ein kleiner Ort im typisch portugiesischen Stil, von seiner Kirche überragt. Wir sind zwischen den Vorposten Europas, weit draußen im Atlantik!

Von jetzt ab steuern wir nach Landmarken um das Nordkap von Flores herum. Dann erkennen wir Santa Cruz, den Hauptort, der keinen Hafen hat, nur einen von ein paar natürlichen Lavabrocken geschützten Landeplatz. Das Becken zwischen Lava und Pier ist klein. Norman war dort schon mal, aber wir sind nicht sicher, ob wir da Platz finden. Deswegen sind wir darauf vorbereitet, weiterzufahren. Morgen könnten wir dann in *Horta* auf der Insel *Faial* sein.

Gegen 22 Uhr stehen wir vor den Häuserreihen, die sich den Hang herunterziehen. Im »Hafen« Masten von Seglern, an der Pier trotz der späten Stunde viele Menschen. Norman steht auf dem Vordeck, findet die Richtmarken, und langsam dirigiert er uns in die enge Einfahrt. Das Echolot habe ich abgeschaltet, der heulende Warnton würde uns doch nur nerven. Ich muß mich auf Norman verlassen. Das Wasser ist so klar, daß er jeden Stein auf dem Grund sieht.

Dann sind wir drin. Ein Schlauchboot flitzt zum achteren Decksniedergang. Ein Portugiese kommt an Bord und nimmt die Sache in die Hand. Drehen. Mitten in der Einfahrt Anker runter. Langsam rückwärts in die Mitte des Beckens. Das Schlauchboot flitzt hin und her, schafft vier Taue heran. Sie sind an schweren Stahlseilen fest, die an Ringen in den Lavabrokken und an der Landepier hängen. Wir liegen mitten in dem kleinen Becken fest. Das waren Augusto und sein Sohn. Hände werden geschüttelt. »Willkommen in Flores!«

Es ist heller Tag. Wir haben lange geschlafen. Hinter uns schaukelt ein kleines Passagierboot im Schwell. Sein Name: *Familia Augusto,* die einzige Verbindung zur Nachbarinsel Corvo. An der Pier parkt ein gelber Kleinbus. Aufschrift: *Familia Augusto.* Daneben steht ein kleiner stämmiger Kerl mit weißen Haaren. Es ist Augusto, er winkt, wartet schon auf uns. Mit dem Beiboot zur Pier, und dann begrüßt uns Augusto überschwenglich. »Ich bringe euch jetzt zum Einklarieren, dann zeige ich euch meine Insel.«

Über steile Straßen hinauf zum Hafenamt, Formulare ausfüllen. Der uniformierte Beamte sieht mich zweifelnd an: »Kein Mast? Ja, wie segeln sie denn, wenn sie keinen Mast haben?« Ich versuche, ihm zu erklären: »Motorboot – Motor, verstehen sie – kein Mast.« Er sieht Augusto zweifelnd an. Ein Mißverständnis? Augusto lacht und gestikuliert. »Was? Wirklich ein Motorboot? Das gab es ja noch nie hier!«

Er reißt die Augen auf, schüttelt nochmals den Kopf, und dann haben wir unsere Stempel.

Jetzt fährt uns Augusto immer weiter hinauf. Er wird überall gegrüßt. Ehrfürchtig. Freundlich. Er ist der »Kapitalist« der Insel. Ihm gehört der Bus, der Lastwagen, die Fähre und der Leichter, der die Schiffe lädt und entlädt. Die ganze Versorgung der Insel und der Versand der Ernte, das ganze Transportwesen, alles ist in seiner Hand. Sogar der Landeplatz ist unter seiner Aufsicht. Abends schalten er oder einer seiner Söhne die Lichter und das Feuer ein und morgens wieder aus.

Immer höher klettern wir in Serpentinen die Vulkankegel hinauf. An Schluchten vorbei, mit faszinierenden Blicken auf die Küste und das blaue Meer. Millionen von blau blühenden Hortensiensträuchern säumen Straße und Wege, fassen die kleinen Äckerchen ein. Zwischen der berauschenden Pracht der Hortensien knalliges Gelb und Rot großer tropischer Blüten. Auf Eseln sind Bauern unterwegs, mit kurzen, geraden Sensen mit im Wald geschnittenen knorrigen Ästen als Stiel, oder Hacken an Knüppelstielen. Dann ein Ochse, der mit einem uralt Hakenpflug den Boden umbricht.

In der Höhe tragen viele Hortensien grüne Blätter, sie sind noch nicht voll aufgeblüht. Zwei große Kraterseen. Dann wieder hinunter zur Westküste. Am Vorderhang kleine Weiden. Ein paar Kühe liegen wiederkäuend unter den schwellenden Blumen.

Drunten im Örtchen wird Augusto wieder ehrfurchtsvoll begrüßt. Er spricht mit einem jungen Bauern. Strohhut, ausgemergeltes Gesicht. Er hackt auf einem Miniacker zwischen Mauerwerk. Dort stehen ein paar Maisstauden und etwas Gemüse.

Ich frage, wovon die Leute eigentlich leben. »Ja, vom Landbau!« Dann begreift er. »Die haben immer zu essen. Bis zu drei Ernten haben sie. Winter und Sommer unterscheiden sich bei uns nicht sehr. Ja, es ist ein bißchen kühler, aber nur, weil der Himmel bedeckt ist, und dann haben wir immer wieder Schauer.«

Vor der Küste ist ein Felsvorsprung. Dort steigen wir aus. Unter uns rauscht das Meer, und hinter uns steigen die Vulkanberge in den blauen Himmel.

»Du bist jetzt am westlichsten Punkt Europas«, belehrt uns Augusto. »Hier hören wir die amerikanischen Hähne krähen. Laut sind die, und gewaltig wie alles da drüben.« Dann bläst sich der kleine Mann auf, scheint zu wachsen. Wild schlägt er mit den angewinkelten Armen und kräht mit Stentorstimme: »Kockerokooh – Kockerohkooh – Kockerohkooh.«

Von den Bergen schallt es zurück: »Ockooh – ockooh.« Dann sackt er wieder in sich zusammen. Seine weiße Mähne glänzt in der Sonne.

»Hast du sie gehört?« fragt er und schaut mich von unten herauf an. »Drei Jahre hast du unter diesen schrecklichen Menschen gelebt? *JESUS MARIA!*«

Am 16. Mai 1991 läuft die MANTA wieder in ihrem Heimathafen Mannheim ein.

Der Reiseweg führte durch die Azoren über Madeira – die Kanarischen Inseln – Marokko – Gibraltar – Mallorca – Rhone – Doubs – Rhein-Rhonekanal – Straßburg zum Rhein.

Vor dem Atlasgebirge wird sie vom Sturmwind gebeutelt, und orkanartiger Mistral auf der Rhone wirft das schwere Boot auf eine Schleusenwand, doch es bleibt alles heil. Es war eine Fahrt ohne besondere Ereignisse, und das ist das Beste, was man von einer Seereise sagen kann.

Anhang
Technische Daten, Tips und Reiseinformationen

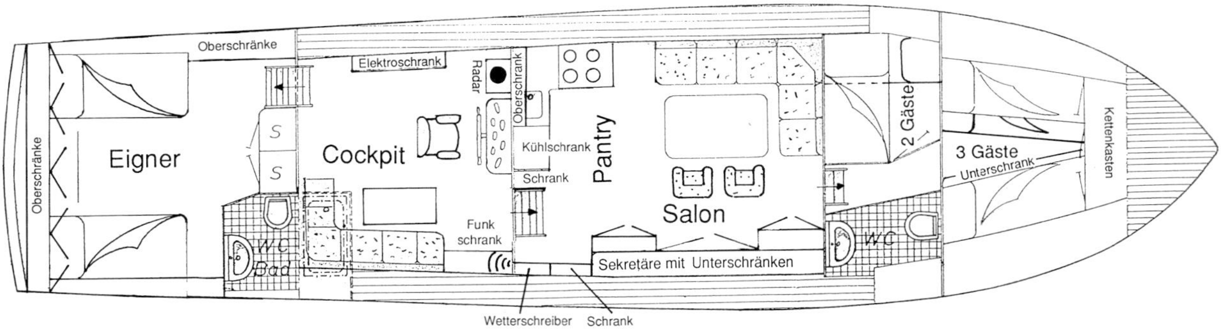

Unsere MANTA, Einrichtungsplan

Technische Daten

Doppelschrauben-Motoryacht Typ »Pernica«

Bauwerft:	Schiffswerft Hameln (Weser) W. Müller KG
Baujahr:	1970
Maße:	Länge ü. a. 18 m, Breite ü. a. 4,5 m, Tiefgang: 1,4 m
Verdrängung:	27 t
Rumpf:	Stahl
Aufbauten:	Holz mit Alu-Dächern
Schlafplätze:	3 Kajüten mit 7 Kojen
Antrieb:	2 × 8 Zylinder Deutz-MWM Dieselmotore je 200 kW (270 PS) bei 2300 Upm mit Kielrohrkühlung
Marschfahrt:	8,5 kn bei 1300 Upm
Stromerzeuger:	9 kW, 220 V, Antrieb 2 Zylinder Faryman Diesel
Transformator:	für Landstrom 110 V 16 A
Tanks:	Diesel 4600 l, Trinkwasser 2000 l
Heizung:	Luftheizung 12 000 kcal/h
Batterien:	Bordnetz 24 V 400 Ah, Starter 24 V 140 Ah
Beiboot:	3,3 m mit Außenborder 20 PS

Elektrohydraulische Selbststeueranlage. 50 kg Heuss-Anker mit 80 m Kette 10 mm, elektrische Ankerwinsch, 15 kg Stockanker.

Navigationsinstrumente

Plath Deckenkompaß, Reservekompaß, Handpeilkompaß, Radar, Satelliten-Navigator, Loran-C-Empfänger, Funkpeiler, Wetterkartenschreiber, Barograph, 2 Echolote, Sextant, Chronometer.

Funkausrüstung

SSB-Grenz-/Kurzwellensender 150 W, UKW Seefunkgerät 25 W, UKW Handfunkgerät 6 W mit den zusätzlichen US-Kanälen, Allwellenempfänger.

Sicherheitsausrüstung

Rettungsinsel für 6 Personen, 2 aufblasbare und 4 Feststoffrettungswesten, Signalpistole Kaliber 4 mit roter und weißer Fallschirm-Leuchtmunition sowie Knallkörpern, Rauchkörper (orange).

4 Pulverlöscher. Drei abgeschottete Räume mit zentraler Lenzanlage im Maschinenraum. Tragbare Tauchpumpe 220 V. Notruderpinne. Hölzer, 15 mm Sperrholzplatten und Werkzeuge zum Verschalken von Lecks. Ersatzteilkits für Not- und Bordreparaturen an allen betriebswichtigen Anlagen.

Seekarten und Seehandbücher

Für die Reisevorbereitung verwendeten wir folgende Seekartenverzeichnisse:
Deutsches Hydrografisches Institut, Hamburg (jetzt Bundesamt für Schifffahrt und Hydrografie – BSH)
Canadian Hydrographic Service: No. 1, Atlantic Coast, No. 3 Great Lakes
US National Ocean Service No. 1, Atlantic and Gulf Coast
für Wetter- und Klimainformationen:
Monatskarten für den Nordatlantik (DHI)
Bei Preisvergleichen sollte man beachten, daß deutsche Karten zwar sehr teuer sind, daß man aber wesentlich weniger Karten benötigt, und daß diese stets auf den Stand des Versandtagses berichtigt und für uns besser lesbar sind.
Unsere Bezugsquellen waren:
Bei der Reisevorbereitung: Bade & Hornig GmbH, Stubbenhuk 10, Postfach 112045, 2000 Hamburg 11
Während der Reise: Landfall Navigation, 354 West Putnam Ave., Greenwich, Conn. 06830 U.S.A.
Dort hat uns Captain Marx persönlich und fernmündlich qualifiziert beraten. Landfall hat an jede vorgegebene Adresse prompt geliefert. Telefonische Nennung unserer Kreditkartennummer genügte.
Außerdem bekommt man Karten und Handbücher in den Marinas und bei Buchhandlungen mit nautischer Abteilung.
Für die Reise wurden ca. 350 Seekarten, Handbücher und Atlanten verwendet. Basis waren die Seekarten und Veröffentlichungen des DHI, ergänzt

für	**durch**
Grönland	Dänische Küstenkarten
Labrador, Neufundland St.-Lorenz-Golf und -Strom	Karten, Leuchtfeuerverzeichnisse, Sailing Directions und Gezeitenkalender des Canadian Hydrographic Service
US Küsten und ICW	Seekarten des National Ocean Service, Bände 3, 4, 5 und 7 der Waterway Guide Chartbooks, die Bände des Waterway Guide Northern, Mid-Atlantic, Southern (Boating Industry Magazine)
Bahamas	Chartbooks und Waterway Guide Southern, Yachtsman's Guide to the Bahamas (Tropic Isle Publishers)
Puerto Rico, Virgin Islands	Yachtman's Guide to the Virgin Islands & Puerto Rico (Tropic Isle Publishers)
Karibisches Meer	Britische Seekarten und Imray Karten, Street's Cruising Guide to the Eastern Caribean Vol. II u. III (W.W. Norton & Comp. Inc., New York und London)
Venezuela	Venezuelanische Küstenkarten, Street's Cruising Guide Vol. IV

US-Fluß- und Kanalsysteme	River Charts Black Warrior – Tombigbee River, Waterway Charts Tennessee – Tombigbee Waterway, Navigation Charts Tennessee River, Ohio River, Upper Mississippi River, Charts of the Illinois Waterway, Chicago and South Shore of Lake Michigan(alle US Corps of Engineers) Sailor's Guide to the Tenn-Tom (Dolphin Street Enterprises, Gulf Breeze, Florida) Quimby's Boating Guide (The Waterway Journal, St. Louis)
Große Seen	Richardsons Chartbook and Cruising Guide, 4 Bände: Lake Michigan, Huron, Erie und Ontario (Richardson's Marine Publishing), Waterway Guide Great Lakes (Boating Industry Magazine)
Kanäle und Hudson River	Chartbook New York State Barge Canal System (National Ocean Service)
Nova Scotia – Cabot-Straße	Yachting Guide to the Nova Scotia Coast (Pilot Press, Dedham, Mass.)
St. Pierre Miquelon	Yachting Guide to the South Shore of Nova Scotia (South Shore Sailing Publishing Comp., Riverport N.S. Canada), Cruise Cape Breton (Spray Magazine, Halifax)

Auskünfte

USA: Fremdenverkehrsamt, Bethmannstraße 56, Frankfurt am Main
Kanada: Botschaft, Friedrich-Wilhelmstraße 18, Bonn
Venezuela: Konsulat, Brönnerstraße 17, Frankfurt am Main
Franz. Inseln: Verkehrsamt, Westendstraße 47, Frankfurt am Main
Niederl. Inseln: Fremdenverkehrsamt, Laurenzplatz 1–3, 5000 Köln/Rhein

Visa, Zoll, Aufenthaltsdauer

Faroer, Island: Visum im Port of entry. Die uns genannten Einfuhrverbote für Lebensmittel galten nicht für den Bordbedarf. Das deutsche Seehandbuch erwies sich als besser über die Ports of entry informiert als unsere Auskunftsstellen
Grönland: Visum im Port of entry
Kanada: Visum im Port of entry. Auch hier gelten die Einfuhrverbote nicht für die Bordverpflegung. 3 Monate Aufenthaltsdauer mit eingeschränkten Verlängerungsmöglichkeiten.
USA: Da unsere Aufenthaltsdauer 3 Monate überschritt, war ein Visum des Generalkonsulates in Frankfurt am Main erforderlich. Es gilt auf Lebenszeit. Längste ununterbrochene Aufenthaltsdauer war 6 Monate. Keine Probleme gab es bei Wiedereinreise nach abgelaufener Aufenthaltserlaubnis. Eine kostenpflichtige Verkehrserlaubnis für das Boot wurde vom Zoll für ein Jahr erteilt (Plakette). Gleichzeitig erhielten wir eine Kartenskizze mit den Hauptzollstellen der Bundesstaaten und deren Telefonnummern. Dort sollten wir uns melden, wenn das Boot in einer Marina stationiert werde. Die für die Binnengewässer zuständigen Stellen wußten mit unserer Meldung nichts anzufangen. Für Bordvorräte interessierte sich der Zoll nicht. Man war zufrieden, wenn wir Alkohol, Tabak etc. mit »no merchandise« (keine

Handelsware) deklarierten. Die Zollüberwachung galt dem Boot. Will man es in den USA zum Verkauf anbieten, muß man es zuvor verzollen.
Karibische Inseln: Visa werden im Port of entry erteilt. Die Aufenthaltsdauer war unterschiedlich, oft unbestimmt. Wiedereinreise anschließend an abgelaufene Aufenthaltsdauer war problemlos.
Nach Aussage des Leiters der Zollstelle von Guadeloupe war die Aufenthaltsdauer auf den französischen Inseln unbeschränkt.
Venezuela: Visum erhielten wir in Grenada. Das Einklarieren erfolgte nach einem komplizierten Verfahren für die Handelsschiffahrt, mit vielen Wegen. Ein Agent in Pampatar (Margarita) nahm uns die Arbeit ab.

Zahlungsmittel

Es heißt, die USA seien das Land des »Plastikgeldes«. Tatsache ist, daß dort praktisch alles, von der Tankstelle bis zum Supermarkt, von 1 $ aufwärts mit *Kreditkarten* bezahlt werden kann. VISA und Master Card (Eurocard) sind am weitesten verbreitet. Mit diesen Karten kann man auch bis zu 1000 $ im Monat (mit der Gold Card 5000 $) abheben. Da die Auszahlung nur jeweils bestimmte Banken vornehmen, sind die Wege oft mühsam und weit. Das Bezahlen mit Kreditkarten ist bequem, aber relativ teuer. Sehr wichtig ist die AT & T Telefon-Kreditkarte. Sie wird von allen Telefongesellschaften in USA und Kanada akzeptiert. Man erhält sie z. B. über VISA und DINERS.
Traveller-Schecks einzulösen, war oft nur unter großen Schwierigkeiten möglich. Sie können nur bei bestimmten Banken zu Bargeld gemacht werden und sollten 100 $ Einzelwert möglichst nicht übersteigen.
Bargeld erwies sich als das zweckmäßigste Zahlungsmittel. Mit US-$ kamen wir überall problemlos durch, während die Einlösung von DM schwierig, oft unmöglich war.
Euroschecks sind nur auf einigen niederländischen und französischen Inseln einlösbar. Höchstbetrag ca. 300 DM, Stückzahl unbegrenzt.
Überweisungen aus Europa auf eine US-Bank sind möglich. Von dort aus kann man – sobald ein Konto angelegt ist – auf Konten von Inländern überweisen. Eine Überweisung zu unseren Gunsten auf eine Bank in einem anderen US-Staat erwies sich als undurchführbar, da wir dort kein Konto hatten.
Abrechnung von Seefunkgesprächen: Die Küstenfunkstellen der USA und Kanadas können nicht direkt mit der Deutschen Bundespost abrechnen. Dafür akzeptieren auch sie die AT & T-Card. Um Mißbrauch zu verhindern, sollte man seine Kontonummer niemals über Funk durchgeben. Nach einem Gespräch von Land aus registrieren die US-Küstenfunkstellen die Karte zusammen mit Schiffsnamen und Rufzeichen. Danach läuft der Funkverkehr wie international üblich.

Verständigung

Im Seeverkehr ist Englisch die Standard-Sprache. Der in nautischen Veröffentlichungen und im Funkverkehr benötigte spezielle Wortschatz ist klein, die Begriffe der deutschen und englischen Fachsprache sind identisch. Schulenglisch ist eine ausreichende Basis für selbständige Reisen in Nordamerika. Der einmal erlernte Sprachschatz ist schnell aktiviert.
Für Reisen im Landesinneren von Venezuela sollte man ein paar Brocken Spanisch parat haben oder sich dort einen (billigen) Führer mieten.

Die Yachtreviere Nordamerikas

Sie sind die bestorganisierten der Welt. Das Preisniveau für die Lebenshaltung in den USA liegt, solange der US-$ nicht deutlich über 2 DM steigt, unter dem europäischen Niveau. Das Netz des Transatlantik-Fluverkehrs ist engmaschig, die Flugfolge dicht, die Preise sind niedrig. Wenn man keine organisierte Standardreise buchen will, kann man Geld sparen, wenn man sich an Reisedienste hält, die darauf spezialisiert sind, Flugreisen zu verkaufen.

Die lohnendsten Charterreviere für Kurzurlauber sind:

Revier	Yacht- und Charterzentrum	Beste Jahreszeit
Chesapeake Bay	Annapolis/Maryland	Mai – Oktober
ICW am Golf von Mexiko	Panama City/Florida	Mai – Oktober
Bahamas	Fort Lauderdale, West Palm Beach, Miami/Florida	ganzjährig
US Virgin Islands	Charlotte Amalie/St. Thomas	ganzjährig
Karibische Inseln	St. Martin, Antigua, Guadeloupe, St. Lucia	November – Juli
Venezuela	Porlamar/Insel Margarita	ganzjährig

Es gibt organisierte Reisen von »bareboot« (ohne Skipper) – Vercharterern. Die größeren sind in Verbänden zusammengeschlossen. Bei BWVS (Bundeswirtschaftsvereinigung Freizeitschiffahrt e. V.), Arbeitskreis Charterboot, Postfach 25 03 70, 5000 Köln 1 kann man z. B. einen Prospekt anfordern, in dem man die Adressen der Mitglieder, deren Charterstützpunkte und Angaben über die Art der dort jeweils bereitgehaltenen Boote findet. Daneben gibt es leistungsfähige Vermittler.
Charterangebote für amerikanische Gewässer gibt es immer mehr, deshalb lohnt sich der Besuch der Bootsmessen in Düsseldorf und Hamburg. Die Interboot in Friedrichshafen ist mehr auf das Mittelmeer ausgerichtet.

Seetörns mit Schiffsführern

Diese werden von vielen Reisebüros und Vermittlern angeboten. Yachten, die Chartergäste aufnehmen, starten im November und Dezember zur Überfahrt über den Atlantik. Ausgangspunkte sind die Yachthäfen und Ankerplätze der Kanaren, und sie machen die Überfahrt immer mit achterlichem Wind, achterlicher See und dem Golfstrom. Die Überfahrt dauert meist 3–4 Wochen, und zu dieser Jahreszeit ist mit ruhigem Wetter und gleichmäßigem, angenehmem Klima zu rechnen. Die Boote sind im Allgemeinen Eigentum der Skipper, die sich mit dem Verchartern ihren Lebensunterhalt verdienen. Die geforderten Preise orientieren sich an den Übernachtungskosten in einem Hotel. Die Verpflegungskosten ohne Extras werden umgelegt.
Die meisten Boote stehen während der Überfahrt in ständiger Funkverbindung miteinander, sodaß bei Notfällen Hilfe nicht weit ist.
Wer sparen will und Abenteuer nicht scheut, kann selbst nach Gran Canaria fliegen und sich dort Boot und Skipper aussuchen. Mitsegler sind gesucht, und es werden Plätze »Hand gegen Koje« angeboten. Dann ist man Besatzungsmitglied und zahlt nur seinen Verpflegungsanteil.
Yachteigner, die Mitglied bei TO sind, haben im Allgemeinen viel Erfahrung auf Hochseefahrten. Wer nicht selbst ein erfahrener Segler ist, sollte zunächst dort eine Mitsegelgelegenheit suchen. Die TO-Stützpunktleiter, deren

Adressen über Trans-Ocean, Verein zur Förderung des Hochseesegelns e.V., Deichstraße 16a, Postfach 728, 2190 Cuxhaven 1, zu erfahren sind, haben Informationen über Reisepläne von TO-Yachten.
Die Karibischen Inseln erreichen die meisten Yachten in Barbados und sie verteilen sich dann über das ganze Revier. Im Juni beginnt von den nördlichen Inseln der Kleinen Antillen aus die Rückreisewelle. Es geht über die Bermudas und Azoren zum Mittelmeer oder über Madeira zu den Kanaren. Immer mit den Meeresströmungen und dem vorherrschenden Wind, wie die Segelschiffe in den alten Zeiten.

Bei längeren Aufenthalten

Da gibt es andere Möglichkeiten. Hat man wenigstens 3 Monate verfügbar, wovon jeweils 4 Wochen zusammenhängend sein sollten, und ein eigenes Boot, das in einen Container paßt, kann man es für relativ wenig Geld in jeden Hafen Amerikas verfrachten. Im Linienverkehr, mit genauen Ankunftszeiten.
Größere Boote können nur als Decksfracht verschifft werden. Das ist teuer und nicht gerade schonend. Für unser Boot (Verlademaß 18 × 4,5 × 4,5 m) lagen die Angebote, wenn man alle Nebenkosten einrechnet, zwischen 45 000 und 55 000 DM. Billigster und schonendster Weg, ebenfalls im Linienverkehr, schien noch, das Boot auf einen ausrangierten Tiefladeanhänger zu setzen und die Ladung auf einen Ro-Ro-Frachter zu setzen; diese sind für die Verladung großer Fahrzeuge eingerichtet.
Trampdampfer, die keinem Fahrplan folgen und Ladung nehmen, wo sie sie bekommen, haben günstigere Frachtraten. Aber man muß sie erst finden, und wann sie in einem passenden Hafen ankommen, steht in den Sternen.

Preise für Liegeplätze

Diese unterscheiden sich nach Lage, gebotenem Komfort und Saison. Sie beginnen unten bei Plätzen ohne Hinterland und ohne Annehmlichkeiten und enden oben in den Ballungsgebieten am Long Island Sound (Großraum New York) und in West Palm Beach (Florida) bei luxuriösen Anlagen mit optimaler Verkehrsanbindung, Anschlüssen für Telefon, Telefax und Kabelfernsehen am Steg, gepflegten Hafenrestaurants und Boutiquen für den Bedarf der »upper class«.
Entsprechend lagen die Übernachtungspreise in der Hochsaison zwischen 30 Cents und 1–2 $ pro Meter Schiffslänge. Bei längeren Aufenthalten und außerhalb der Saison fallen die Preise, besonders in den oberen Bereichen, erheblich. Daneben haben wir Abweichungen gefunden, wie sie eben der Wettbewerb eines freien Marktes hervorbringt. Das reichte von einem Zettel an der Pier, man möge seinen Obolus zur Erhaltung der Anlage in den Schlitz einer Sammelbüchse einwerfen über Restaurantpiers, an denen man kostenlos übernachten kann, wenn man dort ißt, über gepflegte öffentliche Marinas als Teil attraktiv ausgebauter alter Wasserfronten vieler kleiner und größerer Städte, billig, aber meist mit beschränkter Aufenthaltsdauer in der Hochsaison, bis zu preiswerten Privathäfen von Luxushotels mit Teilnahmeberechtigung am Hotelservice, Fitneßräumen, Golf- und Tennisplätzen, Schwimmbädern und Dinnerservice an Bord mit Kellner. Das ist entschieden billiger, als im Hotel zu leben. Viele Eigentümer sehen eben ihren Yachthafen nicht als Verdienstquelle, sondern als Ambiente für die Gäste an Land. Ankern ist im Allgemeinen kostenfrei.

Sogar in der Hochsaison gab es in den Zentren um New York und West Palm Beach freie Plätze. Man sollte dort allerdings um 4 Uhr nachmittags in den Marinas ankommen oder sich rechtzeitig vor Dunkelheit einen geschützten Ankerplatz suchen. Will man länger fahren, dann empfiehlt es sich, einen Liegeplatz zu reservieren. Dienst am Kunden schreibt man in den USA groß. Jeder Hafenmeister wird über den weiteren Weg beraten und die telefonische Reservierung für den nächsten Liegeplatz übernehmen.

Landstrom

An der Steckdose findet man im Allgemeinen 110 V Wechselstrom bei 60 Hz, mit 16 A abgesichert. Reicht das nicht aus, dann geht man mit einem »Splitter« an 220 V Kraftstrom und hat dann zwei Anschlüsse für 110 V. Da unsere Bordanlagen für 220 V Wechselstrom ausgelegt sind, muß der Strom über einen Transformator, den wir schon vor der Abfahrt einbauen ließen. Nicht alle Elektrogeräte verdauen die abweichende Hertzzahl. Unser Ladegerät (Bosch L 24/18 A) und unser Grundig Multinorm-TV, der auch SECAM und NTSC empfangen kann, funktionierten einwandfrei. Nicht so der Engel-Schwingkompressor unseres Kühlschranks. So schalteten wir die automatische Umstellung auf Landstrom generell ab; er arbeitete dann eben mit 24 V Bordnetz.
Man sollte sich ein Kabel mit dem für 110 V notwendigen doppelten Querschnitt schon hier besorgen. Wir hatten 15 m dabei und sind meist damit ausgekommen. In seltenen Fällen mußten wir mit unseren hier verwendeten Kabeln, die wir ebenfalls mitführten, verlängern und dafür mit dem Verbrauch zurückgehen.
Die Anschlußstecker sind in USA und Kanada immer gleich. In der Karibik wird es gemischt, teils europäische Systeme auf 220 V-Basis, teils die amerikanischen. Dabei die unterschiedlichsten Stecker. Oft muß man mit dem Kabeldraht an den Stromanschluß.

Service

In den USA gibt es an allen Küsten und Wasserwegen ein dichtes Netz von »Full Service Marinas«. Sie bieten neben Liegeplätzen und »Nautic Shops« alle Dienstleistungen einer Reparaturwerft. In der Regel haben sie qualifiziertes Fachpersonal und Management. Ist die Fahrenszeit zu Ende, dann genügen nach unseren Erfahrungen zwischen Ankunfts- und Abflugtag drei volle Arbeitstage. Man erteilt einen spezifizierten Auftrag für Instandhaltung und Pflege und fliegt nach Hause. Etwaige Fragen und Probleme, die sich ergeben könnten, lassen sich mit Telefon und Telefax klären.
Wir hatten niemals Probleme und haben unser Boot immer so vorgefunden, wie wir es erwartet hatten. Niemals hatten wir das Gefühl, daß man uns »ausnehmen« wollte. Die Preise für Werftleistungen lagen etwa 30% unter dem Niveau, das wir von hier gewohnt waren. Wir würden unser Boot in einer Full-Service-Marina unbedenklich einen ganzen Sommer oder einen Winter liegenlassen und einen fest umrissenen Pflege- und Instandsetzungsauftrag erteilen.

Treibstoffversorgung

Auf der Überfahrt waren Treibstoffe in jedem größeren Fischereihafen in ausreichender Menge verfügbar.
In Kanada und auf den Azoren war abgabefreier Brennstoff nur über Agenten zu beziehen. In den USA sind die Abgabepreise der Stationen sehr

unterschiedlich, aber jeder Skipper einer größeren Yacht nennt die sogenannten »low price stations«.
Das Bunkern an »low price stations« empfiehlt sich ohnehin, da wegen der hohen Brennstoffumsätze das typische Risiko der Tropen, Wasser und Rotalgen im Diesel, wegfällt.
Wir haben meist ganz oder teilweise abgabenfreien Brennstoff etwa zum Spot-Preis Rotterdam, der um 35 Pfennige herum schwankte, gebunkert. Mindestabnahmemenge war dabei in der Regel 2000 l.

Wettervorhersagen

Sie sind für den Sportschiffer in den Staaten optimal. Man kauft sich für wenige Dollar einen batteriegetriebenen UKW-Empfänger im Taschenformat, der nur auf die drei Wetterkanäle WX 1 – WX 3 programmiert ist, schon hat man überall in den USA die aktuellen Wetterprognosen für die jeweilige Region, auf Endlosband, 24 Stunden am Tag und alle paar Stunden auf den neuesten Stand gebracht. Für das Küstenmeer und die Binnengewässer gibt es zusätzlich Schiffahrtsinformationen wie Wind-, Seegangs- und Verkehrswarnungen usw., bei drohenden Wetterkatastrophen Verhaltensregeln und Anweisungen. Ich habe mir ein ICOM-UKW-Handfunkgerät in USA gekauft, das, abweichend von der internationalen Skala, auch die Wetterkanäle und die speziellen Kanäle der Coast Guard hat.
Für Fahrten auerhalb der unmittelbaren Küstenregion hört man am besten »Norfolk-Radio«. Dieser Sender kann aber nur über Kurzwelle empfangen werden, Frequenzen und Sendezeiten stehen im deutschen »Handbuch für Seefunk Band III«. Der Sender deckt gesamt USA, die Karibik und den Golf von Mexiko ab. Hört man sich auf »Norfolk-Radio« (NAM) – eine Computer-Stimme – ein, so lernt man sehr schnell die immer wiederkehrenden Formulierungen mit Hilfe des Deutschen Seehandbuches (Meteorologische Ausdrücke Kapitel E 1–12).
In der Karibik geben einige Inseln eigene Wetterberichte heraus, die aber meist in der jeweiligen Landessprache gesendet werden.
Oft wird vom NAVTEX-System geredet, aber die Meldungen fanden wir für unsere Zwecke ungenügend.

Wer Wetterfax empfängt:
Frequenzen und Sendezeiten stehen im »Handbuch für Seefunk Band III«. Mit eingebautem Empfänger haben wir nur unter optimalen Empfangsbedingungen gut lesbare Karten bekommen. In der Praxis haben wir die Signale über ein eingestöpseltes Kabel von unsere ICOM Grenz-/Kurzwellenanlage geholt. Dabei ist zu beachten, daß von der angegebenen Frequenz 1,5 kHz abgezogen werden müssen (s. »Handbuch für Seefunk Band III«). Der Empfänger war besser, und vor allem war die Antenne abstimmbar.
Eiskarten für Grönland haben wir von der dänischen Station »Kopenhagen OXT« empfangen, für die Fahrten nach und von Kanada von der kanadischen Station »Halifax CFH«. Die Sendezeiten, Eissymbole und sonstige Hinweise stehen ebenfalls in dem genannten Handbuch (Kapitel B/E Eisfunk).

Haben Sie ein ganzes Jahr zur Verfügung?

Dann machen Sie es wie die Amerikaner. Kaufen Sie sich ein gebrauchtes Boot in Florida. Das Angebot ist unvorstellbar groß. Die Preise sind besonders günstig, wenn der Winter zu Ende geht und es die »snow birds«, die Senioren aus dem Norden, unwiderstehlich zu Kindern und Enkeln zieht.

Geht Ihre Zeit zu Ende, dann legen Sie ihr Boot zu einem Makler an die Nordküste des Long Island Sound, dort werden die besten Preise bezahlt. Bis zum Verkauf verschafft er ihnen einen Liegeplatz zu 50% des offiziellen Marinapreises. Bester Verkaufszeitpunkt ist Saisonbeginn Anfang Mai. Wenn Sie mit dem Makler schon vor dem Kauf die Angebotslisten aus Florida durchgehen, gibt er Ihnen Tips, die den späteren Verkauf erleichtern. Wenn Sie ein neues Boot kaufen, das Sie später nach Europa verfrachten wollen, machen Sie sogar ein Geschäft, denn der Preis liegt meist erheblich unter dem der deutschen Importeure, Fracht eingeschlossen.

Wollen Sie Ihr Boot selbst überführen?

Als **Segler** würde ich dann die unproblematische Südroute wählen. Dort haben Wind und Strom schon Kolumbus unerbittlich zu den Karibischen Inseln geschoben. Für ihn war es nicht wichtig, den Schiffsort zu kennen; es konnte ihm ja niemand helfen. Sie aber können im Notfall Hilfe herbeirufen, falls Sie ein gutes Amateurfunkgerät (HAM-Radio) mit abstimmbarer Antenne an Bord haben oder ein Grenz-/Kurzwellen-Seefunkgerät und einen GPS-Empfänger für Satellitennavigation nach dem »Global Positioning System«.

Zwei Dinge sind wichtig: Ihr Funkgerät muß auf allen Frequenzen arbeiten können. Es darf keine Sperren haben, wie sie z. B. die Deutsche Bundespost bei einem zugelassenen Gerät verlangt, da die Boote, die unterwegs sind, nach Absprache auf alle freien Frequenzen wechseln.Genügend Bordstrom muß zur Verfügung stehen. Da gibt es viele Möglichkeiten, von Solarzellen über Wind-Generatoren bis zu tragbaren Diesel- oder Benzingeneratoren.

Ein wenig »Kap-Horn-Mentalität« halte ich für gut. Ich hätte wenigstens noch eine genaue Uhr, einen Sextanten, die Tafeln HO 249 und den nautischen Almanach. Wenn die Elektronik schlapp macht, könnte ich doch immer noch meinen Schiffsort feststellen. Es darf ein billiger Sextant für ein paar hundert Mark sein, aber keiner, der nach jedem Anfassen oder weil er ein paar Minuten der Tropensonne ausgesetzt war, neu justiert werden muß. Dazu gehört noch ein erfahrener Skipper, der einem auf ganz einfache Art beibringen kann, wie man seinen Schiffsort nach Sonnenstandlinien bestimmt. Das genügt in den Tropen.

Ein Tip aus unserer Praxis: Einige elektronische Geräte spielen unter Sonnenbestrahlung (Hitze) »verrückt«. Hilfreich sind da schattenspendende Gegenstände wie starke Pappe, ein Brett oder ein Kissen.

Motorboote haben im Allgemeinen für diesen Weg keine ausreichende Tankkapazität. Da bleibt nur die Route über die Azoren oder die Arktis.

Wegen der vorherrschenden Strömungen und Wetterverhältnisse sollte man für den Hinweg die Arktisroute und für den Rückweg die Route über die Azoren in Erwägung ziehen. Die Entfernungen betragen ca:

Rotterdam – Lissabon (man kann in vielen Häfen unterbrechen)		1350 sm
Lissabon – Horta (auf der Insel Faial, Azoren)		863 sm
Horta, Faial – St. John's, Neufundland		1184 sm
	insgesamt	3397 sm
oder:		
Rotterdam – Orkney-Inseln		411 sm
Orkney-Inseln – Faroer		258 sm
Faroer – Island		523 sm
Island – Grönland, Qarqortoq (vormals Julianehab)		990 sm
Grönland – St. Anthony, Neufundland		697 sm
	insgesamt	2897 sm

Die Zahl der Seemeilen kann wegen unterschiedlicher Wetter- und Eislagen differieren. 20% Spritreserve sollten deshalb verfügbar sein. Die letzten paar hundert Liter kann man ohnehin nicht nutzen.
Auch in der ruhigsten Jahreszeit, im Juni und Juli, muß man auf diesen Routen mit Sturmlagen rechnen. Sie werden in diesen Monaten in der Regel nicht lange anhalten, aber Boot und Crew müssen sie überstehen können.
Beide Wege liegen außerhalb der gebräuchlichen Schiffahrtsrouten, so ist Hilfe kaum zu erwarten.

Hinweise für die Eisregion

Zur Reisevorbereitung gehören vor allem das Studium der deutschen Seehandbücher sowie des »Arctic Pilot« der britischen Admiralität und der Monatskarten für den Nordatlantischen Ozean (DHI). Weil die Eisverhältnisse in verschiedenen Zusammenhängen beschrieben werden, sind die Angaben über die Kapitel verteilt. Es empfiehlt sich daher, die Bücher vollständig durchzusehen.
Alle Buchweisheit hilft nicht über die Tatsache hinweg, daß es sehr starke Schwankungen in den Eisverhältnissen gibt, und daß vor Ort die jeweils herrschenden Strömungen und Windverhältnisse Eislage und Eisentwicklung bestimmen. Gerade diesen Umstand haben sehr viele Schiffer unterschätzt, und das hatte oft den Verlust des Fahrzeugs zur Folge. Man muß auf Überraschungen gefaßt sein. Jede Entscheidung muß dann sorgfältig erwogen werden; in der Eisfahrt ist kein Platz für besondere Mutbeweise, Eile oder Wurstigkeit.
Muß man Eisfelder durchfahren, dann ist zu bedenken, daß ein Sportboot mangels Gewicht selbst dünnes Eis nicht brechen kann. Selbst mein schweres Boot ist schon bei 5 cm Neueis am Ende.
Das Eis ist, auch wenn man das zunächst nicht sieht, in ständiger Veränderung. In schmale Rinnen hineinzulaufen, kann deshalb gefährlich werden. Weil man bei geringer Augeshöhe keine Übersicht hat, ist es bei einer Gefährdung reine Glücksache, ob die Flucht in die richtige Richtung führt. Ein Boot aber, das in Eispress gerät, ist in der Regel verloren. Berufsschiffe, die ins Eis müssen, haben deshalb über dem Bug einen hohen Mast mit einem »Krähennest« für den Ausguck.
Hinter der Eisbarriere und unmittelbar vor der Küste findet man meist eine offene Rinne, wenigstens dort, wo die Küste frei von vorgelagerten Hindernissen ist, an denen sich das Eis stauen kann. Die Fjorde ins Landesinnere sind im Sommer fast immer passierbar.
Dennoch, bei schwerem Wetter können Eisbarrieren, die quer zum Wind liegen, guten Schutz bieten. Unter günstigen Umständen kann man dort sogar mit einem Eis- oder Stockanker festmachen.
Beim Landfall muß man sich darüber klar sein, daß das Radar nicht die gewohnte Hilfe bietet, weil es Land und Eis nicht unterscheiden kann, daß Seezeichen und Feuer zwar in der Karte eingetragen, aber meist nicht auszumachen sind, und daß es in der Eisregion kaum eindeutige Landmarken gibt. Land und Küsten verschwimmen oft in einer Komposition von weißem Eis, Schnee und zerklüfteten Felsen, deren Abstand man mangels Anhaltspunkten wie Häusern, Bäumen etc. falsch einschätzt. Zudem können Klippen, selbst kleine Inseln, im Eis verschwinden. Aus all diesen Gründen würde ich für den Landfall eine Stelle mit »very open ice« (sehr lockeres Eis mit 1 – 3/10 Bedeckung). Oder allenfalls nach Windstärke und Richtung »open ice« (lockeres Eis, 4 – 6/10 Bedeckung) suchen und dafür erhebliche

Umwege in Kauf nehmen. Bei einer Bedeckung über 60% würde ich keinen Landfall versuchen.
Bevor ich ins Eis käme, würde ich Funkverbindung mit der nächstgelegenen Küstenfunkstelle aufnehmen. Frequenzen und Dienstzeiten findet man im Handbuch Seefunk Teil I, Funkverkehr, unter Küstenfunkstellen.
Zur optimalen Ausrüstung gehören heute GPS-Empfänger (Global Positioning System), ein Wetterkartenschreiber mit anpaßbarer Antenne, ein Radargerät mit wenigstens 25 m Nahauflösung und 25 cm Bildschirmdurchmesser, das so angebracht ist, daß es ständig beobachtet werden kann, Funkpeiler, Grenz-/Kurzwellensender mit 150 W auf Marineband und UKW mit 25 W.

Der Reiseweg der MANTA

»Dies war eine Erstüberquerung des Atlantik mit dem Motorboot auf diesem nördlichsten Weg durch die Arktis.« Mit diesen Worten wurde die Crew in Amerika empfangen. Als Beweis erhielt sie das Buch »Voyaging under Power« von Autor Robert P. Beebe, der alle bisher registrierten Atlantiküberquerungen mit Motorbooten beschreibt. Auch danach sollen keine Reisen auf diesem Weg bekannt geworden sein. Dennoch ist diese Route für eine erfahrene Crew mit einem seetüchtigen Boot ohne extreme Risiken zwischen Mitte Juni und Mitte Juli machbar.

Fahrtage	Fahrgebiet	sm	Std.	Schleu.
	1987			
1. – 19.	Rhein – Schottland – Orkneys – Faroer – Island	1755	214	0
20. – 27.	Island – Grönland	1016	140	0
28. – 32.	Grönland – St. Anthony, Neufundland	697	86	0
33. – 40.	Neufundland – Belle Isle Street – St.-Lorenz – Quebec	815	99	0
41. – 56.	Quebec – New York	622	89	24
56. – 81.	New York – ICW – Florida	1372	173	1
1. – 81.		**6277**	**801**	**25**
	1988			
1. – 20.	Florida – Bahamas	725	101	0
21. – 30.	Bahamas – Caicos – Puerto Rico	658	106	0
31. – 60.	Hin und Her im N-Teil der Kleinen Antillen	624	93	0
61. – 76.	St. Martin – St. Lucia	389	55	0
77. – 92.	St. Lucia – Venezuela – St. Lucia	744	92	0
1. – 92.		**3140**	**447**	**0**
	1989			
1. – 26.	St. Lucia – Bahamas – Ft. Lauderdale, Florida	1754	219	0
26. – 39.	Ft. Lauderdale – ICW – Mobile	766	101	5
40. – 59.	Mobile – Tenn Tom Waterway – Chicago	1049	148	21
60. – 89.	Chicago – Große Seen – New York	1507	201	41
89.–113.	New York – Jacksonville, Florida	1132	143	3
1.–113.		**6208**	**812**	**70**
	1990			
1. – 55.	Florida – St. John's, Neufundland	2760	351	2
56. – 61.	St. John's – Flores, Azoren	1056	127	0
		3816	**478**	**2**

Das Buch endet in Flores/Azoren. Der weitere Reiseweg der MANTA zurück in den Heimathafen Mannheim:

Fahrtage	Fahrgebiet	sm	Std.	Schleu.
62. – 72.	Flores – Madeira – Gran Canaria	1145	131	0
1. – 72.		**5961**	**609**	**2**
	1991			
1. – 9.	Gran Canaria – Marokko – Gibraltar	813	103	0
10. – 19.	Gibraltar – Ibiza – Mallorca – Rhonemündung	807	110	0
20. – 32.	Rhone – Saone – Doubs – Rhein-Rhone-Kanal – Rhein	544	120	139
1. – 32.		2164	333	139
	1987–1991 total	**22750**	**3002**	**236**

22750 sm sind über 42000 km Reiseweg, das ist mehr als der Umfang der Erde.